Über dieses Buch In seinen Erinnerungen hat Stefan Zweig seine Gefährtin und spätere Frau, die Schriftstellerin Friderike Maria von Winternitz, nicht erwähnt. Sie selbst aber hat dessen ungeachtet nach seinem Tode die Erzählung ihres Lebens zum größten Teil ihm und den Menschen, die sie durch ihn kennenlernte, gewidmet. Die Jahre, die sie – von seinen Reisen unterbrochen – mit ihm zusammenlebte, waren geprägt von kritischer Anteilnahme an seinem Werk, von der Freude an seiner Sammlerleidenschaft, von Begegnungen und Besuchen der Freunde in ihrem gemeinsamen schönen Salzburger Haus auf dem Kapuzinerberg, das zu einem Treffpunkt der bedeutendsten Künstler ihrer Zeit wurde. Hier waren u. a. Romain Rolland, Emile Verhaeren, Gerhart Hauptmann, Carl Zuckmayer, Albert Schweitzer, Hans Carossa, Ferruccio Busoni, Bruno Walter und Arturo Toscanini zu Gast. Im Februar 1934 veranlaßten politische Unruhen in Österreich und zunehmende eigene Ungeduld Stefan Zweig, nach London zu gehen. Friderike Zweig blieb mit ihren beiden Töchtern aus erster Ehe in Salzburg, bis sie 1938 über Frankreich in die Vereinigten Staaten von Amerika emigrierte. Die Trennung von Friderike und Stefan Zweig ließ ihre Beziehung in eine herzliche Freundschaft münden, an der auch die Scheidung und seine Wiederverheiratung nichts änderten. Ihre ›Spiegelungen des Lebens‹ und die darin zitierten Aufzeichnungen legen Zeugnis davon ab; sie ergänzen die Edition ihres Briefwechsels ›Unrast der Liebe‹ auf individuelle Weise.

Die Autorin Friderike Maria Zweig, geb. Burger, wurde am 4. 12. 1882 in Wien geboren. Als sie Stefan Zweig 1912 näher kennenlernte, war sie mit Felix von Winternitz verheiratet; diese Ehe, aus der die beiden Töchter Susanne und Alice stammen, wurde 1913 geschieden. Die Eheschließung mit Stefan Zweig erfolgte erst 1920, nachdem eine Wiederverheiratung nach österreichischem Gesetz möglich geworden war. Nach ihrer Scheidung von Stefan Zweig 1938 emigrierte die Schriftstellerin und Übersetzerin nach Frankreich, 1941 in die USA, wo sie 1971 in New York gestorben ist.

Friderike Maria Zweig

Spiegelungen des Lebens

Fischer Taschenbuch Verlag

Die Erstausgabe erschien 1964 im Hans Deutsch Verlag GmbH, Wien

Ungekürzte Ausgabe
Veröffentlicht im Fischer Taschenbuch Verlag GmbH,
Frankfurt am Main, Mai 1985

Umschlaggestaltung: Jan Buchholz / Reni Hinsch

Gesamtherstellung: Clausen & Bosse, Leck
Printed in Germany
1280 ISBN-3-596-25639-9

Inhaltsverzeichnis

Meinen Kindern
und meinen treuen Freunden
mit Dank und Liebe

»Nun, ich werde mich noch auf alles besinnen, denn mein Gedächtnis wird mir doch nicht weniger treu sein wie mein Herz.«

Bettina Brentano an Goethe

Zum Eingang

In diesem Buch des Erinnerns wollte ich Fragmente meines Lebens geben, rückblickend, umherblickend, vorwärtsblickend, und dies nach innen und nach außen. Ich fühle mich nicht aufgerufen, mehr oder auch weniger zu sagen. Ich erzähle von mir selbst und von der langen Zeit, in der ich lebte, in der sich so unfaßbar viel gewandelt hat. Manches wird altmodisch und verstaubt klingen, anderes wird schon den Atem der Zeit in sich haben und die Ungewißheit bezeugen, in der wir jetzt leben. Ich litt jedoch nicht – wie mein Lebensgefährte Stefan Zweig – an dem Verlust der Sicherheit; die meine lag und liegt anderswo, sie ist zeitloser, wenn auch Ewigkeit hier ein zu großes Wort ist. Ich möchte ferner sagen, daß diese Fragmente auch ein Vierteljahrhundert vor der Zeit beleuchten, da unsere Wege sich fanden. Während sie gemeinsam weitergingen, was im Grunde nie endete, habe ich meine eigenen Wege gezeigt und jene Menschen, die sich uns näherten oder sich uns anschlossen. Mancher von ihnen hat geholfen, das geistige und künstlerische Bild unseres Jahrhunderts mitzuformen, und so glaubte ich denn über mein eigenes Selbst hinaus Aussage über die inneren und äußeren Geschehnisse unserer bewegten Tage erbracht zu haben, die bei aller Trübnis Erhebendes und Aufbauendes geschenkt haben.

Es ist ein altes Gesellschaftsspiel, einander über den Inhalt frühester Erinnerungen zu befragen. Sie reichen manchmal erstaunlich lange zurück, wobei die Gefahr naheliegt, Ereignisse, von denen in Familie und Umgebung oft die Rede war und die sich auf diese Weise dem Gedächtnis einprägten, als eigene Reminiszenzen zu betrachten. Doch scheinen, wie immer sich dies zuträgt, festeingewurzelte Erinnerungen mit Begebnissen verbunden, die Furcht, Beängstigung erzeugten. In der Religionswissenschaft und in der Weltgeschichte sind uns nicht wenige Zeugnisse verblieben, die durch Furcht motiviert waren. Haben nicht die Pharaonen, um ihre Mumien und deren Wegzehrungen in das Jenseits vor Räubern zu verbergen und zu beschützen, den mächtigen Oberbau der Pyramiden entstehen lassen? Eine lange Kette von den mythologischen Schreckensschilderungen an bis zu unseren heutigen Kriminalgeschichten zieht durch die Weltliteratur.

Kein Wunder, wenn in unserem eigenen kleinen Leben durch das Medium der Angsterregung Ereignisse sozusagen unvergeßlich werden. Aus meiner früheren Jugend will ich denn auch von zwei teils erschütternden, teils furchterregenden Erlebnissen berichten, von denen eines, nicht selbst erlebt, sich etwa zwei Jahre vor meiner Geburt zutrug, jedoch durch besondere Umstände lokaler und familiärer Natur zu einem Teil meines Gedächtnisbestandes wurde.

Gottesgericht

Wien war bald, nach der großen Börsenderoute, die so viele Existenzen bedroht und gestürzt hatte, wieder aufgeblüht. Dem Luxus waren zwar die Flügel gestutzt worden und manch einer, von der Höhe üppiger Lebensführung herabgesunken, gewahrte, daß er aus den Trümmern einstigen Prunkes nur innere Werte hatte retten können, wie die Liebe zur Natur und Kunst, die Fühlung mit einer Welt, die ihre Grenzen erst dort hat, wo die Kultur aufhört. Dies gab den »höheren Menschen« von Wien, den Leuten von Welt, jenen internationalen Zug, den die Völkermischung förderte und der geeignet war, chauvinistische Strömungen zeitweise zu dämpfen. Die Kunst und ihre Altäre verbanden alle Welt. Ein Jahrzehnt nach dem »Krach« aber hatte sich dieser Verinnerlichung viel Sensationslust beigesellt. Andere Schichten waren zu Reichtum gelangt und suchten es den Bodenständigen gleichzutun. Als 1881 die Erstaufführung von »Hofmanns Erzählungen« im Wiener Ringtheater stattfinden sollte, drängten sich zu diesem großen Theaterereignis arm und reich, die Großen von gestern und heute und neben dem Troß ehrlich Begeisterter die Nachbeter. Alle Vorstellungen waren von Beginn an ausverkauft. Das Phäakentum der Wiener, eine Bezeichnung, die der Dichter Grillparzer in seiner Unfreundlichkeit geprägt hatte, trat offensichtlich zutage. Mitgenießen gab dem Leben Würze. Die Leichtlebigkeit zeigte sich auch darin, daß damals viel gewettet und gespielt wurde. Der kleine Mann, ja selbst der Arbeiter spielte, und das leicht erworbene Geld wurde sorglos wieder ausgegeben. War »etwas los«, gebot der Lokalpatriotismus mitzutun. Manch einer, der sein Volk, sein schönes Land liebte, sah es mit Sorge hinter dem Fortschritt anderer Länder in leichtfertiger Gleichgültigkeit zurückbleiben und war erschüttert über die soziale und politische Teilnahmslosigkeit. Die demokratische Gemeindeverwaltung, in der es noch kaum konfessionelle Spaltungen gab, versuchte, die dumpfe Herde aufzuwecken. Ein Sturmwind müßte es sein, der diese wurmstichige Gesellschaft zu erfassen, sie aufzurütteln vermochte. Kein Wunder, wenn er wie ein Springteufel der eigenen Fahrlässigkeit entfuhr.

Sorglos wie immer war man – es war ein Feiertag – ins Theater gegangen. Das Parkett, das Parterre, die Logen waren ein Wogen von Farben

und Stimmen, von blendenden Frackhemdenbrüsten und dekolletierten Frauen, ein Nebeneinander ergreifender Geschmacklosigkeit und echter Eleganz. Emporkömmlinge mit dem Bedürfnis nach Beglaubigung blähten sich neben schlichter Echtheit. Die Galerien sahen ganz fern aus, unheimlich hoch schienen sie aufzusteigen, Türme von Menschen bergend, Abgesonderte, die möglicherweise nur verworrene Laute erhaschen würden, jedenfalls aber anwesend waren als Publikum des Publikums. Flaubert hat irgendwo gesagt:
»Lieben wir uns in der Kunst, wie die Mystiker sich in Gott lieben, und möge alles vor dieser Liebe erblassen.« Auch der Neid möge es, der zwischen Orden und Prunk und Bücklingen vor den Altären der Kunst sein Spiel treibt. Doch dieser Abend war bestimmt, eine furchtbare Einheit zu vollziehen, die der Lebensgefahr.
Ein eigentümliches Sausen wird im Theater hörbar, vor den ersten Bänken steigt ein kleines Rauchwölkchen auf, der Vorhang bäumt sich wie eine flatternde Fahne, eine unheimliche Stille tritt ein. Eine Stimme schmettert fanfarengleich über die Menge: »Feuer, Feuer!« Im Nu sind die Menschen ein zäher Knäuel, zusammengeballt von der Faust der Gefahr. Die Angst bricht aus jedem gewaltig hervor, zu einem einzigen Ziele drängen sie alle, vorwärts, zur Tür, an die Luft, ins Leben. Schon strahlen die goldenen Karyatiden der Brüstungen in feenhafter Beleuchtung. Zwei Choristinnen in Flitterkleidchen flattern wie von der Zugluft der Flammen getrieben über die leere Bühne. Rauch schlägt schwarz aus der leuchtenden Lohe und schwingt sich auf zu den Galerien. Das Entsetzen ist zum Schrei aus hundert Kehlen geworden. Menschen stürzen zur Erde und sind nur ein Sprungbrett der Nachdrängenden. Doch wehe, plötzlich stockt das Drängen. Gänge und Türen sind zu klein, alles kann nicht hinaus an die Luft, in die Freiheit aus der Umarmung des Todes, in das Leben. In Verzweiflung drängen sie anderen Wegen zu, geraten in Sackgassen und entlegene Räume, und überall schwärzt der Rauch den Weg. Sie gelangen in Gänge, die sich labyrinthisch verwirren, hinauf, hinunter, von Grauen gepackt und verwirrt, durch Fenster winkt für viele nur Rettung, denn der Weg zurück ist abgesperrt vom todbringenden Qualm. Ersticken droht. Fast scheint es, als würde es doch vielen Menschen gelingen, aus dem Innenraum in Gänge und Seitentrakte gedrängt, sich dem Ausgang zu nähern, da erlischt das Gaslicht. Die Notausgänge bezeichnet keine wachende Lampe. In entsetzlicher Finsternis sind die Menschen aneinandergepreßt, zu grauenvoller Gemeinsamkeit ineinander verkrampft. In unbarmherzigem Ringen

drängen Männer Frauen zurück, reißen einander Kleider und Haut in Fetzen.
In der Stadt hat sich blitzschnell die Nachricht des Brandes verbreitet. Pferde, Schaum vor dem Maule, rasen vor schleudernden Wagen durch die Straßen, Fenster öffnen sich, Rufe, Fragen werden getauscht. Wer Bekannte dort im Theater vermutet, stürzt besessen davon. Aus drei Feuerherden, vom Parterre, dem Dach, den Galerien, lodert wie aus Riesenessen der Brand. Noch ist die Feuerwehr nicht in voller Tätigkeit. Auf den Balkons, an den Fenstern erscheinen Menschen, ihr Schrei erstickt im Prasseln, gleich Gespenstern strecken sie, Hilfe erflehend, die Arme in die Höhe, schwarz sich von den Flammen ihres feurigen Hintergrundes abhebend. Jedes Fenster, jede Türe verhüllt ein Flammenvorhang. Die feurige, gierige Lohe frißt rückwärts die Treppen ab, läßt nur die eisernen Träger zurück und die Gitter, die phantastisch glühen. Das Zischen der Flammen übertönt das Krachen des Gebälks. Um das brennende Haus steht, immer noch anwachsend, eine unübersehbare Menge. Dampffeuerspritzen arbeiten, Löschtruppen, Wachleute, Männer aus dem Volke dringen in die feurige Hölle, um zu retten. Funkengarben fliegen ins Weite, auf brennender Zunge tragen sie die Botschaft. Hilflos unter Hilflosen laufen die Leute um das prasselnde Haus. Beherzte ziehen die erstickenden Menschen aus dem Gewühl, laben die Verschmachtenden, raffen Tote hinweg, trösten Besorgte. Ein alter Mann in feinem Pelz steht neben einer bebenden Frau und ruft mit der gebrochenen Stimme des Greises in französischer Sprache: »Es – tu en haut, Julie?« Endlich kommen die Leitern. Sie sind zu kurz. Nun breiten sich die Sprungtücher. Ein Mann in Hemdsärmeln kriecht längs des Balkongeländers, steht auf einmal aufrecht, wendet sich und verschwindet. Inmitten der Menge steht ein Statist in rosa Trikot. Er dreht sich unaufhörlich, wie ein brennender Kreisel.
In den umliegenden Kaffeehäusern sammeln sich die Leute, die, erschöpft oder leicht verwundet, mangelhaft bekleidet, die Brandstätte verlassen konnten. Damen in beschädigten Soireetoiletten, Offiziere in Waffenröcken, Herren ohne Übermäntel, Schauspieler in Kostümen, grellgeschminkte Statisten strömen in Lokale, sich vor der Kälte zu schützen. Vielen wird erst jetzt die Todesgefahr bewußt, der sie entronnen sind. Grauenhafte Schilderungen erhitzen die Gemüter. Angst treibt Geängstigte wieder hinaus. Blutiger Schein dringt durch geborstene Fenster, das Jüngste Gericht scheint hereingebrochen, das Gottesgericht.
Überall sind nun die Eingänge in das brennende Gebäude von Men-

schenmassen verrammelt. Übelriechender Qualm erfüllt die Luft. Über eine Stiege hinter dem klaffenden Eingang kommt glühendes Blei geflossen, in Kaskaden springt es daher. Die Galerien sind herabgestürzt, und der Raum, der ehemals das Parterre vorstellte, ist ein entsetzlicher Trümmerhaufen von rauchendem Holz und brennenden Körpern. Noch ist die Hitze so groß, daß nur ein ungeheuerer Wille das Vordringen möglich macht. Grauenvoll ist der Anblick der ragenden Traversen, an denen Leichenteile hängen. Hohnvoll sind noch da und dort metallene Schnüre zierlich um verkohlte Stoffdraperien geschlungen, glühende, sich bäumende Gasrohre ragen wie feurige Äste empor.

Die folgenden Tage vergehen unter Nachforschungen zwischen entstellten Leichen und Leichenresten auf der Brandstätte, in Spitälern und Totenkammern. An verkohlten Klumpen, zerbrochenen Skeletten, deren Gesichter keine Spur mehr eines physiognomischen Ausdruckes tragen, kleben Fetzen von festlichen Kleidungsstücken, an manchem Finger glänzt ein Ring. Auf die Brust hatte man einigen das vorgefundene Geld gelegt, das in der Gluthitze seine Formen verändert hatte. Aus dem Gemenge der verkohlten Leichen wurde in den geschwärzten Foyers nach Überresten gesiebt und geschaufelt. Weniges nur bot hier Anhaltspunkte zur Agnoszierung der Toten. In schauererregender Ausstellung liegen auf Porzellantellern im nahen Polizeigebäude Kleiderreste, Schmuckstücke, Schlüssel, Liebespfänder, Kleinigkeiten, die man bei sich zu tragen pflegt. In einem Zimmer ist auf Tischen eine große Anzahl von Uhren zur Schau gestellt. Manche tikken noch laut, als wäre ein Rest vom Leben ihrer Besitzer in ihnen zurückgeblieben. Geisterhaft stille und laut erregte Menschen irren zwischen den tragischen Resten. Traurige Gewißheit wird manchem zuteil, der die armseligen Überbleibsel des Vermißten wiederfindet. Unentschuldbare Fahrlässigkeit hatte den grausigen Tod von fast vierhundert lebensfreudigen Wienern verschuldet.

Ein anderes Ereignis, das Wien tief aufwühlte, geschah im Jahre 1889. Ich erlebte es erst allmählich in seiner Tragik, doch war es mir durch besondere Umstände nahegebracht. Die jüngere Schwester meiner Mutter, Tante Emma, war die Gattin eines hohen österreichischen Marineoffiziers, der sich eben mit seinem Schiff im Fernen Osten befand. Onkel Emil von Wohlgemuth war dieser Seefahrt wegen von seinem Amt als Adjutant des Kronprinzen Rudolf beurlaubt. Ich habe deutlich das Zimmer in meinem Wiener Geburtshaus in Erinnerung, in dem ich mich eben mit meiner Mutter befand, als Tante Emma mit dem Ausruf hereinstürzte: »Rudolf ist tot!« Das Entsetzen, das sich in der Schreckensnachricht ausdrückte, teilte sich mir Siebenjähriger mit, um so mehr, als Tante Emma in meinem und meiner Geschwister Kinderleben eine märchenhafte Erscheinung darstellte und der einunddreißigjährige Kronprinz und das übrige Kaiserhaus gleichfalls romantischen Bezirken zugehörten. Tante Emma war in unserer bürgerlichen Familienwelt gänzlich aus der Art geschlagen. Sie war in jeder Weise eine strahlende, ungemein lebhafte Person, während meine Mutter, sanften und stillen Gemütes, ihr Leben lang Frieden um sich verbreitete. Von Onkel Emil war gleichfalls viel Ruhe ausgegangen. Er war ein würdiger, gelehrtenhafter Edelmann, frühverwaister Sohn eines siebenbürgischen Gouverneurs und schon als junger Seekadett mit Tegetthoff dem Nordpol zugesegelt. Die friedliche Insel Nowaja-Semlja, heute im Blickfeld durch die atomaren Experimente, war eines seiner Navigationsziele gewesen. Er war sowohl Geograph als Seeoffizier, und dies war wahrscheinlich der Grund, weshalb Kronprinz Rudolf ihn als Adjutant gewählt hatte. Schon mit fünfundzwanzig Jahren besaß Rudolf von Habsburg Wißbegier, Reife des Urteils und kritische Einstellung gegenüber politischen Ereignissen, was sich allmählich zu einer inneren Revolte gegen die obwaltende Regierung steigerte. Dies war in Hofkreisen kein Geheimnis; mehr oder minder offene Kritik und Wachsamkeit ihm gegenüber waren die Folgen. Ob Onkel Emil von den Intrigen wußte, die sich um seinen hohen Herrn entwickelten, ist mir nicht bekannnt. Als er von weiter Seefahrt heimkehrte, überreichte ihm Kaiser Franz Joseph in privater Audienz den Admiralsdegen des so tragisch dahingegangenen Sohnes. Daß er etwa über die vielumstrittene Todesart Aufklärung erhalten, hat Tante Emma nie verlauten lassen. Viele Jahre später erfuhr ich durch meine Freundin, Berta Zuckerkandl-Szeps, interessante Einzelheiten über die Persönlichkeit des Kronprinzen. Ihr Vater, Moritz Szeps, Besitzer einer großen Wiener Zeitung und angesehener Journalist, half Rudolf bei der Herausgabe eines geographischen Werkes, war sein Berater und Vertrauter. Berta, die ungemein intelligent war, fungierte als Sekretärin ihres Vaters. Ihre Schwester war mit dem Bruder des bedeutenden französischen Politikers Georges Clemenceau verheiratet, der zu der Hochzeit nach Wien gekommen war. Bei diesem Anlaß hatte eine geheime nächtliche Zusammenkunft zwischen dem hervorragenden Staatsmann und dem Kronprinzen stattgefunden. Es ist heute von einer gewissen Aktualität, daß dieser, der Nachwelt als der Held einer sensationellen Liebesaffäre bekannte Prinz, der heimliche Verfechter von Victor Hugos Traum eines Vereinigten Europas war. Nach der Zusammenkunft mit Rudolf von Habsburg sagte Clemenceau: »Man braucht nur seine Augen zu sehen, um zu erkennen, daß man es mit einem Auserwählten zu tun hat. Was für eine Freude, in ihm einem demokratischen und rebellierenden Geist zu begegnen.«

Kronprinz Rudolf, der mit einem blutjungen, adeligen Mädchen in dem Jagdschloß Mayerling tot aufgefunden worden war, ist nicht nur in politischer Hinsicht ein Mensch gewesen, dem Unruhe im Blute lag. Er war der Sohn einer ungewöhnlichen Frau, die, um der höfischen Etikette so viel als möglich zu entgehen, weite Reisen unternahm und sich in romantischen Schlössern am Meer aufhielt, Dichtern huldigend. Bei öffentlichen Anlässen hielt sie ihr Antlitz hinter einem Fächer verborgen. So sah ich die märchenhaft schöne Kaiserin nur teilweise, neben der ebenfalls schönen Zarin, als sie und der Kaiser mit ihren Gästen durch die Praterstraße fuhren. Als Wittelsbacherin mochte sie ein gefährliches Erbe in sich getragen haben, das im Leben und im Tode ihres Sohnes möglicherweise zum Ausbruch gekommen war. Noch heute aber blickt mich aus früher Erinnerung das edle Gesicht des Kronprinzen aus zahlreichen Photographien an, die, mit Widmung für Onkel Emil versehen, in schweren Silberrahmen im Salon meiner Tante standen, neben jenen des Töchterchens, der »kleinen Elisabeth«, dem Liebling der Wiener, die erst kürzlich als Witwe eines sozialistischen Abgeordneten gestorben ist.

Aus meiner Eltern Leben kann ich nichts von höfischen Zusammenhängen berichten. Ihr Verlöbnis begann indes ein wenig romantisch. Meine Mutter war schon als Mädchen, zufolge eines schlecht geheilten Beinbruchs, eine Invalide, hatte ein steifes Knie und hinkte ein wenig. Ihre Anmut war nicht verringert, und als sie, ihre Schwester zu einem Tanzfest begleitend, unter den anderen Mädchen saß, näherte sich ein Tänzer, der sie zu einem Walzer aufforderte. Sie mußte diesem Vergnügen entsagen und lehnte ab. Als sie das zum zweiten Mal tat, beklagte sich der junge Mann bei einem Festmitglied, da er doch der jungen Dame vorgestellt worden war. Als er den Sachverhalt erfuhr, war er gerührt und beschämt. Er bat nun, sich ihr zu einer Plauderstunde anschließen zu dürfen. Dies führte zu einer Freundschaft, die zu einem Verlöbnis wurde. Bald war eine Heirat möglich, da mein Vater schon eine bezahlte Anstellung bekleidete, nachdem er in Prag, dank der Hilfe seines Onkels Friedrich Burger, dem zu Ehren ich später meinen Namen erhielt, die Technische Hochschule besucht hatte. Mein lieber

Großvater war wegen reichen Kindersegens und als schlecht besoldeter Schulleiter in einer kleinen slowakischen Stadt nicht selbst imstande gewesen, seinem Sohn Emanuel ein Hochschulstudium angedeihen zu lassen. Seines Wohltäters Beispiel folgend, ermöglichte mein Vater es später zweien seiner Neffen, ähnliche Studien zu absolvieren. Auch mehreren Nichten half er mit Zustimmung und Förderung meiner warmherzigen Mutter zu ihrem Fortkommen, obwohl meines Vaters Einkommen erst allmählich wuchs. Seinen eigenen sechs Kindern ließ er eine ausgezeichnete Erziehung angedeihen, es wurde in keiner Weise an uns gespart. Es verging kein Sommer, wo wir nicht mehrere Monate auf dem Land verbrachten. Wir reisten nicht von einem Kurort zum anderen, wie es in manchen der Mode folgenden Familien üblich war, was den Kindern nur wieder neuen Zwang auferlegte. Wir genossen richtige Ferienfreuden. Als eine wahre Sommerheimat ist mir der wiederholte Aufenthalt in dem mährischen Ort Frain an der Thaya in Erinnerung. Auf einem hohen bemoosten Felsen, von einem eiligen kleinen Fluß umspült, lag ein lichtes Schloß im französischen Stil, und nicht weit weg davon talwärts ein dazugehöriges langgestrecktes Gebäude, die Glasfabrik. Sie hatte einst richtiges böhmisches Glas angefertigt, denn Fürstlichkeiten liebten es, ihren Porzellan- und Glaserzeugnissen den eigenen Namen und ihre Zeichen zu geben. In den achtziger Jahren des vorigen Jahrhunderts waren die Graf Hardeggschen Wirtschaftsgebäude in Sommerwohnungen umgewandelt worden. In dem riesigen Hof stand ein Ziehbrunnen. Zu Remisen, in denen noch hohe Kutschen mit seidenen Sitzen standen, führte eine Stiege in einen Hof, von dem aus uns Kindern der alte Verwalter mit seinem großen Schlüsselbund in ein wahres Paradies Einlaß gewährte. Hier im alten Magazin standen zurückgelassene Gläser, die in allen Farben funkelten. Es gab Gefäße zu verschiedenstem Gebrauch, schlanke, geschliffene, majestätische Pokale und auch Zerbrochenes, sowie Möbel im Stil vergangener Zeiten. Der alte Fabriksgarten war in kleinere Gärten für die einzelnen Wohnungen abgeteilt worden, in dem jeder Mieter nach Herzenslust Blumen und Gemüse pflanzen konnte. Im Ort gab es Spitzenklöpplerinnen und Perlmutterdreher, die Knöpfe verfertigten. Wir hatten einen kleinen Eselwagen, mit dem wir Ausflüge in Nachbardörfer machten und uns ab und zu verirrten, nicht ohne Furcht vor Räubern, die angeblich noch in den großen Wäldern hausten. Diese Forste waren indes nur von Rehen und Hirschen bevölkert und voll der schönsten Blumen. Es war ein wahres Kinderparadies und der beste Anschauungsunterricht für Naturkunde auf Lebensdauer. In solcher Landschaft blieb ich für immer heimisch, denn sie war es auch, die mein Lieblingsdichter Adalbert Stifter in seinen Werken beschrieb. Natur in allen ihren Gestalten beglückte und bereicherte mich, als ein Erbe meines in Schönheiten überquellenden Heimatlandes.

Einen anderen Sommer verbrachten wir des Schwimmens wegen am warmen Wörther See in Kärnten. Dort ereignete es sich, daß während eines Sonntagsgottesdienstes der Kirchturm einstürzte und einen vor dem Eingang der Kirche Knienden begrub. Mehrere Tage und Nächte hörte man sein Wimmern, bis man ihn schließlich retten konnte. Seltsamerweise war es diese tragische Erinnerung, durch die Stefan Zweig und ich feststellen konnten, daß wir als Kinder denselben Sommer in Pörtschach verbracht hatten.

Damit mein Vater nach dem Büro und ein oder der andere der nun erwachsenen Brüder an den Sommeraufenthalten teilhaben konnten, wurden diese dann in der Nähe Wiens, im Umkreis des schönen, nicht zu Unrecht vielbesungenen Wienerwaldes verbracht, wo uns kühle Wohnungen in Häusern mit hübschen Gärten beherbergten. Es war dem damaligen Bürgertum im allgemeinen eine ziemlich großzügige Lebensführung zu eigen gewesen. In unserer Familie rührte sie wahrscheinlich von Onkel Friedrich her.

Onkel Friedrich Burger soll eine Zeitlang Präsident der Wiener Handelskammer gewesen sein. Ein schönes Ölporträt zeigte ihn mit jenem Halskragen, dessen Spitzen sich in das Kinn einzuspießen scheinen. Als Neuerer auf wirtschaftlichem Gebiet hatte er als erster aus England zuerst in Ungarn, dann in Österreich Versicherungsgesellschaften heimisch gemacht, besonders die Feuerversicherung North British, die in Edinburgh im Jahre 1809 gegründet worden war, und deren kleines Londoner Palais gegenüber der Bank von England ich noch im Jahre 1936 besuchte. Meinem Vater war das Generalsekretariat in Wien anvertraut und später überdies die Präsidentenschaft des Rückversicherungsverbandes. Alljährlich kam aus London der Auslandsinspektor, Mr. Winsor, nach Wien, um mit meinem Vater die Filialen der Gesellschaft der damals umfangreichen Monarchie zu bereisen. Triest war der Abschluß der Fahrt, wo mein Vater sich durch Genuß von Austern einen tückischen Typhus holte, der mehrere Jahre später ein tödliches Nierenleiden zufolge hatte. Manchmal brachte Mr. Winsor seine echt britischen Töchter mit, die zu unserem bürgerlichen Abendtisch in großen Toiletten erschienen, wie es in ihrer Heimat üblich war. Sie brachten »Welt« ins Haus. Meine Brüder waren ihre »Escorts«. Meine

Schwester und ich übten unser Englisch, dessen Studium in der Privatschule, die wir besuchten, obligat war. Meine Eltern hatten das angesehene Insitut Luithlen für uns gewählt, weil sie die allgemeine Volksschule für den Tod ihrer angebeteten elfjährigen Tochter Maria Anna verantwortlich machten. Diese war nach einem festlichen Anlaß, bei dem die Volksschulkinder aufmarschieren mußten, einer Diphtherieepidemie zum Opfer gefallen. Oft habe ich mit meiner Mutter ihr Grab besucht und es auch noch vor wenigen Jahren mit Blumen geschmückt. Auf dem Sandsteinobelisk war eine goldene, geknickte Rose eingekerbt. Viele Kindergräber umgaben die traurige Stätte.
Der Wunsch, wieder eine Tochter zu besitzen, wurde durch die Geburt von Poldi erfüllt, doch erfolgte die meine kaum ein Jahr nachher. Als ich später zu erraten glaubte, daß meine Schwester die erhoffte und nicht ich die erwartete Tochter gewesen, glaubte ich mich ohne Berechtigung zurückgesetzt. Das führte dazu, daß ich mich zu einem auf sich selbst vertrauenden Wesen entwickelte. Wenn ich zuweilen mich anders behandelt glaubte, so war es gewiß deshalb, weil meine Schwester immer das brave, ziemlich willenlose Kind und ich das schlimme war, das seinen eigenen Willen hatte. Ich baute mir allmählich eine eigene Welt, deren Bausteine bald Bücher waren, die mich besser zu verstehen schienen als Menschen. Oft versteckte ich mich mit ihnen, um nicht gestört und etwa wegen meines offensichtlichen Enthusiasmus verlacht zu werden. Zuerst waren es Hofgeschichten, wie die Auerbachs, dann waren es Adalbert Stifters, meines Lieblingsdichters, Werke. Es wurden nicht nur die jungen Mädchen in »Feldblumen« meine Vorbilder, ich bekannte mich auch zu des Dichters eigenen Idealen: »Ich weiß nur das eine, daß ich alle Menschen, die eine Welle an mein Herz trägt, für dieses kurze Dasein lieben und schonen will, sosehr es nur ein Mensch vermag – ich muß es tun, daß nur etwas von dem Ungeheueren geschehe, wozu mich dieses Herz treibt. Ich werde oft getäuscht sein, aber ich werde wieder Liebe geben und auch wenn ich nicht Liebe glaube – nicht aus Schwäche werde ich es tun, sondern aus Pflicht. Haß und Zank zu hegen oder zu erwidern ist Schwäche – sie übersehen und mit Liebe zurückzuzahlen ist Stärke.«
Ein »Ungeheueres«, das mich erfüllte, findet sich schon in meinen sehr frühen Tagebüchern angedeutet. Es war wohl eine Art kosmisches Gefühl, vermengt mit frühreifer Liebessehnsucht, die Erziehung und eine bis zur Prüderie reichende Keuschheit unterdrückten, so daß ich immer wieder jeder Aufklärung, die sich bot, in einem weiten Bogen auswich. Um frühreifer Neugier einen Riegel vorzuschieben, wurden

im Institut Luithlen nur zensurierte Bücher verteilt. Ich erinnere mich der dicken schwarzen Striche, mit denen in ihnen ganze Zeilen »unschädlich« gemacht worden waren, so daß der Phantasie ein reger Spielraum gegeben war. Während der Stunden mit männlichen Professoren saß an einem Tischchen abseits, Hefte korrigierend, eine ältere Lehrerin als Garde. Entweder wir Kinder oder die angesehenen Männer, die uns Wissen zu vermitteln hatten, wurden offenbar als zu bewachende Übeltäter betrachtet, was als ganz selbstverständlich hingenommen wurde. Ich muß allerdings gestehen, daß später im Mädchengymnasium ein älterer Physikprofessor mir gerne allein Experimente zeigte, und ich schließlich dahinterkam, weshalb er mich so auszeichnete. Ich blieb aber nicht deshalb äußerst untalentiert in Physik und dies noch mehr in Mathematik, und als ich wegen Masernerkrankung einige Wochen, nahe vor Schulschluß, dem Gymnasium fernbleiben mußte und mir eine Nachprüfung im Herbst, also verdorbene Ferien, drohten, war es meinen Eltern leicht, mir die »überspannte Idee« auszureden, ein Doktorat anzustreben, wozu die Absolvierung dieser damals ganz neuen Schule »für erweiterte Frauenbildung« führen konnte. Um den Plan meiner feministischen Ambitionen nicht fallenzulassen, dereinst auf eigenen Füßen stehen zu können, wandte ich mich den staatlichen Studien eines Lehramtes für die französische Sprache zu, das ein recht ausgedehntes Wissen von deutscher und französischer Literatur, Pädagogik und Psychologie vermittelte. Ich erkannte sehr bald, daß man eine Sprache ohne Kenntnis der Geschichte des betreffenden Landes nicht voll erfassen konnte, und als ich später in einem Wiener Institut Französisch unterrichtete, gab ich gleichzeitig den Literaturstunden die dazugehörige historische Einführung.
Was mich besonders angetrieben, ein Berufsstudium anzustreben, hatte einen gewissen Hochmut als Beweggrund, der mich mein ganzes Leben lang begleitete. Ich wollte, ohne daß mein Gewissen sich rührte, frei sein, auch dann Ausgaben zu machen, oder Tätigkeiten nachzugehen, wenn diejenigen, die mir die Mittel dazu gewähren könnten, diesen nicht zustimmen würden. Als mein Vater starb, war er bereits in Pension gewesen, die Versorgung seiner Witwe daher nicht ausgiebig. Doch schon vorher hatte ich, da mein Geldverdienen meiner guten Mutter allzu zeitgemäßes Standesbewußtsein verletzt hätte, heimlich begonnen, französische Stunden zu geben. Was mein Verdienen betraf, war dieses mir nicht nur durch meine leidenschaftliche Vorliebe zu unterrichten, die mir vielleicht von meinem Großvater her noch heute im Blute liegt, erfreulich, es war mir immer eine besondere Freude,

gegen sinnlose Verbote zu verstoßen. Meine erste Besoldung aber hatte ich schon viel früher und ohne Heimlichkeit erhalten. Tante Emma Wohlgemuth hatte mich, die ich schon in der Schule schreibgewandt war, als Sekretärin angestellt. In ihren schönen Räumen boten sich mir einige Rätsel. Da stand ihre Büste von Carrier Beleuse, dem Lehrer Rodins, die ein Prinz aus dem Balkan in Paris von ihr hatte anfertigen lassen und die sie als große Schönheit zeigte. Von dem einstigen Vorhandensein des Prinzen zeugten auch die vielzackigen Kronen auf den Silbergegenständen des Toilettentisches der Tante. Photographien der schlanken, großen Frau am Kutschbock eines Viergespannes im Bois de Boulogne regten gleichfalls meine Phantasie an. In jenen Zeiten durfte man als wohlerzogenes Mädchen keine Fragen stellen, auch war meine Mutter besonders verschwiegener Natur. Quelle einiger Auskünfte war Rudi, mein um fünfzehn Jahre älterer Bruder, der einigen Familiengeheimnissen auf die Spur gekommen war oder ein oder das andere selbst miterlebt hatte, und der sich nichts daraus machte, sozusagen aus der Schule zu schwatzen. So wußte er zu erzählen, daß, als besagter Prinz sich als getreuer morganatischer Gemahl bei meinem Vater vorstellen wollte, dieser ihm in unerschütterlicher Bürgerlichkeit die Türe wies. Das Zusammenleben mit dem Fürsten hatte schon in früheren Jahren begonnen. Während Emmas ältere Schwester, meine Mutter, die sieben Jahre Zögling des Ursulinenklosters in Linz gewesen war, als frommes kleines Mädchen den Nonnen in den Krankenzimmern die Schüssel zum Aderlaß hielt, hatte die temperamentvolle Emma es bei ihrer Mutter durchgesetzt, Operettensängerin zu werden. Blutjung und wahrscheinlich noch ungenügend vorbereitet, machte sie ihr Debüt im Wiedner Theater in Wien und wurde ausgepfiffen. Das Fiasko war kein vollständiges. Bei einem der Zuhörer und wahrscheinlich noch mehr Zuschauer, jenem Prinzen, hatte die verzweifelte Schöne einen unbestrittenen Erfolg. Er ließ um Einlaß in ihre Garderobe bitten und tröstete das in Tränen aufgelöste Mädchen. Das war der Beginn einer lange andauernden Verbindung, die Paris zum Schauplatz hatte.

Kostbare Pelze in meiner Tante Garderobe wiesen auf Zusammenhänge mit Rußland und die Ehe mit einem Baron hin, der in Odessa ertrank. Es hatte eine Scheidung stattgefunden, und als Onkel Emil Wohlgemuth die geschiedene Frau heiraten wollte, mußte er nach Petersburg reisen und vor dem Zar den üblichen Kniefall tun, denn nur dieser hatte die Befugnis, eine russische Ehe gesetzlich aufzulösen. Ich habe von den drei Gefährten Tante Emmas nur einen gekannt, den

hochverehrten Onkel Emil. Der ihm verliehene Leopoldsorden befugte ihn zur Baronie, doch zu meiner Tante Leidwesen wollte er den Titel »Edler von«, den seiner Ahnen, beibehalten. Edel war er bis in die Fingerspitzen. Ich erinnere mich, wie geduldig er neben meiner durch einen Schlaganfall verdummten Großmutter saß und ihr Geschichten erzählte, die sie nicht mehr begriff. Mir aber bedeuteten sie nicht wenig, denn sie handelten von seinen weltweiten Seereisen. Diese spiegelten sich auch in dem ungewöhnlichen Mobiliar, das Onkel Emil auf seinen Schiffen zollfrei hatte mitbringen können, zuerst nach Triest, wo er Hafenkommandant gewesen war, dann nach Wien. Da waren mit Perlmutter eingelegte Schränke, geschnitzte Laternen, herrliche Teppiche und kostbare Portieren, exotische Statuen und Puppen, von denen meine Schwester und ich selbst einige besaßen. Einer meiner heißesten Weihnachtswünsche erfüllte sich in einem dicken, schöngebundenen Buch mit dem Titel »Im Fernen Osten«. Eine geheimnisvolle Welt hatte sich vor mir geöffnet. Auch Indien bereiste ich in meiner Phantasie, und es war nur selbstverständlich, daß ich meiner verehrten Freundin, Madeleine Rolland, und ihres großen Bruders Bestrebungen für Indiens Unabhängigkeit Jahrzehnte später begeistert verfolgte. Als wir in Salzburg indische Gäste hatten und dort Rabindranath Tagore, den Dichterfürsten Indiens, begrüßten, wehte es mich wieder aus alter Traumzeit an.
Nachdem Onkel Emil in einem Wiener Sanatorium gestorben war, spielte seine jugendliche Witwe, Tante Emma, als Patronesse von Wohltätigkeitsfesten und Mitbegründerin einer erfolgreichen Organisation zur Bekämpfung der Tuberkulose eine besondere Rolle. Zum Unterschied meiner sehr anmutigen Schwester sträubte ich mich aber, als wir heranwuchsen, an ihren Festen teilzunehmen. Als ihre Sekretärin hatte ich bald diesen Jahrmarkt der Eitelkeit durchschaut. Ich teilte aber der Tante besondere Liebe für Tiere. Im Laufe der Jahre besaß sie einen Affen, der nicht ungern harte Gegenstände zum Fenster hinauswarf, einen Papagei, der sich nach seinem Tode in einer verlöteten Blechbüchse in ihrer Schreibtischlade befand, und die sanfte Taube Putzi, die sie auf allen Reisen begleitete. Ein Methusalemsalter erreichte der King-Charles Flocki, den meine Schwester und ich in den Anlagen um die Votivkirche zur Erledigung seiner Bedürfnisse spazierenzuführen hatten. Tante Emma war immer heiter, sang in allen Sprachen und aus allen Operetten Offenbachs vor sich hin, doch verletzte sie nicht selten meine recht zartbesaitete Seele. So fand ich es ganz abscheulich, wenn, mit einem sehr alten tauben General spazierenge-

hend, sie zu mir laut spöttische Bemerkungen über den würdigen alten Herrn machte, wie etwa: »Heut werden wir den alten Esel nicht mehr los« oder »Der Arme ist halt schon ganz verteppt.« Invalide Menschen, welcher Art immer ihre Gebrechen sind, waren mir von jeher ein Grund der Achtung und des Wunsches, ihnen beizustehen, wohl im Gedenken an meine tapfere, nie klagende Mutter. Ein Invalider ist oft ein Held, Held des Alltages, ein Undekorierter, den in einer meist gefühllosen Umwelt ein unbeugsamer Wille vorwärtstreibt, Mensch unter Menschen zu sein. Nichts ist solchen Helden wichtiger, als es den gesunden Menschen gleichtun zu können. Meine Tochter Susanne sah fünfjährig zum ersten Mal einen Mann sich mühselig auf Krücken fortbewegen. Als ich abends zum Gutenachtkuß an ihrem Bette stand, fragte sie mich, ob denn der Krückenmann nun schon zu Hause sei. Wenn sie sich dann zehnjährig, von der Schule heimkehrend, am Kapuzinerbergaufgang in Salzburg verspätete, so war es, weil sie die sich auf den Stiegen sonnenden Schnecken sorgsam vor dem Zertreten rettete. Heute aber ist sie mit ihrem Gatten eine preisgekrönte Fischerin, was die Opferung von Würmern und Seetieren bedeutet. Trotzdem hat sie sich ihr warmes Herz erhalten. Wir haben nur allzuoft zwei Seelen in der Brust, was uns das Leben allerdings erleichtert, indem es hilft, Gewissenskonflikten auszuweichen. Im Herzen Vegetarierin, habe auch ich lange Jahre Fleisch gegessen, und ich wünsche sehr, dies wäre der einzige Verrat gewesen, den ich gegen die Einsicht eines mitfühlenden Herzens begangen habe. Ein recht jugendlicher Widersinn bestand auch darin, daß die zukünftigen Pazifisten sich von ihren Freundinnen, die das »bunte Tuch« durchaus nicht ablehnten, nicht unterschieden. Meine Schwester und ich durften Tante Emma zu den Frühjahrsparaden auf der Schmelz begleiten, wo Kaiser Franz Joseph seine Truppen, inmitten vieler Generäle mit ihren grünen Federbüschen und in der Gegenwart des diplomatischen Korps in festlichen Uniformen, an sich vorbeidefilieren ließ. Die Militärkapellen schmetterten den Radetzky- und Rakoczimarsch in den hellen Morgen, der meist vom berühmten »Kaiserwetter« begünstigt war. Hatte der Leibfiaker der Tante keinen befriedigenden Platz gewählt, machte sie ihren Rang einem der uniformierten, ordnenden Reiter bekannt, der uns sogleich zu einem Standort eskortierte, wo wir das bunte Schauspiel aufs beste verfolgen konnten. Poldi und ich, nach damaliger Sitte gleich gekleidet, waren nicht wenig aufgeregt, in den Vorbeimarschierenden oder Reitenden Bekannte zu entdecken. Mein Hauptinteresse galt Ali Aliprandi, einem Dragonerleutnant mit gelben Aufschlägen auf hellblauem Waffenrock, der, als ich vierzehn Jahre alt war, als Kavalleriekadett in einem Ischler Hotel mein Tischnachbar und erster Flirt gewesen war. Jener Ischler Sommer ist mir nicht nur wegen des ersten Kusses des reizenden Jungen und des feinen Juchtengeruches des gelbverschnürten Waffenrockes in Erinnerung. Im selben Hotel wohnten damals zwei schon berühmte Wiener Schriftsteller, Arthur Schnitzler und Richard Beer-Hofmann, letzterer von stattlicher orientalischer Schönheit. Sie waren unausgesetzt um eine etwas unheimlich aussehende Dame bemüht. In ihren eleganten weißen Flanellanzügen und den gepflegten, damals modischen Bärten schienen sie der Vierzehnjährigen Magier aus einer ihr unbekannten Welt. Gegenüber unserer Hotelterrasse aber, in einer parkumgebenen Villa, wohnte ein noch viel Berühmterer, kein Geringerer als der Walzerkönig Johann Strauß. Er war schon recht leidend, und man sah ihn in einer grauen Pelerine und großem Schlapphut langsamen Schrittes in den Alleen umherwandeln. Das Salzkammergut war ein beliebter Aufenthalt für Künstler. In jenem St. Wolfgang, der Stätte des berühmten »Weißen Rößl«, sah ich wenige Jahre später einen anderen Weltberühmten und wechselte sogar einige Worte mit ihm, dem ersten Amerikaner, den ich erblickte, der ein ganz Großer der Weltliteratur war, Mark Twain. Seine Tochter studierte damals in Wien bei dem Klavierpädagogen Professor Leschititzky. Ein kleines Tennistournier hatte stattgefunden, und ich hatte mit einem Engländer im Double gewonnen. Der fremde Mann in der Baskenmütze auf buschigem Haar war unter den Zuschauern gesessen und gratulierte der Spielerin, die, wie es die Mode vorschrieb, in langem Rock, mit steifem Kragen und dem sogenannten Girardihut tapfer gekämpft hatte.

Im nahen Ischl war die bescheiden aussehende Jagdvilla des alten Kaisers noch immer ein Anziehungspunkt fremder Potentaten, doch hatte die Götterdämmerung der Monarchie schon allenthalben begonnen. Unsere vielartigen Kronländer mit dem angeschlossenen Böhmen und Ungarn waren in einem merkwürdigen Verband vereinigt, der nicht selten in seinen Fugen krachte. Seit 1848 konstitutionell regiert, konnte seine Zusammengehörigkeit mehr oder minder gewaltsam gewahrt und die Gegensätze überbrückt werden. Im Abgeordnetenhaus ging es allerdings manchmal sehr stürmisch zu. Unter meinen frühen Erinnerungen war übrigens ein Ereignis, das man fast einen Aufstand nennen könnte, eine historische Explosion. Sie bezog sich auf die Sprachenverordnungen. Wie fast täglich waren wir mit der französischen Bonne spazierengegangen und befanden uns im Rathauspark, der sich seltsam leer ausnahm. Da kam ein Herr auf uns zu und warnte die Französin, die das Deutsche nur unvollkommen beherrschte, den Park rasch zu verlassen, es fände in unmittelbarer Nähe ein Aufstand statt, berittenes Militär wäre eben erschienen. Der Kampf um Sprachenverordnungen und die Rechte der Minoritäten, um die es sich handelte, hatte immer wieder peinliche Auswirkungen. Ich erinnere mich, es dürfte während des Ersten Weltkrieges gewesen sein, daß dem größten tschechischen Schauspieler ein Gastspiel in einem der Wiener Theater verweigert wurde. Er mußte in einem obskuren Saal auftreten, was mich recht kritisch gegen die ungereimte Politik unserer Landesväter stimmte. Es waren dann nicht etwa monarchistische Gefühle, die mich Jahre später veranlaßten, ein materiell günstiges Angebot der »Hamburger Illustrierten« auszuschlagen: die sensationellen, in Paris erschienenen Memoiren des Privatkutschers des Kronprinzen Rudolf, namens Bratfisch, zu übersetzen. Es war Loyalität gegenüber dem Andenken an Onkel Emil. Diese Memoiren klangen nicht unglaubwürdig, stimmten aber nicht mit den mehr oder minder offiziellen Auslegungen der Katastrophe überein. In der umfangreichen Biographie über Kaiser Franz Joseph des Grafen und Gesandten Saint' Aulaire behauptete dieser, was angeblich ganz Wien und auch die Kronprinzessin wußte, daß die kaum achtzehnjährige Marie von Vetsera die bis in den Tod Liebende gewesen sei, aber im Leben ihres angebeteten Prinzen nur eine Episode bedeutet habe. Was mich persönlich in dieser Biographie stark berührte, waren nicht nur die auf Selbstmord hindeutenden Abschiedsbriefe des Kronprinzen, sondern der Hinweis, daß dieser Unglückliche ein Selbstmordsüchtiger gewesen war, der mehrmals Frauen zu überreden trachtete, mit ihm den letzten Gang zu gehen. Zweimal soll die wachsame Polizei von ihm gewählte Todesgefährtinnen von Wien entfernt haben, um die Gefahr zu beseitigen. Ablenkung von solch tragischer Getriebenheit ist möglich, wenn Gegenwirkung sofort einsetzt, nicht aber, wie es sich ja auch bei Kleist bewahrheitet hat, die Gefährtin, selbst eine Kranke oder Verzweifelte, willig ist und den Tod willkommen heißt, wenn der Angebetete nur diesen und nicht das Leben mit ihr teilen will.

Betrübnis wurde in Wien gerne abgedrängt, man grübelte nicht lange. Der Kongreß tanzte sozusagen noch immer. Das stimmte wörtlich. Es ist kein Zufall, daß der Walzer eine Wiener Schöpfung ist. So war denn auch zur Zeit meiner Schuljahre der Tanzunterricht eine wichtige Angelegenheit. Wir erhielten ihn in unserem Institut Luithlen von einem Mitglied des Wiener Opernballetts. Wir begannen mit Polka, die aus lebhaftem Hüpfen zu schlechter Musik bestand und in der Schnellpolka in ein geradezu wahnwitziges Eiltempo ausartete. Walzer wurde gefühlvoll getanzt. Während der Quadrille betätigte man verbindliche Artigkeit. Wir lernten auch Lancier und Menuett, obwohl wir nicht weiße Perücken hatten, sondern möglichst lange Zöpfe, in denen Bänder eingeflochten waren. Das Erwachsenwerden manifestierte sich dann in aufgesteckten Zöpfen, der »Gretchenfrisur«, und längeren Röcken, worum die älteren Schwestern heftig beneidet wurden. Es folgten dann die eigentlichen Tanzstunden, der Auftakt zu den Hausbällen und in einem weiteren Stadium das Eingeführtwerden zu den öffentlichen Bällen. Zu diesen Tanzstunden außerhalb der Schule, wo man das Erlernte erprobte, wurden Brüder, Vettern und deren Freunde herangezogen. Wir wurden sozusagen aufeinander losgelassen. Jener Tanzstunde, die mir in besonderer Erinnerung ist, gehörten auch junge Leute aus der Provinz, vornehmlich aus Böhmen, an, die den Winter in Wien verbrachten, daselbst studierend. Die Jünglinge aus Prag waren literarisch interessiert und mehr als altklug. Ein oder der andere brachte es später zu Prominenz. Einigen von uns waren Bücher wie »Kraft und Stoff« von Büchner und Langes »Geschichte des Materialismus« in die Hände gefallen, was in den Tanzpausen zu naseweisen Debatten führte. Die Prager Jungen waren arrogante Besserwisser und gefielen mir nicht. Anderer Art war Felix von Winternitz. Er studierte Jus, war bescheiden und gemütvoll. Er war der Sohn eines der angesehensten Journalisten Wiens, Regierungsrat, später Hofrat im literarischen Büro des Außenamtes am Ballhausplatz, Präsident der Concordia, des Vereines der Schriftsteller und Journalisten, dessen Pensionsfonds für die Witwen und Waisen er begründet hatte. Kaiser Franz Joseph, dem er unter vier Außenministern diente, hatte ihm für seine humanitären Leistungen den Franz-Josephs-Orden und den Adel verliehen. Sohn einer armen Witwe in Böhmen, war er Kostgänger bei begüterten Prager Verwandten gewesen, die ihm dann das Universitätsstudium ermöglicht hatten. Wie mein Vater war er, eingedenk der genossenen Hilfe, später unbemittelten Neffen und Nichten beigestanden. Begabten Dichtern konnte er den Grillparzer- und den Bauernfeldpreis verleihen, den auch der junge Stefan Zweig, den er schätzte, erhielt. In reiferen Jahren hatte er die Tochter eines Budapester Großkaufmannes geheiratet, die mit ihrer schönen Altstimme Brahmslieder sang. In der »Winterbierstube« trafen sich Johannes Brahms und Jakob von Winternitz beim Stammtisch, was dann wahrscheinlich die musikalische Verbindung mit seiner Frau veranlaßt hatte. Zum tiefsten

Schmerz ihres Gatten starb sie sehr jung, ihm zwei kleine Knaben hinterlassend, die er mit aller erdenklichen Liebe, Sorgfalt und mit viel Ehrgeiz erzog. Vielleicht tat er des Guten zuviel, denn es entwickelte sich bei ihnen, bei aller Vortrefflichkeit des Gemütes, wenig eigene Initiative. Von alledem wußte ich nichts, als Felix von Winternitz sich mir in der Tanzstunde herzlich anschloß. Er, der Mutterlose, fühlte wohl bei mir mehr unmittelbare Wärme als bei den anderen, oft schon recht blasierten, verwöhnten und vielgereisten Mädchen, die sich gern über Taormina und Athen unterhielten. Die Vergnügungen, denen meine Schwester und unsere Schwägerinnen in Begleitung unserer Brüder huldigten, waren bescheidener Art. Sie bestanden in Ausflügen in die schöne Landschaft um Wien, in Skipartien in die nahen Berge, ja sogar in Klettertouren auf die Rax, doch vor allem in Opernbesuchen. Man schwärmte für Wagner, stellte sich an, um Galeriesitze zu erobern. All das war ganz nach Felix' Geschmack, der gewohnt war, mit Hofmeister und Vater zu wandern und zu botanisieren und von seiner Mutter die Musikalität geerbt hatte. In die Oper brachte er die Partituren mit, man saß dicht nebeneinander, und die Musik tat das übrige, einander näherzukommen. Gustav Mahler war unser Abgott. Er war als Dirigent einer der großen Vermittler zwischen dem Übersinnlichen der Musik und der Verwirklichung hoher Wiedergabe. Schon sein Äußeres war faszinierend, seine Bewegungen am Dirigentenpult waren die eines Dämons, der in eine Welt der Entrücktheit versetzte. In dieser Stimmung schien das Unwahrscheinliche erreichbarer, die Phantasie ersetzte vernünftiges Denken, das Romantische wurde Wirklichkeit. Nach Jahr und Tag, unser Zusammensein zu sichern, dachten Felix und ich an ein Verlöbnis. Ich hatte bereits zwei »Heiratsanträge« mit solider Basis abgelehnt. Aber Felix hatte eine noch härtere familiäre Probe zu bestehen. Sein Vater plante für ihn eine diplomatische Laufbahn, die wie üblich eine ansehnliche Kaution erforderte, um Repräsentationskosten decken zu können. Die Tochter eines verstorbenen Freundes seines Vaters war eines der reichsten Mädchen Wiens, dessen Witwe sich dem Plan, ihre Kinder miteinander zu verheiraten, anschloß. Felix und die junge Erbin hatten andere Wünsche. Doch was ich als Heiratsgut mitbringen konnte, würde gerade genug sein, das kleine Staatsbeamtengehalt zur Grundlage eines jungen Hausstandes zu ergänzen. Für seinen Vater bedeutete die Aussicht auf eine so bescheidene Verheiratung keine geringe Enttäuschung. Daß dieser wunderbare Mann dessenungeachtet mich dann ganz tief in sein Herz schloß, erfüllte mich mit Stolz und innigster Gegenliebe. Der alte Herr und ich hatten vieles gemeinsam, unsere Denkungsweise, unsere Neigungen deckten sich. Meine literarischen Versuche erfreuten ihn. Er weihte mich in die auswärtige Politik ein. Doch die lange Dauer des anfangs geheimgehaltenen Brautstandes hatte, ohne daß wir jungen unerfahrenen Menschen es ahnten, eine Gefahr bedeutet. Wir waren einerseits ganz aufeinander eingestellt, anderseits vollzog sich in mir ein Reifen, das den Partner überholte. Dies spielte sich ab, ohne daß es zunächst zu dem Eingeständnis kam, daß es in einem wichtigen Punkte an Gleichklang fehlte. Doch Scheu und zärtliche Behutsamkeit hielt alles zurück. Heimlich hoffte ich, daß die Eheschließung Zweifel und Fragen lösen würde. Im April 1906 fand in der Kapelle der Minoritenkirche eine prunklose Hochzeit statt. Unsere eigentliche Hochzeitsreise und geplante Gletschertour mußte auf die Urlaubswochen hinausgeschoben werden. Wir bezogen eine kleine Gartenwohnung in Döbling, nahe einer Privatschule, in der ich mein Unterrichten fortsetzte. »Der alte Herr«, wie Hofrat von Winternitz in der Familie genannt wurde, besuchte uns häufig. Wir vertauschten dieses hübsche Obdach gegen ein größeres, sonnigeres, als wir ein Kind erwarteten. Dort verbrachten dann meine beiden Töchterchen ihre ersten Lebensjahre. Die Kinder erfüllten mich mit soviel Glückseligkeit, daß anderes Entbehren zunächst wenig bedeutete. Ich hatte auch vorläufig Kraft genug, Pflichten allein zu bewältigen. Doch dann verschlechterte sich unsere materielle Lage. Wir hatten, zur Überraschung meiner Familie, in ihr einen Spieler, den Mann meiner Schwester. Auf der Hochzeitsreise, in Monte Carlo, hatte er ihr Heiratsgut durchgebracht. Um ihn bald darauf aus peinlichsten Situationen zu retten, brachte die Familie beträchtliche Opfer. Es wurden mir für eine geliehene Summe wertvolle Pfänder und gute Verzinsung zugesagt. Nichts wäre dabei riskiert gewesen, wenn Felix die übernommene Verpflichtung eingehalten hätte, die graduelle Abdeckung der Pfänder zu beaufsichtigen und die Summen in Empfang zu nehmen. Seine Sorglosigkeit aber kannte keine Grenzen. So dauerte es dann Jahre, bis eine sehr geringe Rückerstattung zur Zeit der Inflation sich vollzog. Aufs höchste verstimmt über seines Enkels Verhalten, stellte Felix' wohlhabender Großvater seine Unterstützung ein, statt nun besser zu helfen. Während eines Erholungsurlaubs in einem Gebirgsort erkrankte meine kleinere, noch nicht zweijährige Tochter an einer schweren Dysenterie, die sich in ein chronisches Leiden verwandelte, die Unfähigkeit des ohnedies zarten Körperchens, Fett zu verwerten. Heute leicht zu heilen, war dies damals eine lebensbedrohende Krankheit, die bei ihr erst nach drei Jahren, trotz Heranziehung berühmter Kinderärzte, zum Stillstand kam. Diese neuen Lasten so gut wie allein zu tragen, wuchteten zu schwer auf meinen Schultern. Nichts hatte sich in meiner Neigung zu meinem sehr gutmütigen, doch kraftlosen Mann geändert, aber ich erwartete keine Stütze, keine Erleichterung mehr von ihm. Das beginnende Streben nach Gleichberechtigung der Frau enthob den Mann noch nicht der althergebrachten Stellung des Beschützers, die sich mit Männlichkeit deckte. Man hatte jahrhundertelang gelernt, zu dem Mann »aufzusehen«. War eine Frau stark, erwartete sie demnach, daß der Mann der Stärkere sei. Ein Vakuum war eingetreten, eine neue Phase meines Lebens begann. Zunächst mußte ich ernstlich an die Arbeit gehen, meinen schriftstellerischen Neigungen professionelle, finanzielle Grundlagen zu verschaffen. Mein Schwiegervater begrüßte und unterstützte das. Ich fand Gönner und Erzieher unter den Herausgebern literarischer Zeitschriften und Zeitungen. Dauernden Einfluß empfing ich von Professor Franz Strunz, einem Gelehrten der Naturwissenschaften, eines Gebietes, das mich gefangennahm und das mich schließlich nach vielen Jahren zu der Abfassung meiner Biographie über Louis Pasteur ermutigte, die in mehreren Sprachen erschien und noch heute in der Schweiz gelesen wird. Professor Strunz, ein früher Entdecker Kierkegaards, war auch einer der Leiter von »Westermanns Monatsheften«, in denen er meine Erzählungen veröffentlichte, und der als Direktor der Wiener Urania mich einlud, dort einen Vortrag zu halten. Auch die »Wiener Zeitung« und die »Vossische Zeitung« in Berlin brachten mir Erfolge und Honorare. Mein Schwiegervater war glücklich und stolz darüber. Er war unser häufiger Gast und ein zärtlicher Großvater. Daran änderte sich auch später nichts, als Veränderungen im Gefüge des Familienlebens eintraten.

Felix wurde in den Frühlingsmonaten von Magenbeschwerden befallen und suchte ein Sanatorium in der Nähe von Wien auf. Als ich ihn dort besuchte, fand ich, daß eine überaus interessante Patientin seine Aufmerksamkeit gefangengenommen hielt. Wenige Stunden später, auf dem Heimweg, hielt ich mich mit Freunden anläßlich eines Abschiedsfestes für den genialen Schauspieler und Volkssänger Girardi bei »Stelzer« in Rodaun auf, einem stimmungsvollen Lokal, dessen Garten von der Mauer zu Hugo von Hofmannsthals Besitz eingefriedet war. Eine Gruppe junger Leute, wie man mir sagte Schriftsteller und Dichter, saß unter den weinseligen Gästen. Blicke in ausgelassener Stimmung flogen zu mir herüber. Der sie sandte, war Stefan Zweig. Das hatte keine andere Wirkung, als daß ich dann mit um so größerem

Interesse seine Verse und Novellen las. Vier Jahre später wiederholte sich die Begegnung, als ich für einen Tag und eine Nacht von meinem nahen Landaufenthalt nach Wien gekommen war. Es war wieder in einem Gasthausgarten, im »Riedhof«. Aus dem einstigen Bohemien war ein eleganter junger Mann geworden. Er wurde auf mich aufmerksam, als ein Bekannter an unseren Tisch trat und mir ein Buch aus der Insel-Bücherei, »Hymnen an das Leben« von Verhaeren, in Stefan Zweigs Nachdichtung überreichte. Ich las die schönen Gedichte in dieser vollendeten Übertragung, als ich tags darauf wieder in meinen Sommeraufenthalt zurückfuhr. Eben war ein Feuilleton von mir erschienen, »Sommerbriefe«. Ich sandte es ihm, mit einem Dank für den Genuß, den mir seine Nachdichtung vermittelt hatte. Er antwortete postwendend, er hätte mit Freude bemerkt, wie sein Büchlein in meine Hände gelegt wurde. Er sei eben im Begriff, zu seinem verehrten Meister Emile Verhaeren nach Belgien zu reisen. Er hoffe mich gleich nach seiner Rückreise sehen zu dürfen, vorher aber bäte er mich um einen Anruf, um meine Stimme zu hören. Die seine, die mich gleichfalls zu hören verlockte, klang anders, als ich sie später kennen und lieben lernte. Doch nun begab sich etwas Seltsames, das man, wie mich spätere, ähnliche Vorkommnisse lehrten, nicht Zufall nennen konnte, da ja eines dieser Geschehnisse schon in unserer Kindheit sich abgespielt hatte. Damals hatte die »Vorsehung« einen noch nicht geglückten Versuch einer Begegnung gemacht. Jene bei Stelzer und im Riedhof waren unverkennbare Fortschritte, einander kennenzulernen. Ein weiterer »Zufall« folgte: Ein Jugendfreund, Dr. Erich Störk, der mir seine Kinder aus einer eben geschiedenen Ehe über einige Sommerwochen anvertraut hatte, ließ mich eben in diesen Tagen wissen, daß er uns mit dem Auto eines Patienten besuchen werde. Mit ihm würde der Vetter jenes Autoinhabers, Stefan Zweig, mit von der Partie sein. Das Erstaunliche war, daß dieser in dem ersten Stadium unseres Briefwechsels meinen Namen und meine genaue Anschrift noch nicht kannte, da ich mir seine Antwort anonym an eine postlagernde Adresse erbeten hatte. Er konnte daher nicht, etwa um mich zu überraschen, den Ausflug geplant haben. Daß er dann im letzten Augenblick verhindert war, macht diesen neuerlichen Versuch des »Schicksals« nicht weniger überraschend. Neunundzwanzig Jahre später ereignete sich eine noch verblüffendere Fügung. Ich muß noch hinzufügen, daß das ihm gesandte Feuilleton nur mit einem F. M. v. W. gezeichnet war. Obwohl unsere Begegnungen in einer Art stattgefunden hatten, die man als einen »Flirt« bezeichnen konnte, war ein Bekanntwerden mit Stefan

Zweig, dem schon anerkannten Schriftsteller, für mich blutige Anfängerin gleichzeitig ein literarisches Ereignis. Das verminderte die Leichtfertigkeit einer anonym begonnenen Näherung, die mir gewagt erschien und die ich nicht als kindische Schwärmerei gewertet wissen wollte. Vielleicht betrieben wir beide eine kleine Komödie, indem wir die beginnende Freundschaft literarisch betonten; für ihn war es nichts Außergewöhnliches, daß er sich jungen Autoren, die er für begabt hielt, geneigt fühlte und das nun auch mir gegenüber so gelten lassen wollte. Wieweit ich selbst mich belügen wollte, machte ich mir nicht klar. Eben beschäftigten ihn Proben der Burgtheateraufführung seines Schauspiels »Das Haus am Meer«. Mein Schwiegervater, der ihn schätzte, trat mir, um mir eine Freude zu machen, die Besprechung ab, die er über das Stück hätte schreiben sollen. Es war mir erst einmal eine solche Aufgabe für das Hamburger Fremdenblatt zugewiesen worden; bisher hatte ich für diese angesehene Zeitung in Abwesenheit des Kunstkritikers Dr. Franz Servaes nur in dessen Rubrik berichtet. Ich hatte schon längere Zeit geplant, sowohl in Berlin als auch in Hamburg Redaktionen aufzusuchen, um, wie schon erwähnt, meine literarische Laufbahn zu fördern. Eine Aufführung in Hamburg von »Das Haus am Meer« sollte demnächst stattfinden, doch war Stefan Zweig noch ungewiß, ob er dort anwesend sein werde. Zu meiner Freude langte nun in meinem Berliner Hotel die Nachricht ein, daß auch er sich ebenda aufhielt und ob ich mit ihm die Schnitzler-Premiere »Professor Bernhardi« besuchen wolle, außerdem rechne er darauf, daß ich nach Hamburg kommen werde. Er war in bester Laune. Ich erinnere mich, daß er ein Körbchen Orangen kaufte und sie auf der Straße an Kinder verteilte. In Hamburg, wohin er mir vorausfuhr, wollte er mir in seinem Lieblingshotel an der Alster ein Zimmer bereithalten, um es leichter zu haben, mir Nachrichten zukommen zu lassen, da er mich dort kaum werde sehen können. Da die Nachrichten von meinen Kindern befriedigend waren, mein Arztbruder besuchte sie fast täglich, entschloß ich mich freudig zu der Reise in Stefan Zweigs Lieblingsstadt. In mein Zimmer hatte er Blumen und Obst stellen lassen, und auch ein Hamburger Freund eines Bekannten hatte mir mit der Aufforderung, ihn als Fremdenführer zu betrachten, einen großen Zyklamenstock gesandt. Er war ein junger Rechtsanwalt aus angesehener Familie und, wie nicht wenige Hamburger der steifen Etikette, seiner schönen Stadt etwas überdrüssig. Wir Wienerinnen hatten sowohl in Berlin als in Hamburg eine gute Fama. Ich sah mit ihm das Hafenviertel St. Pauli und jene mich überraschenden Straßen, in denen geschminkte Frauen an Fenstern, mit roten Laternen erleuchtet, saßen und Polizisten in Viererreihen vorbeipatrouillieren. Meine Unterredung mit der Redakteurin des Hamburger Fremdenblattes verlief günstig, und im Hotel fand ich eine Botschaft vor, daß der Schauspieler Wlach mich zu Hauptmanns »Gabriel Schillings Flucht« in das Schauspielhaus führen werde, um mich dort »für den morgigen Abend heimisch zu machen«. In seiner schönen runden Schrift, wie immer mit lila Tinte, schrieb mir Zweig, er werde nach seiner Aufführung sehr müde sein, wolle mich aber am folgenden Abend in Lübeck treffen, das ich zu sehen beabsichtigt hatte, und ich müsse dort mit ihm seinen Geburtstag feiern. Von Lübeck sollten wir, wenn ich zustimmte, die Rückreise mit Unterbrechung in Leipzig gemeinsam antreten. In Travemünde sah ich zum ersten Male das Meer. Wie würde sich nach dieser Reise der Alltag ausnehmen? In Lübeck vergaß ich den Alltag.

Wir sahen uns dann oft, bei ihm, bei mir, im Theater und Konzertsaal. Wir bemühten uns noch immer um eine gewisse Distanz. Es zeigte sich aber, daß diese weiterhin einzuhalten uns schmerzlich wurde. Ich entschloß mich zur Flucht. Ein angesehener Kinderarzt experimentierte am Ritten bei Bozen mit Heilkuren für schwächliche Kinder. Nur zu gerne wollte ich eine solche meinem Töchterchen angedeihen lassen. In einer bitterkalten Winternacht verließ ich mit beiden Kindern und der Pflegeschwester, die das Kind zu Beginn der Krankheit in einem Münchner Sanatorium herzlich liebgewonnen hatte, Wien. In die herrliche Bergeinsamkeit gegenüber der Rosengartenkette kam von Stefan ein Brief nach dem anderen und Bücher, wie der Roman »Jean Christophe« von Romain Rolland, den Stefan verehrte. Die Entfernung war nur eine örtliche, obwohl Stefan dann nach Sizilien reiste. Es schien, daß sie ihren Zweck nicht mehr erfüllen konnte.

Oberbozen half der Gewichtszunahme meiner Kleinen nicht. Wir übersiedelten in das mildere Meran. Dort begann ich an meinem Roman »Der Ruf der Heimat« zu schreiben, der mir dann in Wien den Besuch Rainer Maria Rilkes nach seiner Reise in Rußland ins Haus brachte. Doch in Meran hatte sich Suses Krankheit zu einer Krise gesteigert, die die angstvollste Zeit meines Lebens wurde. Ein junger Landarzt rettete ihr Leben, und von nun an war sie ein gesundes Kind. Die Gedanken an Stefan und sein Zuspruch halfen mir, bei Kräften zu bleiben. Mein treuer Schwiegervater besuchte mich. Suses Vater kam gleichfalls, doch da das Kind nun auf dem Weg der Besserung war, ermaß er nicht, wie groß die Gefahr gewesen war, es zu verlieren. Er wohnte in Wien bei seinem Vater, eine Entschädigung für diesen dafür, daß die Kinder und ich abwesend waren. Doch schon wurde es warm in Meran, und der Duft der Blüten erfüllte betäubend die südliche Luft. Ein Gedicht war von Stefan gekommen, »An die Schwalbe«, das er Jahre später in seine »Gesammelten Gedichte« aufnahm. Es ließ mir keinen Zweifel, was er für mich empfand. Ich sandte die Kinder mit der Pflegerin nach Wien voraus, wo meine Mutter und der Großvater sie erwarteten, und hielt zwei Tage am Semmering inne, um Atem zu schöpfen. Ja, ich hielt den Atem an, als ob ich nun neu zu atmen beginnen würde. Eine schwere Zeit der Sorge und Entbehrung lag hinter mir.

Ich fühlte mich nun in der Wohnung in Döbling nicht mehr zu Hause. Längere Abwesenheiten sind nicht immer ohne Gefahr. Bestürzt und zugleich entschlossen, hatte ich nun dieses Zuhause unter meinen Füßen verloren. Ich mußte an eine Übersiedlung denken, da ja die Flucht nach Tirol zwischen Stefan und mir nichts verändert hatte. Doch der Kinder und der noch zwischen Felix und mir bestehenden Freundschaft wegen sollten weder ihm noch seinem von mir verehrten Vater Steine in den Weg geräumt werden: sie sollten, sooft es ihnen danach verlangte, bei mir absteigen können. Allerdings machte nur der Großvater davon reichlich Gebrauch, während Felix, den Kindern gegenüber mehr kameradschaftlich als väterlich gesinnt, sich schon an ein Junggesellenleben und auch an anderen Anschluß gewöhnt hatte.

Ich wählte Baden bei Wien, die reizende Kurstadt, als Aufenthalt, was insoferne ratsam war, als sowohl der Großvater als Stefan sie immer wieder aufsuchten und Stefan zuweilen mehrere Tage verweilt hatte, wenn er ein schwieriges Arbeitsstadium überwinden mußte. Dort war er ungestörter als in Wien. Dies galt besonders bei seiner Arbeit an Dostojewski. Diese beschäftigte ihn, nicht nur des riesigen Forschungsmaterials wegen, jahrelang. Sie war ursprünglich groß angelegt, das noch fast ungekürzte Manuskript, das die Schiller-Stiftung des Nationalmuseums in Marbach ungefähr 1957 von einem Schweizer gekauft hatte, zeugt davon. Es beweist die Großzügigkeit des Autors, daß er schließlich so viel über Bord geworfen hatte, um aus dem Ganzen nur ein Essay von 109 Seiten in dem Band »Drei Meister« in der Reihe der »Baumeister der Welt« daraus zu formen. Als 1957, nach einem Vortrag, den ich in der Stuttgarter Landesbibliothek über Autographensammeln und Stefan Zweig als Sammler gehalten hatte, in Marbach der Direktor des bedeutenden Schiller-Museums, Dr. Bernhard Zeller, mir das ansehnliche Manuskript zeigte, das ich nun nach ungefähr achtunddreißig Jahren wieder in meinen Händen hielt, fielen mir einige Seiten mit meinen eigenen Schriftzügen auf. Dr. Zeller ließ sie mir kopieren. Ich will diese hier teilweise einschalten, im Gedenken an meine enge Verbundenheit mit Stefans Schaffen. Sie waren 1918 entstanden, nachdem er mir Teile seiner Arbeit nach meinem Aufenthalt in dem kleinen Schweizer Gebirgsort Amden bei Weesen zur Beurteilung gesandt hatte.

»Sinn seines Schicksals«

»Siehe Seite 14: Das Leben bewahrt usw. (Wiederholung von Wiederholungen), es sollte nun anknüpfend die Begründung gleich beginnen, etwa: Aber nicht ohne Sinn ist es, daß das Leben über – usw.
Siehe Seite 28: Zweimal dasselbe Bild des Emporsteigens. Dostojewskische Menschen: Kampf um Wahrheit. Ich sehe es nicht so. Es ist doch auch Leidenschaft um der Leidenschaft willen. Leidenschaft im wörtlichen Sinne des Wortes, ist, was Leiden schafft. Es ist doch Besessenheit um das Ziel, das diese Leidenschaft am brennendsten schafft. Diese Wahrheit ist eben Leiden, Brennen, nicht Erlösung, nicht Auflösung des Krampfes, das letzte Wissen wollen ist nicht Beweisen wollen im Verstand, sondern Gottesnähe spüren wollen im Unmaß, in der Raserei, sie sind Fexe und brauchen die Gefahr, um ihren Opferwillen ausleben zu können. Es fehlt doch auch diese Seite: Die Verachtung, die seine Menschen gegen die weltliche Macht und Lüge haben, deren selbst diese sich schämen, die sie besitzen und sie in Verworfenheit abtun wollen, diese Freude in der Erniedrigung, vielleicht als Folge der Knechtung, von der auch in das Blut der Mächtigen etwas versprengt ist. Dann auch die Freude an Schmutz und Niedrigkeit, um das Gemeinsame zu fühlen.«
Doch schon vor dem Aufenthalt in Baden hatte ich mich mit dem gesamten Werk Dostojewskis vertraut gemacht, und es gab daher zwischen Stefan und mir lebhaften Gedankenaustausch über die einzelnen Romane und deren mir damals noch höchst geheimnisvollen Gestalten. Wie anders waren sie als meine bisherigen Gefährten in der Literatur, jene aus den Werken der Klassiker im deutschen und französischen Schaffen! Stendhal und Balzac waren mir noch nicht gründlich bekannt, Maupassants Personen, ja selbst Flauberts Madame Bovary gaben mir keine unlösbaren Rätsel auf, wie nun jene sich selbst zerstörenden Gestalten in dieser gärenden, düsteren, russischen Welt. Daß sie Stefan so überaus fesselten, gab mir manchmal zu denken, ich war aber noch nicht erfahren genug, psychologische oder gar psychoanalytische

Zusammenhänge herzustellen und hatte gewiß auch den Wunsch, Dichter und Dichtung auseinanderzuhalten.
Baden bei Wien, für alle Teile eine befriedigende Lösung des schwierigen Zustandes, schien ein Abwarten möglich zu machen, war aber zugleich eine Bereinigung, wie sie auch Stefan als eine Vorstufe unserer weiteren Beziehung betrachtete. Da eine katholische Verheiratung in Österreich eine Wiederverehelichung nach einer Scheidung unmöglich machte, war eine solche schon deshalb nicht dringlichst zu betreiben, als sie Felix nicht wünschte. Für den Mann ist ein Zwischenstadium ein erträglicherer Zustand als für die Frau, selbst wenn diese in der gewonnenen Freiheit keine neue Ehe eingehen kann. Sowohl Felix als ich hegten das wärmste Bedürfnis, den geliebten Vater nicht zu kränken und auch meine Familie, die Felix liebte, nicht vor eine endgültige Tatsache zu setzen. Es sollte auch nichts geschehen, was seine staatliche Laufbahn ungünstig beeinflussen konnte. Vor dem Kriege waren allenthalben stabile Zustände erwünscht. Als es zwischen meinem Mann und mir schließlich doch zum Einverständnis der Scheidung kam, hatten wir einen Weg gefunden, der Kränkungen vorläufig vermeiden und schließlich lindern konnte. Die gerichtliche Scheidung sollte bei einem Bezirksgericht außerhalb Wiens stattfinden und, solange Felix und ich es für wünschenswert hielten, niemandem bekannt werden. Nichts veränderte sich also für den »alten Herrn« in dem Heim seiner Enkelkinder.
Felix hatte einen Bruder, der in Paris eine Wiener Bank vertrat und sich dort mit einem sehr anziehenden Mädchen, die in der »Haute Couture« gearbeitet hatte, verheiratete, gegen die aber sein Vater, der sie noch nicht kannte, voreingenommen war. Es schien mir nun wichtig, daß dieser seine zweite Schwiegertochter versöhnlich aufnehme. Ich fuhr nach Paris, fand die reizende Gilberte, die richtige Frau für den unkomplizierten Louis, und lud sie beide ein, baldigst bei mir in Baden meine Gäste zu sein. Dies erfüllte den Zweck, daß der Vater die Verbindung erfreulich fand und, als der Krieg dann eine Abwanderung von Paris notwendig machte, Louis und Gilberte bei sich aufnahm.
Für mich war der kurze Aufenthalt in Paris in mehrfacher Hinsicht ein großes Erlebnis. Die Stätten zu sehen, die mir durch Studium und Lektüre nur eine erdachte Wirklichkeit gewesen waren, wurde nun Wahrwerden eines Traumes, der durch das Sichtbare noch stärkere Akzente gewann. Das Magnetische von Paris entspringt dem gleichzeitigen Erleben von Vergangenheit und Gegenwart. Kaum ein anderes Land besitzt in seiner Hauptstadt eine so ununterbrochene Zusammenfassung

seiner historischen Erlebniswelt und der künstlerischen Höhepunkte aller Epochen. So bedeutend der Anblick von Kathedralen und Schloßbauten, von erlesenen Schätzen in Frankreichs Provinz ist, Paris selbst bietet Erlebnisse, die, von geschichtlichen und kulturellen Elementen genährt, wie ein großes Nachschlagewerk sich darbieten. Dazu kommen die Kontraste der Zeiten, wie etwa hart neben dem wimmelnden Leben der Gerichtshöfe jenes Juwel der Sainte-Chapelle, die, eine Insel der Schönheit, den Reliquienschrein eines heiliggesprochenen Königs umschloß. Die Vergangenheit spielt weiter in das Leben des Volkes hinein, sie spiegelt sich in immer wiederkehrenden Phasen und Typen und ist dem nationalen und auch nationalistischen Bewußtsein verhaftet. Mag dieses in ruhigeren Zeiten gedämpft sein, der Funke bleibt wach, es anzufeuern. Ich selbst habe ihn mehrmals aufflammen sehen. Doch wieviel verdankte ich an Altem und Neuem schon dem ersten persönlichen Kontakt mit dieser Stadt der Städte. Dazu kam, daß ich damals Romain Rolland in dem kleinen Hotel Beaujolais im Palais Royal zum ersten Male sah und durch seine Freundschaft mit Stefan gleich in die seine aufgenommen wurde. So wurde mir zur selben Zeit Paris und die durch die Jahre immer inniger werdende Verbundenheit mit einem der wertvollsten Franzosen geschenkt.
Von den Fenstern von Louis von Winternitz' Büro auf der Avenue de l'Opéra sah ich visuell ein geschichtliches Ereignis von Bedeutung an mir vorüberziehen: in Galaequipagen Präsident Carnot und das englische Königspaar, die Bestätigung der Entente cordiale darstellend, die den Ersten Weltkrieg grundlegend beeinflußte.
Was Stefan und mich betraf, waren wir uns nicht nur durch die erfolgte Scheidung noch nähergekommen, er hatte sich auch in diesen Pariser Tagen, ohne dabei die tragische Abschneidung der Länder vorauszusehen, von einer Pariser Freundin auf dauernd verabschiedet. Sie hatte ihm bei seinen Aufenthalten ein Stück von Paris und des von ihm geliebten Volkes bedeutet. Es geschah dies nicht etwa, weil er sich durch mich gebunden fühlte, was in solcher Hinsicht nie ganz verwirklicht wurde, sondern weil er eine ihm bisher unbekannte Erfüllung gefunden hatte. Doch hat die völlige Abtrennung von dieser ihm liebenswerten Person ihm dann die Härten des Krieges noch persönlicher nahegebracht und ad absurdum geführt. Als wir zusammen nach Österreich zurückfuhren, sah ich zum ersten Mal Tränen in seinen Augen. Es waren Tränen der Reue, als er mich bat, ihm seine »Untreue« zu verzeihen. Ein zweites Mal sah ich seine Tränen, als eine andere

Untreue ihm so sehr zu Herzen ging, die Kriegserklärung von seiten Italiens, des Heimatlandes seiner Mutter, an Österreich.
Baden war noch eine Zeitlang ein erfreuliches Asyl. Bei Stefans Besuchen fielen auf langen Spaziergängen durch die so anziehende Landschaft, vorbei an den Häusern, die Beethoven bewohnt hatte, die Hemmungen der Großstadt von ihm ab, und der Dichter fand wieder seine eigene Welt. Hier verweilte er gerne und lud auch seine Freunde ein. Lange bevor er mich mit seinen Eltern bekannt machte, führte er mich zu Fräulein Eugenie Hirschfeld, der bewährten Freundin, die wie Mathilde von Maysenbug jungen Dichtern eine zweite, geistige Mutter war, bei der diese sich versammelten, um ihre neuen Werke vorzulesen. Emil Lucka, der Philosoph, Felix Braun, der Poet, Victor Fleischer, ein urwüchsiger deutschböhmischer Erzähler, waren unter ihnen. Sie alle kamen nun nach Baden, »uns« zu besuchen, denn nun bestand schon dieses uns, wenn es sich auch noch nicht unter einem Dach befand. Zwei reichsdeutsche, heute viel zu sehr vergessene Dichter waren gleichfalls in Baden bei Wien. Wilhelm Schmidtbonn, der Rheinländer, in dem jeder Nerv, jeder Pulsschlag den Dichter emanierte, und ein wuchtiger Berliner, Ernst Lissauer, beide geniale, ungemein warmblütige, wohl auch ungehemmt genialische Menschen und als Männer voll Leidenschaftlichkeit. Beide faßten eine heftige Neigung zu mir, was gewiß auch damit zu tun hatte, daß ihnen mein Gefährte sehr nahestand. Vielleicht erregt die Partnerin einer ideellen und doch eindeutig auch intimen Liebesbeziehung zu einem ungewöhnlichen Menschen, wie es Stefan war, besondere Neugierde. Schmidtbonn war mit seiner prächtigen Frau in Baden. Hier war die Lage leichter zu bereinigen als Lissauer gegenüber, der so unsagbar falstaffhaft aussah, daß jedes harte Ausweichen eine erschütternde Kränkung hervorrief. Erfreulicherweise fand er Ventile. Er war ein glänzender Improvisator am Klavier und ein Dichter voll Kraft und Saft, der nun wie aus einem Füllhorn Gedichte auf mich ausschüttete, die wahrhaft köstliche Früchte waren. Er schenkte sie mir in einer einmaligen Abschrift. Nach Jahren erbat er sie zurück, um dann einen Großteil in seinen gesammelten Gedichten erscheinen zu lassen. Ich erinnerte mich an diesen Gefühlsumbruch, wenn ich es so nennen kann, als ich eine Erzählung von Edmond Jaloux übersetzte, in der ein Liebender seiner toten Frau oder Freundin das Manuskript seines besten Werkes in den Sarg legt und nach Jahr und Tag sich heimlich auf den Friedhof stiehlt, den Sargdeckel öffnet und sich wieder seine Dichtung aneignet.
Für Stefan und mich war der Badener Aufenthalt eine harmonische

Zeit, die selbst der Mord in Sarajewo noch nicht verstörte. Wie alljährlich plante er einen Besuch bei seinem verehrten Emile Verhaeren, dessen Werk ihm in zweijähriger Unermüdlichkeit durch seine meisterhaften Übertragungen in deutschsprechenden Ländern Ruhm eingetragen hatte. Das Zusammensein mit diesem Mann, der wie ein Thoreau, ein Walt Whitman im täglichen Leben aus derselben Substanz bestand wie sein Werk, war für Stefan Zweig ein Gesundbad, das ihn immer wieder zu humaner Wahrhaftigkeit kräftigte. Nach Ende seines Aufenthaltes in Belgien sollten wir uns in Zürich zu einer Fahrt an die oberitalienischen Seen treffen. So stark war bei Stefan das Gefühl der Brüderlichkeit mit den Völkern, die ihm durch die Kameradschaft ihrer Künstler in einer »Confrèrie Humaniste«, wie es Rolland bezeichnete, so nahe waren, daß es diesem späteren Vorausahner und Pessimisten noch nicht möglich war, die kommende Gefahr zu erfassen. Er blieb in Belgien bis zur letzten Minute, die noch eine Ausreise erlaubte. Ich selbst erlebte die Mobilisierung in Tobelbad, einer Kuranstalt bei Graz, wo mein Freund Dr. Erich Störk Chefarzt war und wohin er mich und meine Tochter geladen hatte. Nie werde ich die Tag und Nacht vorüberziehenden Pferde vergessen, die aus den entferntesten Orten requiriert wurden, denn es gab ja noch keine Motorisierung der Armeen. Mehr noch als die Menschen schienen diese edlen Tiere das Sinnbild widerspruchsloser Aufopferung. In der Anstalt fanden patriotische Kundgebungen statt, die besonders von den temperamentvollen ungarischen Kurgästen auf die Spitze getrieben wurden und die von Weinen und Jauchzen begleitet waren. Noch war keine Kriegserklärung erfolgt, es konnte noch eine Wendung zum Guten kommen. Auch ich hielt es für möglich, daß unsere Reisepläne sich würden ausführen lassen. Doch nun kam der blutige Ernst. Felix besuchte uns in Uniform, einberufen zu einem Artillerieposten in Tirol, um von uns Abschied zu nehmen. Er vertraute mir das Mädchen an, das ihm nun sehr nahe gekommen war und ihm später trotz des Altersunterschiedes eine ausgezeichnete Frau wurde und sich ihm ausschließlicher gewidmet hat, als ich es imstande gewesen wäre. Sie pflegte ihn auch getreulichst während einer langjährigen Krankheit. Er wurde beruflich erfolgreich und überlebte als hochgeachteter Hofrat die Gefahren der Nazizeit durch ihre treue und energische Gefährtenschaft. Es war ihm in seinen letzten Lebensjahren eine Beruhigung, daß ich seiner Tochter aus dieser Ehe, die sich während der neuerlichen Katastrophe des Zweiten Weltkrieges in England befand, die Überfahrt nach New York ermöglichte und sie unter meinem Schutz stand.

Später konnte ich auch ihrem Mann dazu verhelfen, nach Übersee zu kommen, so daß die beiden hier durch Fleiß und Tüchtigkeit aufs beste vorwärts kamen. Wäre bei Ausbruch des Ersten Weltkrieges nicht schon die Scheidung ausgesprochen gewesen, sie wäre angesichts dieser kritischen Zeit nicht durchgeführt worden, und unser aller Leben hätte sich ganz und gar anders gestaltet.

Die letzten Tage in Tobelbad verliefen in angstvoller Erwartung von Stefans Nachrichten. Endlich kam ein Brief aus Wien, aus dem hervorging, daß er gewärtig schien, bald einrücken zu müssen. Ich brachte die Kinder nach Baden zurück und fuhr sofort nach Wien, ihn zu sprechen und eine etwaige Resignation zu verhindern. Ich sah andere Aufgaben für ihn und für sein Land, als sein Leben im Schützengraben aufs Spiel zu setzen. Wir trafen uns in einem uns wohlbekannten Kaffeehaus. Ich erkannte ihn kaum wieder. Gleichsam in einer biblischen Trauerkundgebung hatte er sich einen Bart wachsen lassen. Allmählich nur konnte ich ihn überzeugen, daß wir nun alles versuchen müßten, ihm eine ihm gemäße Dienstleistung zu verschaffen, die weder sein Leben noch seine Arbeit gefährden würde. Nach allerlei Versuchen kam es zu der denkbar günstigsten Lösung. Er wurde in das Kriegsarchiv in Wien berufen, das eine Zeitschrift »Das Donauland« herausgab und einen Sammelband »Österreich-Ungarn in Waffen«, in dessen Titel Spötter das »a« in Ungarn in ein »e« verwandelten. Die Offiziere des Kriegsarchivs, unter anderen Stefans Freund, der Major und Dichter Franz Karl Ginzkey, waren selbst Schriftsteller und ihm wohlgesinnt. Sie behandelten den Feldwebel Zweig keineswegs als Untergebenen. Andere Literaturkollegen gesellten sich zu ihm. Schließlich war sogar Rilke für kurze Zeit sein Kriegsarchivkamerad.

Trotz guter Stunden in Baden waren die Kriegsmonate dort nun schwer überschattet. Dabei mußte man Haltung bewahren, besonders wenn man keinen Nahestehenden in unmittelbarer Kriegsgefahr wußte. Aber eben deshalb schloß man die Gefährdeten und Getroffenen um so inniger ins Herz. Ab und zu ging ich mit meiner Freundin Dr. Emmi Weber-Störk, deren Mann in einem Feldlazarett in Südtirol wirkte und dem sie folgen zu können hoffte, in einen rührseligen Film, um mit ihr dort nach Herzenslust weinen zu können. Ich pflegte im Badener Krankenhaus und nahm mich dort der Zivilkranken an, die vernachlässigt wurden. Bald häuften sich nun Feldpostbriefe, die von Stefan und mir eifrig beantwortet wurden, meist von Lebensmittelpaketen begleitet. Von meinen Brüdern, die durch ihren Staatsdienst enthoben waren, war nur mein geliebtester Bruder Arnold als Ober-Stabsarzt

einem Kavallerieregiment zugeteilt. Leider wurde es aber bald unmöglich, in Baden zu bleiben, da die Stadt Hauptquartier des kaiserlichen Hofes wurde. Der Bahnverkehr war eingeschränkt. Die Männer, ob Soldaten, ob Zivilisten, waren nun in das Stadium eines Sklaventums zurückversetzt, das die meisten aus Patriotismus (right or wrong my country) oder aus dem Gefühl, im allgemeinen Leiden nicht verschont sein zu wollen, klaglos hinnahmen.
Ich wollte es nun nicht geschehen lassen, daß der Großvater, dessen beide Söhne, wenn auch im Hinterland dienend, ihm fern waren, nun auch von seinen Enkelkindern und von mir, die ihm sehr nahe stand, getrennt wurde. Es war praktisch nicht schwer, die Badener Wohnung aufzugeben, innerlich war es einer der Abschiede, die man hinzunehmen hatte. Nach einem Provisorium fand sich dann im Wiener achten Bezirk, nahe der Kochgasse, in der sowohl der »alte Herr« als auch Stefan wohnten, eine hübsche Wohnstatt mit zwei Veranden, die auf den Gartenhof der Beamtentöchterschule hinausgingen, die nun meine Tochter Lix besuchte. Im Schulvorstand fungierten sowohl ihr Großvater als auch einer meiner Brüder. Das Kinderfräulein Lisi, die Hopfenstange genannt, schon jahrelang in meiner Familie als Stütze tätig, war nun mit uns und blieb etwa weitere fünfzehn Jahre. Sowohl sie als auch später der Diener Johann, der viele Jahre in Salzburg bei uns weilte, gaben markante Gestalten grotesker Lebensbeschreibungen ab.
In jener Wiener Wohnung besuchte mich Rainer Maria Rilke, als er, von Rußland zurückgekehrt, sich nun, wenn auch nur für kurze Zeit, als Soldat zu kostümieren hatte; ich sage kostümieren, denn selbst ein Soldat Schwejk konnte nicht grotesker im bunten Tuch wirken als dieser ätherische, einmalige Musensohn. Stefan hatte allerdings einen entfernten Vetter, der als Soldat noch widerspruchsvoller aussah, denn er war zum Unterschied des höchst pedantischen Rilke auch noch sehr schmutzig, und dies nicht ohne Absicht. Er promenierte als der häßlichste Soldat der österreichischen Armee stundenlang vor dem Kriegsministerium, bis endlich der Zweck erfüllt war und ein hoher Offizier, ihn von einem Fenster erblickend, Befehl gab, ihn sofort aus dem Verband der glorreichen Armee auszuscheiden. Von diesem Jüngling galt auch sonst die Frage, wer denn vor ihm seine Hemden trage, einer allein könne sie nicht in diesen Zustand versetzt haben.
Rilkes Besuch beglückte mich. Wie bei Rolland waren seine Augen von strahlender Himmelsbläue, wie seine Schrift war sein Sprechen

von harmonischer Rundheit. Es strahlte von ihm große Güte aus, gedämpft durch eine gewisse Haltung, allenfalls an Snobismus gemahnend. Im Konzertsaal sah ich ihn einmal so tief im Handkuß vor einer seiner adeligen Gönnerinnen gebeugt, daß er geradezu gekrümmt aussah. Er war nicht, wie es durch seinen Kornett Rilke glaubhaft schien, geborener Aristokrat, sein Vater war Angestellter adeliger Häuser, es lag dem Sohn, allerdings künstlerisch veredelt, diese Ergebenheit im Blute. Ich verdanke diesem hohen Fürsten der Dichtung durch seine Anerkennung meines in Meran verfaßten Romanes »Ruf der Heimat« die Ermutigung, mein zweites Buch »Vögelchen« zu schreiben, das ich Rolland widmete. Heute hat uns Mademoiselle Sagan an Bücher über frühreife Mädchen gewöhnt, die sich keineswegs mit Goethes Bettina vergleichen lassen, die das »Kind« seines Genies war. Rolland schüttelte, wenn auch lobspendend, den Kopf über meinen Freimut, ein junges Geschöpf in gefährlichen Situationen zu schildern. Vor wenigen Tagen erhielt ich Abschriften von Briefen Stefans, die sich in der Wiener Nationalbibliothek und Stadtbibliothek befinden. In einem dieser Briefe las ich einen Hinweis auf diesen Roman. Der Brief ist wohl an einen früher in Wien lebenden Freund gerichtet und schildert diesem die nur zu begreifliche Veränderung Wiens. Er ist vom 19. Mai 1919 aus Salzburg datiert. Da heißt es: »Aus diesen Erwägungen heraus habe ich mich schon vor einem Jahr oder länger noch, ehe dies den anderen klar war, hier angekauft, in einem Hause, das Sie entzückend finden würden und hoffe, hier eine kleine ruhige Existenz verteidigen zu können.

Somit ist das Wesentlichste meines äußeren Lebens erschöpft. Sie wissen ja wohl, daß ich hier mit Frau von Winternitz (von der demnächst ein sehr bedeutender Roman bei S. Fischer erscheint) zusammen lebe, daß wir noch nicht heiraten können, weil in unserer freien Republik katholische Geschiedene, wie meine Frau, zu solchen Formen verurteilt sind.« Was ich durch diesen von ihm erwähnten Roman bezweckte war, zu zeigen, daß das Erotische selbst in ungewöhnlicher Steigerung das Vorhandensein menschlicher Werte unberührt läßt.

Von Baden wieder in die Großstadt versetzt, versuchten wir ihr zuweilen zu entfliehen und auch wenigstens einen Teil des Jahres wieder im Grünen zu leben. Die Veranden über Bäumen genügten nicht, obwohl jene Stefans, den Schönbornpark überblickend, ihm eines seiner schönsten Gedichte, »Die silberne Fontäne«, eingegeben hatten.

Es waren nun im Jahre 1916 vier Jahre vergangen, seitdem Stefan in mein Leben getreten war. Aus dieser Zeit besitze ich ein bisher unveröffentlichtes Tagebuch, das durch die Ursprünglichkeit der Eintragungen sowohl die Entwicklung unseres Zusammenlebens als die Ereignisse, die sich in den Jahren 1916 und 1917 abgespielt haben, veranschaulicht. Sie beginnen während eines Aufenthaltes in Salzburg, der jedoch noch nichts mit einem Vorhaben, sich dort einmal anzusiedeln, zu tun hatte.

Tagebuch während des Krieges

Begonnen September 1916

Salzburg, 20. September

Aus der dunklen Stadt läuten die Glocken herüber. Es ist ganz still hier, und ich höre seinen Schritt, seine Bewegungen, wie er bei der Arbeit umherwandelnd gewohnheitsmäßig in die Hände schlägt. Blühte er hier doch auf! Wie ein böser Traum sind die Quälereien im »bunten Rock« jetzt von ihm abgefallen. Er braucht nichts als Ruhe, er genießt so leicht und herzlich und empfindet seine Existenz als reinen Genuß.
Mir geht es gut. Ich müßte weinen vor Glück, daß ich so nahe und gut bei ihm bin, daß es so schön ist und schöner, immer beglückender wurde, alle die Jahre schon, daß meine Dankbarkeit mir oft den Atem raubt. Gott schütze die Kinder! Ich liebe sie auch aus tiefstem Herzen und möchte wie Melusine nachts zu ihnen fliegen, ihren Schlaf belauschen – und dann wiederkehren in seine Arme. Es gibt Augenblicke, wo ich mich sehne, sie an meine Brust zu schmiegen und ihr Geplauder zu hören. Der Überschwang der Gefühle läßt mich noch nicht zu ruhiger Arbeit kommen, die mich ungeteilt in ihren Stunden will.

Maria Plain bei Salzburg, 23. Oktober 1916

Wir sind hier heraufgegangen, zu der Wallfahrtskirche, in strahlender Sonne. Wie ein Jubel ist die Dankbarkeit in uns für das Glück der Landschaft. Am Wege, vor den Tabernakeln, ist ein Stein mit einem andächtigen Bekenntnis der Stifterin der Kirche, die voll Dankeszeichen für die Hilfe der Muttergottes ist. Ich erinnere mich an St. Valentin bei Meran und an den Arzt, der Suse das Leben rettete, das kleine süße Leben. Ein junger Landarzt, der in Wien Kinderheilkunde studiert hatte! Wie das Kind außer Gefahr war, riet er mir es zu St. Valentin zu führen, dort sei es windstill. Ich wußte, wie er es meinte: Ich soll für das Wunder danken. Dort sind viele Herzen und Gliedmaßen aus Wachs

und Silber unter fromme Bilder gehängt. Und nun ist's mir ein süßes Gedenken, daß ich damals schon *ihn* in mir trug und des Kindes Rettung an meine Liebe zu ihm knüpfte. Ein zitterndes Hoffen war damals in mir, ein starker Glaube und der hat mir geholfen. Möge er weiterhelfen in Dank und Liebe!
Gestern haben wir in der »Birne« einen schönen, anregenden Abend mit dem Schriftsteller O. H. Schmitz verbracht, einem gescheiten kraftvollen Menschen mit starkem, unempfindlichem Selbstgefühl, der scheinbar nach vielen Abenteuern in aller Herren Länder zu einem friedlich schönen Leben reiner Genüsse gekommen ist. Er lebt hier für Monate mit der Natur, Büchern, Arbeit und im Gespräch mit dem Volk. – Heute lernten wir einen jungen Maler kennen, »Futurist« Faistauer, der, bei Zell am See zu Hause, in Wien studierte. Ein starkes, echtes Talent, der das Malerische, Zeichnerische und Wesentliche beherrscht. Er ist hier bei der Militärzensur angestellt.
Die Ermordung Stürgkhs hat mich um so mehr aufgeregt, als ich seinen Mörder Dr. Friedrich Adler kenne. Ich lernte ihn bei einer Kollegin aus dem Gymnasium kennen, der Tochter eines exilierten Russen. Zugleich mit ihm andere Sozialisten. Er machte trotz seiner blauäugigen, blonden Erscheinung den Eindruck eines düsteren, unglücklichen, in seiner wahren Natur gebrochenen Menschen. (Es war am Tage, wo in der Arbeiterzeitung meine Übersetzung von R. Rollands Aufsatz über Jaurès erschienen war.) Der kupferne Samowar summte. Später sang dann die Hausfrau russische Wiegenlieder. – Adler war unruhig und gequält, aber es schien, als wäre tief in ihm ein weiches, sehnsüchtiges Kind.

26. Oktober

Heute ist der erste Regentag, aber es ist im Hause so gemütlich, daß einen das Wetter fast angenehm darin einkreist, um so mehr als Stefan jetzt Schwieriges an dem »Jeremias« zu arbeiten hat und nicht ausgehen will. Freilich, ich wünschte, er könnte wie vorgestern auf der großen Terrasse in der Sonne arbeiten, was er so sehr liebt. Wie hat er doch inmitten aller militärischer Bedrängnisse das Arbeiten im Kalksburger Garten genossen! Gestern in einer ausgelassenen Stimmung regte sich wieder der Dämon in ihm und stürzte mich (vielleicht war das rätlich) aus der Extase, in die mich das Glück des nahen Zusammensein versetzt. Er fühlt manchmal gerade in Augenblicken des Wohlseins bei mir Furcht, es könne ihm das Abenteuer entgehen. Da malt er mir das Gespenst seiner Untreue vor. Ich brauche dann meist einen Tag, mich davon zu erholen. Nachmittag lasen wir in dem schönen Renan-Buch über dessen Kindheit, das ich mir für Stefan hatte kommen lassen, und das ihn begeistert. Dann brachte mir Maler Faistauer seine liebreizende Frau und sein entzückendes Bübchen Peter, Petz genannt, drei Jahre alt und ein ganzer Mensch. Abends waren wir mit Schmitz, der sich jetzt sehr für das Psychologische der Religionen interessiert. Der heilige Augustin ist sein Mann. Wir kamen überein, daß es keine Wandlungen, sondern nur Rückläuterungen zu dem gibt, was man als Kind war, und er meinte, was ich bestritt, daß diese jedem möglich sei, weil jedes Kind brav sein wolle. Es gibt aber doch Kinder, die ihre Religion unbewußt in der Opposition empfinden, im Schlimmsein. Vielleicht ist das Freiheitsdrang und Renan sagt, daß Freiheit »la première condition du developement de l' ésprit« sei und diese »le bût du monde«. Ich würde dieses Ziel die Auflösung im Licht nennen. Ohne kosmisches Gefühl der Verschmelzung und Hingebung kann ich mir Ziel und Erfüllung nicht denken.

Salzburg, 3. November 1916

Es ist heute nach einer Reihe strahlender Tage wieder ein nebelig verhängter. Ich lebe hier schon wohlig eingewöhnt in größter Glückseligkeit. Stefan sieht gut aus, ist ganz gleichmäßig in guter, herzlich lieber Fröhlichkeit, arbeitet gut und wir sind ausgelassen wie die Kinder. Möge ihm ein Fond von Widerstandskraft geschaffen sein für Wien mit seiner Unrast der Belästigungen. Ich habe schöne Spaziergänge gemacht, zweimal Leopoldskron, das entzückende Hellbrunn, den Kapuzinerberg, wo man sich um zwei Heller einen Wald aufsperren läßt. Niemand als ein paar liebe alte Weiblein, denen ich Holz sammeln half, teilten ihn mit mir. Über der Salzach, zehn Minuten weit vom Hotel, liegt der äußerste Anstieg zum Mönchsberg. Dort saß ich an einem Vormittag auf einem Baumstumpf schreibend und mußte plötzlich die Landschaft hinkritzeln. Ich lege die Zeichnung zur Erinnerung hier ein. Gestern waren wir im Theater bei Grillparzers »Ahnfrau«. Stefan war von manchen Stellen ergriffen. Die Leistungen waren recht anständig. Nachmittag besuchte mich Risa Plötzeneder, das schöne Mädel, ehemals Fräulein bei den Kindern. Die Welt ist verboten rund. Ein Oberleutnant, der im Hause wohnt, kannte meinen Namen durch sie

und so hat sie mein Hiersein erfahren. Sie ist noch voll Liebe für die Kinder.
Schmitz hat mich zur Mitarbeit an einer Sammlung »Bücher der deutschen Frau« aufgefordert. Ich möchte gegen die falsche Auffassung, die Frauen wären durch ihre männliche Kriegsarbeit Kameraden des Mannes geworden, in einem Büchlein über Mädchenerziehung, ohne zu polemisieren, Stellung nehmen. Faistauer hat zwei Zeichnungen von mir gemacht, in seiner futuristischen Manier. Die eine ist als Arbeit fein, aber die einer völlig Fremden, die andere zeigt eine seelische Ähnlichkeit und gefällt Stefan, der sie sich als Erinnerung an Salzburg machen ließ. Er will mir auch eine Öllandschaft von Faistauer schenken, aber ich möchte nicht, daß er mir große Geschenke macht und die Ausgaben dann an seiner Person einspart. Indessen sind meine Zeichnungen schon dadurch überholt, weil ich mir die Haare schneiden ließ, die mir viel Ärger machten. Ich glaube, es kleidet mich recht gut, man sagt es und was die Hauptsache ist, einen guten freien Kopf habe ich. Meine kleinen Fratzerln, von denen ich das Liebste und Beste höre, werden gucken. Wie glücklich ist eine Mutter, aus paradiesischer Zeit scheidet sie mit der hellen Freude, ihre Kinder wieder ans Herz drücken zu können.
Stefan hat mich heute zu seinem dauerndem »Oberhaserl« ernannt. Mehr will ich nicht, möge er sich ab und zu eines Unterhaserls erfreuen. Ich gönne ihm andere und ihn anderen. Wenn ich nur immer sein Oberhaserl bin.

5. November 1916

Proklamation eines selbständigen Königreichs Polen. Deutschland betont, daß es Posen ausschließt.
Gestern hat mich Hofrat Lammasch besucht. Seine äußere Erscheinung ist schön, wird es immer sein, hochgewachsen, mit weißem Bart, gütigen schwarzen Augen. In seiner Güte und Liebenswürdigkeit eine Bescheidenheit, die mich ergriffen hat. Leider mußte ich mich zuvor mit Herzbeschwerden niederlegen und habe nicht so nachhaltig genossen, was er mir erzählte und erwiderte. Er sei sehr pessimistisch, sagt er. Er scheint sich ganz abseits halten zu wollen, sein Weg führt ihn nur auf die Felder hinaus. Ich habe ihn gebeten, Stefan zu empfangen und er hat gleich geantwortet, er erwarte ihn. Stefan ist, ich weiß nicht weshalb – es ist wohl das Ablaufen des Urlaubes – fahrig, leicht erreg-

bar. Ach Gott, nichts, nichts hält an bei ihm, was sein äußeres Tun betrifft, nichts kann ihn, den Sanften, dauernd sänftigen. Dann kommt aus seiner liebevollen Güte und Zärtlichkeit etwas Kaltes und Gleichgültiges, etwas, das sogar kleine Bosheiten und Rachsüchtigkeiten nicht scheut. Aber all das ist nicht er, dem man Ruhe läßt, sondern ein Aufgescheuchter, in seinem Freiheitsfanatismus Beängstigter.

Ich las eben in Renans Jugenderinnerungen eine Stelle, die mich anspricht: »mais, dès lors je sentais que la femme très belle ou très bonne resout complêtement pour son compte, le problème qu'avec toute notre force de tête nous ne faisons que gâcher.«

Föhn weht draußen, glühend heiß im November. Aber noch immer weicht die Sonne nicht. Ich freue mich auf die Kinder.

Ich war heute auf dem alten Sebastiansfriedhof. Er liegt mitten in der Stadt. Von der schmalen Linzerstraße tritt man in die alte Kirche, durchschreitet sie und steht in der kleinen Vorhalle vor dem Grab Paracelsus', des Heilkundigen. Draußen liegt ein riesiger Hof, ringsum Arkaden und Gräber um eine Rundkapelle. Auf einem der Gräber las ich Konstanze Nissen, verwitwete Mozart, geborene von Weber und unter diesem Namen, den der Mutter Karl Maria Webers. Nebenan das Grab von Mozarts Vater und anderer Mozarts. Der Friedhof erinnerte mich an den Bozens. Seltsame und schönklingende Namen, zuweilen mit fremdländischem Klang.

Meine Arbeit geht gut vonstatten. Ich habe hier über hundert Seiten geschrieben.

Letzte Stunden in Salzburg.

Immer noch strahlend und unbewölkt. Jetzt schrak ich zusammen: Die Schildkröte, die ich den Kindern kaufte, knisterte im Papier. Gute Stunden noch gestern, Arbeit im Freien, Stefan war zweimal mit Lammasch zusammen, er war gleich nach seinem Besuch wieder im Hotel. Sie haben sich sehr verstanden. Bin froh, ihm für so viele Menschen einen so wertvollen gebracht zu haben. Nun heißt es weiterpacken.

Wien, 16. November 1916

Die Woche in Wien jetzt war gut, weil viele wolkenlose Stunden mit Stefan waren und ich mir wenige nur erwartet hatte. Auch fühle ich mich gesundheitlich sehr gut. Ich las Schnitzlers Roman zu Ende, will darüber schreiben. Dann sah ich viele Menschen, alle gut, daß ich es oft wie Gnade empfinde. Konnte auch wieder Armen helfen. – Gestern

einen sehr lebendig geistigen Abend mit Berthold Viertel. Zuerst bei einer herrlichen Fidelioaufführung, dann bei Sacher im hübschen Jagdsaal genachtmahlt, im Kaffeehaus weitergesprochen, bis ein Uhr. Gute Nacht gehabt.
Heute bei Papa W. gemittagmahlt, dann erwartete ich Herrn von M., der nicht rechtzeitig kommen konnte, so daß ich ihm telefonisch abriet, weil ich für den Tee Professor Ehrlich erwartete, den einsamen Junggesellen, der sich gerne ein bißchen von einer Frau umsorgen läßt. Er verbirgt so nett sein Alter. Es ist etwas Armes an ihm trotz seiner »Juristischen Logik«, an der er jetzt umfänglich arbeitet. Dann kam ein Zyklamenstock von Herrn von M. Der liebe Mensch erstickt in Arbeit.
Jetzt habe ich mit den Kindern gespielt. Sie sehen gut aus, wachsen in jeder Weise. Nur nicht denken, daß ihre Kindheit vergeht. Jeder Tag ist kostbar. – Jetzt gehe ich für zwei Stunden zu Frau Hofrat Zuckerkandl. Morgen bin ich Gott sei Dank wieder mit ihm, meinem holden Liebling.
Ein hübscher Abend war nach der Eröffnung der Volksbühne. Ich war so geladen mit Frohsinn. Stefan schüttelte mit strahlenden Augen den Kopf und sagte: »Heute stecken sieben Teuferln in dir.« Ich sah da auch Wlach, den Schauspieler, den ich als eine liebe Erinnerung aus Hamburg immer wieder gerne sehe. Er gab damals den Schilling und bei Stefans Premiere saß er neben mir. Alle diese Tage spüre ich da, das Hotel Vier Jahreszeiten, die Halle, das Theater, den Hafen, die beginnende Seligkeit. Lübeck! Jetzt wird es vier Jahre.

18. November 1916

Der Abend bei Frau Hofrat Z. war ganz schön, wie alles ganz bei ihr ist. Eine so starke Persönlichkeit, dabei tief weiblich, unglaublich bescheiden. Ihre Umgebung – es ist alles von Josef Hofmann gezeichnet – ist einzigartig. Sie in Wolken von Valenciennespitzenwäsche und Dekken, sie selbst mit ihrem geistvollen roten Krauskopf wie ein Kunstwerk eigener Art. Und die reizvolle Dissonanz, daß sie innerlich gar nicht kompliziert zu sein scheint. Sie erzählte mir, daß Graf Keßler, der uneheliche Bruder Kaiser Wilhelms (nach der Meinung vieler), bei ihr gewesen sei. Es handelte sich um den Bruder ihres Schwagers Paul Clemenceau, der Ministerpräsident werden soll, wenn Briand wegen Rumänien fallen sollte. Sie erzählte mir hochwichtige Dinge, die ganz

verschwiegen bleiben müssen. Sie könnten von großer Bedeutung werden. Sie fragte *mich* um Rat, da sie selbst dabei eine große Rolle zu spielen haben würde. Ich werde wohl darauf später zurückkommen. Sie lud mich und Stefan für Montag ein. Da kommen Baron Nostitz, der sächsische Gesandte, dann Klimt, Schnitzler und andere. Aber Stefan will nicht in große Gesellschaft, was ich an ihm zu schätzen weiß. Außerdem sind wir bei seinem Bruder mit dem Abgeordneten Zenker eingeladen.
Gestern bei ihm war es wieder schön und friedlich. Ich las Schelers Buch über den Krieg. Eine gefährliche Sache, der Wolf im Schafspelz, Englandhetze mit dem lieben Gott im Mund. Dann arbeitete ich und kramte in Stefans Autographenkatalogen, die einen großen Kasten füllen. Abends gingen wir zu »Könige«, dem Stück von seinem Jugendfreund Hans Müller. Die Kritiken – natürlich Brotneid der Kriegslieferanten der Literatur – hatten mir ein ganz anderes Bild gegeben. Es ist kein gutes aber auch kein unehrliches Stück und, weil es nicht tief gefaßt ist, für die Masse gerade recht. Gegen einen Opernabend schneidet das immer schlechter werdende Burgtheater nicht gut ab. Nachher Nachtmahl und einen Blick ins Café, aber ich konnte mich nicht entschließen. Stefan und ich verstanden einander wieder herrlich im Theater. Wir schämen uns beide bei sentimentalen Stellen. Heute treffe ich ihn erst spät. Die Kinder sind lieb. Alix singt gerade mit ihrem reizenden Stimmchen. Ihr Gehör ist brillant.

21. November 1916

Gestern einen hübschen Abend bei Stefans Bruder gehabt, mit dem Abgeordneten Zenker. Schon sein grauer Lockenkopf auf der massiven Gestalt hat etwas imponierend Sympathisches. Ungemein gescheit ist der Mann. Wie er von seinen Wahlen erzählt, witzig heiter wie er ist! Von seiner »Salzergarde« (was von Einsalzen und Wichsen kommt), die er sich, um die Wahlschwindler durchzubleuen, bei den Sozialdemokraten borgte, und wie er einmal bei einem Athletenklub fünf Athleten als »Ordner« mietete. Feine Sache, die Politik! Ich ergötzte mich doppelt an seinen Erzählungen, weil Stefan, zu dem er »Bubi« oder »Doktorl« sagte, mit seiner geliebten Virginia, gut angegessen dasitzt und sich ungeheuer über ihn freut. – Sonntag holte ich Stefan vom Amt, wo er von acht Uhr früh bis halb acht Uhr abends Inspektion hatte. Vorher war ich bei Siegfried, mit dem ich von den

Brüdern jetzt am besten sprechen konnte – er, der der pedanteste zu Hause war, hat jetzt von ihnen den weitesten Horizont. Dann bei Recha Rundt, die, o fressendes Gift, zum Theater will, wie der Raucher nach der Zigarette verlangt, weil er sonst die Luft im rauchigen Lokal nicht erträgt. Sie will so ihren Widerwillen gegen das Theater loswerden. Sich eine Existenz schaffen wohl auch.
Gestern Nachmittag war ich im zehnten Bezirk für das uneheliche Kind einer Hochstaplerin eine Kostfrau aufstöbern. Ich freute mich, Fräulein Eugenie damit etwas erleichtert zu haben. Das ist da draußen eine fremde Stadt. Man sollte dort irgendwo eine Wohnung haben, in die man verreist und Fremde um sich spürt.

24. November 1916

Der Kaiser ist gestorben. Ein sublimer Begriff aus der Welt der Kindheit, der nicht schwand als man schon zu Kritik herangereift war, ist erloschen oder Erinnerung geworden. Es war doch Besitz »Unser Kaiser«. Der neue, er ist jünger als ich, sieht nicht nach innerer Kraft aus, aber man hat Vertrauen zu seiner jugendlichen Unbeschriebenheit. Die Kaiserin sah ich heuer im Sommer, als sie ins Sanatorium fuhr, um wenige Stunden darauf ihrem vierten Kind das Leben zu schenken. Das hat mich ihr menschlich nahegebracht. Sie sah so rührend aus. Eine 25jährige Kaiserin mit vier kleinen Kindern, das hat etwas, das einen mit einer Märchenlieblichkeit anspricht.
Gute Stunden mit Stefan. Er war in Rodaun, hat bis halb fünf mit Geiger, Blei, Roda Roda, einem Grafen und Hauptmann aus dem Kriegspressequartier, das bei »unserem« Stelzer tagt, und einer verdorbenen, kleinen Frauenperson geulkt. Dazwischen letzte Dinge gesprochen und war noch tags darauf bis in den Abend hinein leicht erregt und bewegt, verjüngt. Wir arbeiten wieder zusammen. Er hielt mir gestern vor, was ihm jetzt ab und zu von ernster Seite gesagt wird, mich nicht zu zersplittern, nicht allerlei zu schreiben, sondern nur das Wichtige. Also meinen Roman jetzt. Er sagt, ich hätte Erwartungen zu erfüllen, etwa bei Menschen wie Rilke, die sich nach meinem ersten Buch etwas versprechen. Auch über die Frage meines Geldverdienens sprachen wir, und er meinte, er könne Felix nicht verargen, wenn er in Geldsachen sich mir gegenüber schlecht benehme, weil er denken müsse, daß ich ja mit einem anderen Manne lebe (zum ersten Mal sagte er das so), der bemittelter ist und keine andere Verpflichtung habe,

während er, Felix, dieses Mädchen habe. Ich sagte ihm, daß ich diesen Standpunkt nicht teile, weil man doch aus dem Umstand einer Freundschaft wie der unsrigen nicht materielle Folgerungen ziehen dürfe, obwohl mir ja von Felix Geld zu nehmen, sofern es nicht die Kinder betrifft, zuwider ist. Er sagte darauf, daß er es auch nicht angehen ließe, wenn er es nicht als eine Verpflichtung den Kindern gegenüber betrachtete. Lieber, du bist so gut, aber du vergißt, daß du – vielleicht im Spaß, um irgend die Flügel deiner Freiheit zu versuchen, oft andeutest, wie ungebunden du dich fühlst.

30. November

Gestern Mittag telephoniert mir St., daß Verhaeren in Rouen von einem Eisenbahnzug überfahren und getötet wurde. An Stefans Geburtstag geschah es. Verh. ist ein starkes Stück Leben für ihn, er war ihm Barde und bester Versteher, sein Freund und Schüler, was seine Lebensführung betrifft. Nie wurde ein fremdländischer Dichter schöner, ja gesteigerter noch in die andere Sprache übertragen, als dies bei V. und St. der Fall war. Alle Zeitungen melden es auch wieder. Und das Tragische ist, daß V. jetzt für die Leute als »Deutschenhasser« gestorben ist. Wunderbar, wie St. diese Katastrophe wieder nur so tief menschlich erlebt, ohne Gedanken an sein Werk, das freilich nur vorübergehend in Deutschland dadurch verschattet ist, daß V. noch nicht laut seine Umkehr bekannt hatte. Ich wollte, daß einer seiner Freunde es irgendwo sagt, daß V. bereits seine Verwirrung eingesehen hatte. Hoffentlich bekommt St. bald einen guten Brief von Rolland. Wie seltsam – das letzte Mal, als er mit V. beisammen war, reisten sie zusammen nach Rouen. Er sandte mir darüber die kleinen Tagebuchblätter und schrieb unter anderem: »Dazu all dies Empfinden immer angefacht von der leidenschaftlichen Begeisterung Verhaerens, der bei solchen Dingen mit dem ganzen Körper fiebert und glüht. Heute fährt er fort – Paris wird kälter ohne ihn.« Stefan ist gestern, als beste Trauerfeier, über seinen Briefen und den Tagebüchern, die von ihm sprechen, gesessen. Er schlief so unruhig und seine lieben Augen haben einen tiefen Glanz ungeweinter Tränen. Mir ist so weh, daß ihm dieser Schmerz geschah. Ich erlebte auch den Kummer mit, als er Verhaeren wegen seiner blutrünstigen Anschuldigungen der Deutschen in Belgien verloren gab. Nun war das durch die Einleitung seines letzten Buches und durch einen Gruß, den er ihm auf einen völkerfreundlichen Artikel hin

sandte, gut oder vielleicht viel, viel besser gemacht. Und gerade an seinem Geburtstag! Mein lieber Lieber, warum kann ich nicht jeden Schmerz fernhalten von ihm!
Heute wohnten die Kinder, der gute liebe »Alte Herr« und ich von einem Fenster vom Kolowratring aus dem Leichenbegängnis des Kaisers bei. Wir sahen alles sehr gut – aber dadurch, daß die Fürstlichkeiten nur eine kurze andere Strecke mit dabei waren, die militärische Begleitung in Feldadjustierung war, die Leibgarden teilweise in Mänteln, die Kämmerer in geschlossenen Wagen, wirkte der Zug gar nicht grandios. Keine Blumen, keine Musik, diese wohl nur in der Kirche. Papa hatte einen Passierschein und Einladung in die Kirche, aber er wollte, gut wie er ist, mit uns bleiben. Am meisten ergriff mich am Rückweg nach Hause der leere Leichenwagen, wie er eben in seine jahrzehntelange Ruhe zurückkehrte, in das Hofstallgebäude. Die acht schwarzen Rappen mit den riesigen schwarzen Federbuschen. Die Bevölkerung war ergriffen, was zuweilen in »a Hetz« umschlug. Der unverwüstliche Humor, der sich Luft machen muß, um so mehr, wenn ihn das Dunkel der Zeit niederdrückt.

Weihnachten

Ein entsetzliches Unglück ist geschehen. Meine geliebten Freunde Dr. Emmi und Erich Störk sind von einer Lawine in dem Tiroler Feldhöhenspital, in dem sie zu Besuch war und er als Chefarzt diente, während sie Visite hielten, mit dem Spital verschüttet worden. Er, von einem Balken erschlagen, sie nach fünf Tagen geborgen (um elender zu sterben), unter einer Türe vergraben, mit bis über die Knie abgefrorenen Beinen hervorgezogen, diese amputiert, dann an Sepsis zwei Tage später gestorben, heldenhaft wie sie immer gewesen. Ich war acht Tage in Rodaun, umhegt von Stefan und den Freunden, aber es traf mich mit solcher Wucht, daß ich krank wurde. Liebe, gute, treue Freunde! Ich müßte ein Buch schreiben, euer Kampfleben zu schildern, euren Wert auszusagen. Ihr Armen, ihr Opfer eines Pflichtgefühls, ihr doppelten Opfer dieses entsetzlichen Krieges! Deine Kinder, Erich, um die du dich blutig gekämpft hast mit deiner Frau, die jetzt wohl froh ist, sie allein zu besitzen: Der Tod hat sie ihr herausgegeben. Er war der Stärkere. Und du, Emmy, ich weiß, du warst glücklich, es erkämpft zu haben, zu ihm an die Front zu dürfen, und der starke Schneefall, der dich hinderte, nach deinem Spital in Trient zurückzukehren, eine willkommene Ausrede. Geliebtes Wesen, die du selbst so vielen die erfrorenen Beine rettetest, dir konnten sie, die flinken, nie müden, immer anderen dienenden, nicht gerettet werden! Und was wäre dir auch das Leben gewesen ohne ihn, die du dich mit deiner adeligen Sippe zerworfen hattest und durch alle Drangsale gingest um ihn – und nur lebtest in seiner Nähe und in der Hoffnung, ihm bald nahe zu sein. Daß du noch die Qualen erdulden mußtest und nur deine kalten Eltern um dich hattest! Auch ich wollte zu dir, aber es schien unmöglich, es zu erreichen und ich erfuhr zu spät das Entsetzliche und wußte nicht, wo du lagst und littest und ob du nicht, wie du es ja selbst erhofft, zurückgekehrt wärest oder gestorben, während ich dich suchte, von Spital zu Spital. Die Zeitungen logen und logen euren Heldentod hinweg, damit man nicht erführe, daß zweihundertsiebzig Menschen, wie es heißt, in zweitausend Meter Höhe verschüttet wurden. Ich habe euch aus bedrängtem Herzen ein Lied gedichtet. Ich schreib es hier nieder. Ich nenne es »Mir zum Troste«.

Mir zum Troste

Wie bann ich mir die kalten Todesschauer?
Seit Tagen ring ich schon nach stiller Trauer,
Nach Tränen, die den Stahl des Schmerzes schmelzen,
Das Eis, das euch zerschellt, vom Herzen wälzen.
Nicht faß ich's, daß dein Feuergeist erlosch im Schnee,
Ein Balken stürzend deine Kraft erschlug,
Die Feind und Trug getrotzt und Sorg und Weh
Auf nie besiegten Schultern klaglos trug.
Und du, Gefährtin ihm, du treue Heldenfrau,
Dein Glück, du Starke, Schwäche war's für ihn.
Wie ich zu dir in Wolkenhöhe schau,
Fühl ich, doch ohne Scham, wie klein ich vor dir bin.
Doch immer hast du Gute mich erhöht vor dir. –
Daß man dich fern im Alpenland gebettet,
Nicht neben ihn, wie's euch so teuer war –
Was gab es, das ihr nicht verwunden hättet,
Wenn ihr vereinigt wart in Ruh, ihr ruheloses Paar!
Ich wußte ja um jede Sorge, die euch drückte,
Ich kannte jeden Plan, der euch beglückte,
Doch kaum je glückte, wie ihr es euch erhofft,

Wie heiter, kindlich heiter, wart ihr dennoch oft.
Und stets doch ernst, dem Ernstesten zu dienen,
Des Geistes Arbeit niemals müde Bienen.
Niemals versagte euer Forschersinn.
Lebendig ward ihr zehnfach beide –
Und so erduld' ich's, daß ich zehnfach leide,
Weil zehnfach ich von euch verlassen bin.
Ihr leuchtet mir so treu in Dunkelheit,
Nun seid entschwunden ihr in Ewigkeit.
Du Bruder Mond, du Schwester Stern,
Ein letztes Lied muß ich euch singen,
Denn selbst der Hügel, der euch deckt, ist fern,
Ihm Blumen und ihm Tränen darzubringen.
Nur arme Worte flecht ich noch zum Kranz,
Umwinde sie mit meines Herzens Sehnen,
Durchwirke sie mit meiner Liebe Glanz,
Benetze sie mit heißen, heißen Tränen.
Lebt wohl!
Nein, nicht die starre Schranke,
Die Abschied zieht, sei zwischen euch und mir –
Wenn ich euch heut auch wie zum Ende danke,
Heißt es doch nicht, daß ihr nun dort, ich hier.
Wir bleiben Freunde, denn es gibt ein Leben,
Das nicht mehr sondert zwischen dir und mir.
Ihr habt es mir, ich hatt' es euch gegeben –
So lang ich atme, atmet es mit mir.

Prag, Jänner 1917

Ich bin am 19. Jänner mit Stefan und Felix Braun nach Prag gefahren. Stefan las dort zugunsten armer Flüchtlingskinder (für das Frühstück in den Flüchtlingsschulen) ein Bild seines »Jeremias« vor. Es trug über tausend Kronen ein. Wir fuhren dritter Klasse. – Es war Stefan, der sonst nur Schlafwagen fuhr, hoch anzurechnen – recht gepfercht, aber ohne, daß die Zeit lang wurde. Im Hotel Blauer Stern erwartete uns schon Kwapil, der Direktor des Nationalen Tschechischen Schauspielhauses, ein sehr einnehmender, vornehm aussehender Mann. Er ist, so heißt es, einer der besten tschechischen Dichter und ein hervorragender Regisseur. Wir verabredeten, daß er uns am Morgen abholen werde. Dann bezogen wir drei sehr wohnliche Zimmer nebeneinander. Gleich nach dem Abendessen im feudalen Speisesaal, das schon vergnügt und voller Erwartungen war, zogen wir aus, durch den Pulverturm, an der Thainkirche vorbei zum Hradschin. Einzig der Anblick der schneeschimmernden Gebäude, wie im Mondglanz. Dann die Moldau, die alte steinerne Brücke, wie ein Märchen drüben thronend der Hradschin mit dem Veitsdom, dem Schloß, den starren Bäumen. Phantastisch die steinernen Barockstatuen, das rote ewige Licht unter der Muttergottes oder dem Nepomuk. Tags darauf sah ich dort im Schnee an dem kleinen Kanal einen Eisvogel, türkisblau, schwarzweiß, wie ein Wunder aus der Kolibrizone im Schnee des Nordens. Wir waren auf der Kleinseite, wo alle die alten herrlichen Paläste stehen, und stiegen nun hinauf zum Schloß, an stummen Wachen vorbei. Durch die riesigen Höfe und Tore durchschritten wir das Schloß, am gespenstischen Dom vorbei, dessen Wasserspeier sich über die nächtlichen Wanderer erstaunt herabzubeugen schienen. In die Alchimistengasse mit den kleinen Häuschen, die wie ein Puppenspiel schienen – blinzelte nicht da und dort ein Licht durch ein mattes Scheibchen? Dann der Blick von der Schanze über das Dächermeer des hunderttürmigen Prag, herab über Stiegen, an schlummernden, steinernen Welten vorbei. Ein Abend voll unvergleichlicher, märchenumsponnener Schönheit und voll dankbaren Frohsinns, Stefan, Felix und ich zu dritt eingehängt, um nicht auszugleiten auf den vereisten Wegen. Stefan voller Einfälle und Scherze, ein ganz Befreiter.

20. Jänner 1917

An der alten Brücke

Der Abend schüttelt den goldenen Brand
In der Moldau bleigraue Flut,
Aus starrem Eis bricht rosige Glut
Und auf der Brücke die Steingestalten
Sind wie geduckt von dunklen Gewalten.
Der Hradschin hat sich mit Schleiern umhängt,
Daß ihm das Licht nicht den Traum versengt,
Denn irgendwo steht, ich spür es, im Land
Der weiße Berg und sein Geisterheer.

Aufgereckt, eine drohende Hand,
Starren wie Knochen die Bäume her.
Nun steigt die Nacht aus bleichem Gelände,
In der Kreuzherrnkirche stummt der Chor,
Der Abendsegen ist zu Ende,
Gebet schwebt aus der Kuppel empor.

So sah ich die Moldau und den Hradschin, als uns Kwapil am Sonntag abend hinführte, die Sonne hinter dem Hradschin versinken zu sehen.
Samstag vormittag nach guter Nacht waren wir mit Kwapil wieder auf die Kleinseite gegangen. Er führte uns zum Kloster Sankt Lorette, zum Grandmajoratsplatz und dann trat er wie ungefähr in ein altes Haus, stieg vor uns eine endlos scheinende Treppe hinauf, und plötzlich waren wir in einem Hof, von dem eine Stiege zu einem Antiquitätenhändler zu führen schien. »Nein, hier wohnt ein Maler. Wollen Sie ihn besuchen?« Wir sind zu allem bereit, steigen an altem, hübschem Kram vorbei hinauf zum Maler Engelmüller und seiner Malschule. Eine Terrasse mit herrlicher Aussicht über Prag, auf die Obstgärten und Hügel des Hradschin. Das Atelier und ein Ausstellungsraum in einem. Wie viele dieser kleinen Palais ein scheinbar gewöhnliches altes Haus, das sich im Innern und an den Details als ein altes Palais Kolowrats entpuppt, mit kürzlich freigelegten Fresken an Decken und Wänden. Der Maler selbst ein gastfreundlicher Tscheche in Samtrock und langem Bart. Auch sein Heim voll nationalem, malerischem Kram, ein hübscher Sohn, der aufsteht vom Klavier und aussieht wie ein künftiger Dichter. Die Bilder mittelmäßig, Künstlerhausniveau.
Wir verließen den Hof und es schien, als wären wir wieder in einem anderen Stadtviertel. Leider sahen wir zweimal Soldaten, die aneinandergefesselt waren. Kwapil erzählte, vor kurzem seien zwölf junge Burschen wegen Selbstverstümmelung erschossen worden. Ist das nicht ein schreiender Beweis gegen den Krieg? Es sind hier nur wenige Tschechen unter den Soldaten, fast nur ungarische Regimenter. (Die Tschechen haben wir in Salzburg gesehen.) Die Zustände sollen sehr ungemütlich sein. Hausdurchsuchungen mit Durchstöbern der Privatkorrespondenz sind an der Tagesordnung. Das neuerbaute Palais Kramarsch thront wie ein Miniaturschloß neben dem Belvedere. Es ist vom Staat beschlagnahmt. Die Durchsuchungen, als noch die Frau dort wohnte, sollen sehr brutal gewesen sein.
Wie hungrig waren wir zu Mittag und wie gut war es, sich nach elf

Grad Kälte zu wärmen. Nachmittag ging ich mit Stefan in das tschechische Nationalhaus, eine Kunstausstellung anzusehen, in der schöne Arbeiten von František Bilek zu sehen waren. (Comenius verläßt die Heimat, Hus, Kolin.) Abends war Stefan mit Max Brod, dann bei einer Vorlesung, Felix und ich in der tschechischen Oper bei »Jacobin« von Dvořák. Ein vollendeter künstlerischer Genuß, jeder Statist ein guter Schauspieler, die Chöre sicher, prachtvolles Orchester. Nachher mit Felix im Kaffeehaus, wo wir blöde Karten schrieben und kindisch waren. Stefan kam spät von seinem Erfolg ins Hotel, wir erzählten einander noch alles. Sonntag vormittag zuerst Besuch des Kinskygartens, wo das Marmorstandbild der Kwapilowa steht, Kwapils Frau, die eine Duse der Tschechen gewesen ist und plötzlich starb; die Leute weinten auf der Straße, so beliebt war sie. Er war lange untröstlich, ist jetzt aber wieder glücklich verheiratet. Dann nebenan im Nationalmuseum. Vor Kwapil, den überall alles grüßt wie einen König, öffnen sich die geschlossenen Museen. Wie schön, in einer kleinen Nation ist jeder, der für sie etwas leistet, ein Held. Dieses Museum, im Kinskypalais, voll herrlichster Bauerntrachten und Stickereien. Eine Augenweide. Dann zum Belvedere in die Badenistraße, zu Bilek in sein selbstgebautes, tempelartiges, rotgeziegeltes Haus. Ein schlichter Mensch mit blondem Bart. Wir unterhielten uns mit ihm französisch. Sein Bruder und er führten uns herum.

Dann Mittagessen im »Roß«, sehr gut. Nachmittag bei der Präsidentin des Klubs der Künstlerinnen, wo ich einen Vortrag über Rolland halten soll. Unversehens komme ich in einen entzückenden alten Hof mit Barockterrasse mit Puttengruppen, der berühmt ist, wie ich später höre. Von der Wohnung Frau Dr. Freunds aus eine wundervolle Aussicht über die Moldau, deren Eisschollen in der roten Sonne glühen. Zurück ins Hotel, Wanderung mit St., Kw. und F. wieder zur alten Brücke, dann Kaffeehaus, dann zurück ins Hotel, wo Lia Rosen wartet, um mit uns in die Oper zu gehen. Ich gebe St. noch schnell den Mantel. Er kann noch zwei Akte anhören, ehe er fährt. Man gibt »Die Hundsköpfe«, eine populäre tschechische Oper vom Chef der Oper, wieder glänzend, in jeder Weise erstklassig.
Montag: Judenfriedhof. Wieder eine packende Stunde. Schlichte Denkmäler, die 1300 Jahre alt sind! Vor dem Grabmal des großen Rabbi ein klagendes Weib, am Stein kleine Zettelchen mit hebräischen Worten, die ihre Klagen dem Rabbi Loew erzählen, dem vor Jahrhunderten verstorbenen Astronomen eines Kaisers, ein Wundertäter und

Ratgeber. Ich besichtige böhmisches Glas und altes Porzellan im Kunstgewerbemuseum. Der Kontrast nach dem Düsteren des Friedhofes vor den von hellster Sonne durchfluteten Vitrinen war entzükkend. Von den Fenstern aus erblickt man das uralte Totenfeld und die drei Tempel, von denen zwei sehr alt sind. Das Judenviertel aber hat modernen Häusern Platz gemacht. Noch Einkäufe von Stickereien, einem reizenden Tischtuch (Umhängetuch aus rotgestreiftem Stoff in der Zadruka, einem Geschäft für nationales Kunstgewerbe und Bauernkultur) und rasch Packen und zur Bahn.
Am 29. fand auf Einberufung unseres internationalen Komitees für dauernden Frieden eine große Frauenversammlung statt, am Vorabend gesellige Zusammenkunft. Gespräche mit Dr. Max Adler, Frau Hofrat Lecher, Goldscheid und vor allem mit der großen Propagandistin Rosika Schwimmer, die zweimal bei Wilson war, dreimal während des Krieges in Amerika, wo sie fünfhundert Reden an verschiedenen Orten hielt. Sie leitete die Fordexpedition. Ich holte sie Sonntag morgens ab. Die Versammlung im Saal der Bühnengenossenschaft verlief grandios. Zuerst sprach Frau Kulka, dann Schwimmer. Viele Frauen weinten, viele Dazwischenrufe, enormer Applaus. Eine Resolution wurde verlesen, die wir gemacht hatten, und die einstimmig angenommen wurde. Überall Berichte in den Zeitungen, wo wir im Vorjahr um die leiseste Anspielung, die wir doch in den Zeitungen unterbringen wollten, meist vergeblich kämpfen mußten. Ich hatte Frau Freund aus Prag mitgebracht, die sich mit Schwimmer ins Einvernehmen setzt, um die Versammlung auch in Prag abzuhalten.
Unsere Idee ist folgende: Die Entente behauptet vielfach, daß das Friedensangebot nur ein Bluff und auch vom Volk nicht gewollt sei. Es ist nun wichtig, überall wo nur möglich, das Volk zu Friedenskundgebungen zu veranlassen, damit die internationale Verständigung, die unser Komitee immer aufrecht hielt, die Lügen der Presse durchdringt. Wir hatten auch schon zur Versammlung Sympathiekundgebungen der dänischen Frauen.

30. Jänner

Heute war Frau Freund bei mir. Sie plant, mich im März nach Prag zu bitten, um in ihrem Klub über Rolland zu sprechen.
Endlose Plackereien wegen Kohlenbeschaffung. Schulen, die Universität wurden auf zwei Tage wegen Kohlennot gesperrt. Ich verbrachte

Stunden am Telephon und hatte Laufereien zu Fuhrwerkern, die horrende Preise verlangen und die Hälfte der Kohle für sich verkaufen und sonst noch Schwindel betreiben. Man muß jetzt von den Bahnhöfen sich mit Fuhrwerken die Kohlen abholen und hinter diesen hertraben, bis die Kohle, die zirka 56 Kronen pro Sack kostet, im Keller geborgen ist.

Februar 1917

Die Lebensmittelnot steigert sich. Die Gedanken, was kocht man, um genügend Nährwerte zu gewinnen, die Kinder zu sättigen, die Dienstleute zufriedenzustellen, ohne in Schulden zu geraten oder von anderen zu leben, verlegen einem Kopf und Seele. Amerika droht. Der Unterseebootkrieg ist nur in einem zu bejahen, daß nicht nur täglich angesichts des hungernden Europas tonnenweise die Lebensmittel auf den Meeresgrund versenkt werden, sondern auch der entsetzliche Nachschub an Kriegswaffen zugrunde geht. Munitionsfabriken fliegen bald da, bald dort in die Luft. In Dresden ein Siebentel der deutschen Munition! In England, Frankreich, Rußland und überall geschah ähnliches. Internationale Völkerverständigung?
Mit Stefan sehr gute Tage.
Suses siebenter, das heißt achter Geburtstag. Sie sieht gut aus, ist ein Wunder an Güte und Liebesfähigkeit. Käthe Braun nannte sie kürzlich eine Heilige. Wie bin ich bedankt für alle Kämpfe um dies süße Kind!

Abendstunden an Stefans Kamin

Wenn sich der Tag dem dunklen Ende neigt,
Nichts mehr zu sorgen sich die Hände falten,
Da hüllt mich Schlummer wie ein Mantel ein.
In lieber Nähe träumend auszuruhen,
Entrückt in Welten, die sich tags verschließen,
Und doch so nah, daß durch die Wand des Schlaf's
Ein leises Schreiten noch Gewißheit gibt –
So flieg ich auf und bin nicht mehr im Raum
An meiner Tiefe Grund nicht hingeschwunden.
Bin da und dort, bei dir, bei Gott,
Bin nicht allein und bin doch wie im Traum.

Mit Stefan in der Oper gewesen. Freischütz, Ariadne auf Naxos. Welche Gegensätze! Schöne Sachen gelesen. Prager Geschichten von Rilke, herrliche Gedichte von Ottokar Brezina, dann aus Komenius' Schriften. »Von Mitteln um Frieden zu halten hat uns Christus nur ein einziges genannt, die Ertragung des Unrechtes.« (Aus dem Unum Necessarium.) »Ich danke meinem Gott, daß er mich mein ganzes Leben hindurch einen Mann der Sehnsucht hat sein lassen.«

Kalksburg, 17. Mai

Ich glaube, ich habe seit März nichts in dies Buch geschrieben. Es war eine durchaus gute Zeit. Wenn ich die drei Tage ausnehme, die Felix da war, jedem Gespräch auswich, von tollen Trinkgelagen erzählte, sich kaum zwei Stunden alles in allem bei den Kindern und seinem Vater aufhielt; wenn ich auch noch ausnehme, daß ich noch heute an den Folgen einer Influenza leide, die ich nicht einen Tag pflegte, weil ich durch die geteilte Wirtschaft bei mir und Stefan nicht imstande war zu Hause zu bleiben – so war die Zeit gut. Der April, verbracht mit Hin- und Herfahren zwischen Rodaun, wo Stefan ab Ersten wohnte, und Wien, da und dort Vorbereitungen für die Übersiedlung. Jetzt ist Mai, ich bin schon fast einen Monat wieder hier in unserem Gartenheim. Die Kinder, Stefan und ich, wir haben uns sehr erholt. Es ist wieder einzig schön hier. Es liegt ein Zauber über diesem verwilderten Garten, mit den alten Steinhunden. Mein Haus und Stefans Haus sind Teil des Gartens, so viele Fenster und Türen öffnen sich ihm. Jetzt blühen alle Bäume, sechs Wochen verspätet und deshalb alle zugleich, Flieder und Äpfel, reicher als je. Wie Friedenshoffnung ist das.
Wir haben eine Ziege, die uns gute Milch gibt. Hier erhalten die Sommerparteien nichts, aber Papa und Stefan versorgen uns mit allerlei und der Finanzbeamten-Konsumverein, der sich immer noch gut hält, gibt die Möglichkeit, einmal in der Woche fast alles Nötige zu bekommen. Alix fährt mit dem Fräulein einmal in der Woche auf drei Tage zur Stadt und bereitet sich zur Aufnahmeprüfung fürs Lyzeum vor. Sie blüht auf, rosig, braun, immer in Sandalen und froh ihrer Ungebundenheit. Suse, immer ein Engel, voll Geschäftigkeit für Haus, Ziege und Garten, ein Wunder an Beflissenheit, Verständnis, Güte und Süße des Wesens. Mit Stefan einzige Stunden, immer noch gesteigerte Seligkeit bei mir und frohes Genießen bei ihm, der mich immer inniger in sein Leben schließt, der mich so liebend umsorgt und mich über alle

Zukunft besänftigt hat. Der »Jeremias« ist fertig und gewaltig. Er ist im Druck und eingereicht an deutschen Bühnen. *Mir* geschenkt. Mein Name steht auf der ersten Seite. Mit einem schönen Gedicht ist das geschriebene Exemplar (ohne die Kürzungen) für mich jetzt beim Binden.
Auch mein Roman »Vögelchen« ist fertig, also die Früchte der vorjährigen Arbeit hier im Garten. Fünf Menschen lasen ihn bisher. Felix Braun, seine Schwester Käthe, Stefan, Leonhard Adelt und Risa Rie. Alle gebrauchen begeisterte Ausdrücke. Einige wenige Einschränkungen, die sich fast alle decken und leichte Änderungen vorschlagen, an denen ich jetzt arbeitete. Stefan war so ergriffen und sagte mir Worte, die ich nie vergessen werde. Er, der Gute, bat mich, jeden Kummer zu verzeihen, den er mir bereitete. Man vergesse, mit wem man lebe. Er fragte mich, ob ich denn je hätte zweifeln können, daß er mich zu seiner angetrauten Frau gemacht hätte, wenn meine katholische Heirat nicht dazwischen stünde, und sicher käme die Zeit, auch dies zu überwinden. Ach, ich wünsche nichts anderes, als daß wir so eng und sicher verbunden bleiben wie jetzt ohne den Teueschwur am Altar! Und er, der den Jeremias schuf, sagt mir, man vergesse, mit wem man lebe! Weiß ich es denn auch so ganz und tief, wer er ist? Ich weiß es, wer er ist, aber vergesse ich es nicht auch zuweilen, wenn ich doch – ganz selten und ganz gegen meinen Willen – eine Regung von Eifersucht nicht unterdrücken kann?

Mitte Juni 1917

Zwei Ereignisse dieser Woche. Stefan wurde wieder gemustert. Diese Qual vorher, wieder in Gefahr zu kommen, selbst diese halbtätige Knechtschaft seines Kriegsdienstes im Archiv gegen einen schlechteren, ja gefährlichen Dienst vertauschen zu müssen! Gewiß, es wird nicht dazu kommen. Aber all die Erniedrigung, einen Menschen wie er, der der Nation mit jeder Zeile Ehre macht, vom Heldentod oder Fron freizubitten, von »Ehren«, mit denen er nichts zu tun hat. Gott sei Dank, er wurde nur auf frühere Konstatierungen und flüchtige Untersuchung wieder nur für kanzleidiensttauglich erklärt. Das bringt uns inniger noch zusammen, diese gemeinsamen Sorgen. Ich danke Gott auf den Knien, daß er ihn ungefährdet in meiner Nähe läßt. Und wie glücklich bin ich auch, daß er an die Heilkraft meines seelischen Wollens, meines Gebetes glaubt. Mir war wieder, als hätte ich sichere, unverkennbare Botschaften von höheren Mächten.

Heute nachts erwachten wir von heftigem Donnerstoß und schwefelartigem Dampfgeruch. Ich wußte sofort: Explosion. Mehrere Stöße, Lichtschein nach den ersten Stößen, die Erde gelb wie unter Gewitter, einem gefährlichen, da wochenlang Dürre herrscht. Aber gleich verflüchtigt sich der Dampf. Herrlichste sternenhelle Nacht! Ich nötige Stefan, sich halbwegs anzukleiden, aus dem Haus zu gehen, laufe zu den Kindern und Dienstleuten, lasse alle ankleiden und in den Garten gehen. Nach einer halben Stunde vergehen die Stöße, von denen die Häuser geschüttelt worden waren. Die Nacht ist laut von Hundegebell, Menschenstimmen in den Gärten. Dabei wundervolle Nacht, die Mondsichel am Horizont! Man hört Züge fahren, die elektrischen Drähte summen. Vor unserer Türe stehen Stefan und ich, das nachtnebelige Feld vor uns, da kommt ein Herr im Schlafrock, es ist zu finster, zu sehen, wer es ist, aber wir erraten es und schließlich stellt er sich vor, ein Nachbar, der Marquis Bayros, der Zeichner von Erotika, der schöne, weißhaarige Herr, der mir im Vorjahr bei der Figur des Mannsthal vorschwebte. Seltsame Art des Bekanntwerdens, wo Freunde, wie Ambrosi, Csokor, dann Bekannte, wie Scherer und Rudolf Hans Bartsch, dort und da bei uns, bei ihm verkehren oder befreundet sind. Man spricht über Erdbeben, Trockengewitter, Explosionen, Schütterzonen. Schließlich beruhigt sich die aufgescheuchte Nacht. Ich schicke die Kinder, die in Decken gehüllt im Garten sitzen und nach ihrer Schlaftrunkenheit nun nicht ins Haus hineinwollen und aufgeregt vergnügt sind, zu Bett. – Heute in der Früh erfährt man, daß – angeblich in Blumau – einige Werke der Dynamitfabriken bei Neustadt in die Luft geflogen sind. Noch nichts über die Opfer und Ursache.

Ich spürte wieder Helligkeit und Geistesgegenwart, keinen Augenblick verließ mich die Ruhe, wie immer bei aufregenden Dingen, die sich katastrophal anlassen. Ich nahm mein Geld und meinen Schmuck aus dem Kasten, für alle Fälle. Als ich mich niederlegte, mußte ich lange weinen. Tränen rannen still herab über das Unheil der Welt, den Krieg. Die russische Revolution, die vielleicht einzige Fruchtbarkeit des Krieges, donnert unterirdisch weiter.

Rückerinnerungen an Salzburg

Eintragungen in dem Tagebuch *Sommer 1917*

Wenn ich nicht irre, so hatten wir schon im Oktober 1916 anläßlich unseres Aufenthaltes im Hotel Nelböck in Salzburg davon gesprochen, daß es schön wäre, hier zu leben. Bei einem Spaziergang auf den Kapuzinerberg, nahe dem Kloster auf einer Bank sitzend, sah ich eine schloßartige Villa mit dem typisch österreichischen gelben Anstrich, ungemein fröhlich und zugleich geheimnisvoll längs der Einfriedungsmauer des Berges hingebaut, in einem parkartigen Garten. Mein Traum strich um dieses märchenumsponnene Haus, das ganz still und tatsächlich unbewohnt in der Herbstsonne durch gelbe Bäume leuchtete. Zehn Monate später, als der Gedanke, uns irgendwo anzusiedeln, greifbare Formen angenommen hatte, lasen wir eine Annonce von einem Besitz, der in Salzburg zu verkaufen sei. Wir ließen uns die Beschreibung kommen und waren entzückt von all dem Reizvollen, was sie enthielt. Daß der Besitz sich am Kapuzinerberg befand, machte ihn noch geheimnisvoller, denn ich entsann mich, daß außer dem Schlößchen (nein, das konnte doch nicht zu haben sein!) nur noch zwei oder drei im Walde gelegene Villen oder etwa solche auf der anderen Seite des Berges in Frage kämen. Stefan ließ mich reisefertig machen und gab mir freie Hand zu verhandeln. Es *war* das Traumschlößchen, allerdings mit allerlei Schäden. Ich ließ mir einen Baumeister kommen, ließ Gutachten aufnehmen, ging Verhandlungen mit der Elektrizitätsgesellschaft ein, mit dem Telephonamt, und als diese günstig verliefen, leitete ich den Kauf ein. Das Haus bezogen wir im März 1919 und es ist das Entzücken jedes Besuchers. Freilich habe ich zwei Jahre und noch mehr dazu verwendet, es traulich und komfortabel zu machen, aber vor allem entzückten seine Lage, die Aussicht und die reizenden Details seiner inneren Ausschmückung, ein Saal von schönsten Proportionen, mit originellen antiken Tapeten und herrlichem Empireofen und dem idealsten Arbeitszimmer unter diesem gelegen, mit Stefans herrlichen Büchern, Autographen, indischen Miniaturen, Erinnerungen und Widmungen an den Wänden, einem kleinen Teil dessen freilich, was er an solchen Schätzen besitzt. Nun, dieses zukünftige Heim vor Augen, dessen Instandsetzung nicht nur lange Zeit und vor allem friedlichere Zeiten bedingte, schien es noch absurder, den Gefahren einer persönlichen Kriegsgefährdung Stefan nur einigermaßen ausgesetzt zu sehen, ja, seine Arbeitsruhe vielleicht durch ein, wenn auch gefahrloses Einrücken auf Jahre hindurch verstört zu wissen. Wie anderen schon vor ihm, gelang es ihm, vorläufig auf vier Wochen, von einem Züricher Literaturverein geladen, unter Vorwand der Propaganda österreichischer Kunst nach Zürich geschickt zu werden. Ich erhielt zugleich eine Mission von dem »Frauenkomitee für dauernden Frieden«, wie es damals hieß, das ich mit fünf Frauen in Wien vertrat und das sich dann zu der gewaltigen, bald in zweiundzwanzig Ländern verbreiteten »Internationalen Frauenliga für Frieden und Freiheit« erweiterte. Als Delegierte des Allgemeinen Österreichischen Frauenvereins zur Vorbereitung eines Kongresses zur Beschleunigung des Friedens erhielt ich mit Hilfe meines Schwiegervaters, Regierungsrat, später Hofrat im Auswärtigen Amt, einen sonst schwer zu erhaltenden Paß nach der Schweiz. Zwar verzögerte sich die Ausstellung der Pässe und wir warteten die Zustellung in Salzburg ab, wo Stefan das Haus, dessen Ankauf abgeschlossen war, mit Wohlgefallen sah.

Stefan hatte Wien und seine Umgebung, seitdem er bei Kriegsausbruch sich aus Belgien fluchtartig entfernte, nicht mehr verlassen. Nur einige Briefe konnten unzensuriert die Grenzen überqueren und jenes Feuilleton »An die Freunde in Fremdland« erreichte mehrere von ihnen. Doch als nach der deutsch-österreichischen Offensive Galizien und Polen erobert war, wurde er vom Kriegsarchiv in die von der Besetzung befreiten Gebiete geschickt, um für sein Amt Anschläge und Proklamationen zu sichern, ehe sie abgerissen wurden. So wenig ihn, der den Krieg von Anfang an haßte, der Anblick der Zerstörungen an Menschen, Städten und Dörfern überraschen konnte, war er doch tief ergriffen. Am sichtbarsten erlebte er die Schrecknisse in den Lazarettzügen, die er zeitweise benützen mußte, oft nur aus übelriechenden Lastwagen bestehend, mit Tragbahren angefüllt, auf denen viele noch im Blut ihrer Wunden hinstarben. In den Stationen half er den Sanitätern Wasser herbeischaffen, um die Fußböden zu reinigen. Wie ich es schon bei meinem Pflegedienst im Badener Spital erlebt hatte, wo zum Beispiel ein bulgarischer Typhuskranker von niemandem verstanden wurde, war Stefan nun Zeuge des oft verhängnisvollen Wirrwarrs der Sprachen unter den Verwundeten der vielen Kronländer Österreichs. Es war wohl wie ein Auftakt des Zerfalles der Monarchie, daß ihre vielartigen Menschen selbst im äußersten Unglück nicht zueinander finden konnten.

Als er nach Wien zurückgekehrt war, wurde ihm sein Plan, ein entscheidendes Werk gegen Kriege zu schaffen, noch dringlicher. Er sah in dem Propheten Jeremias einen nahen Gefährten seiner eigenen Gesinnung und Vorahnung. Das Drama Jeremias und die Biographie über Erasmus hielt er für seine persönlichsten Bücher, ja er spiegelte sich in beiden. Das Unwahrscheinliche trat noch im Laufe des Krieges ein, das Schauspielhaus des neutralen Zürich nahm das pazifistische und warnende Drama zur Aufführung an und lud seinen Autor zu der Premiere. Während Deutschland noch hartnäckig kämpfte, war in Österreich die Kriegsbegeisterung unterminiert. Die Frauen begannen den Haß zu untergraben. Mein Frauenkomitee für dauernden Frieden ging von Laden zu Laden, die Inhaber auffordernd, ihre Anschläge, wie etwa jene mit dem Fluch »Gott strafe England«, zu entfernen, wenn sie uns als Kunden behalten wollten. Unsere Gruppe war nicht jene, die Kriegsverweigerung propagierte, obwohl es auch eine solche gab. Wir arbeiteten mit den Frauen, die sich 1915 in Den Haag aus vielen Ländern zusammengetan hatten, um den Krieg so schnell wie möglich zu beenden. Abgesandte der Frauen reisten damals zu den Potentaten und Regierungspräsidenten, diese Forderung zu stellen. Vielfach die größte Frau Amerikas genannt, stand Jane Addams an der Spitze der immer weltweiter werdenden Gruppe und sie gründete im Jahre 1919 in Zürich die Internationale Frauenliga für Frieden und Freiheit, die heute ihre Beobachter bei den Vereinten Nationen hat. Jane Addams und Dr. Emily Green-Balch erhielten für ihr Wirken den Nobelpreis für Förderung des Friedens.

Die Bemühungen um den Frieden hatten selbst in Deutschland schon im Dezember 1915 begonnen, als Bethmann Hollweg im Reichstag von Bereitschaft zum Frieden sprach, doch das gegenseitige Mißtrauen der Nationen war zu groß, wenn auch im Dezember 1916 wieder ein Friedensangebot der Deutschen erfolgt war. Die ihnen feindlichen Mächte aber bestanden auf einem Eingeständnis der Kriegsschuld. Präsident Wilson legte Grundlagen für dauernde Vereinbarungen, für die noch keine Nation reif war. Von allen Seiten, von den Kleinsten und Größten tauchten Forderungen auf und verwirrten die Lage noch mehr. Die Wirkung der russischen Revolution hatte zwar den deutschen Militarismus geschwächt, doch war keine der kriegführenden Nationen bereit, von Volk zu Volk zu verhandeln. Die Sozialdemokraten aller Länder gerieten in eine peinliche Lage. Auch die österreichischen Sozialdemokraten gingen nur so weit, Autonomie der Minoritäten innerhalb der Monarchie anzustreben, für die Unabhängigkeit Serbiens einzutreten und die Annexion Belgiens zu verurteilen. Doch der wirksamste Feind des Krieges war dessen Andauern. Heimlich hoffte man, und der junge Kaiser war da kein Hindernis, daß ein

Separatfrieden für Österreich erreichbar wäre. Der Sixtusbrief war ein politischer Vorstoß. Als Stefan zum ersten Mal die Möglichkeit hatte, Romain Rolland einen unzensurierten Brief zu senden, sprach er darin aus, daß er für Deutschland fürchte, wenn es einen leichten Sieg erringen würde. Er erhoffte ein demokratisches Deutschland nach dem Krieg, eine Demokratie, wie sie Walt Whitman besungen hatte. In diesem Brief sagte er: »Ich fühle das Leiden der Menschheit, nicht ihre Triumphe.«

Am 14. November meldet er Rolland sein Eintreffen in Buchs. Wir hatten die Grenze in ein Land der Freiheit überschritten. Stefan kam nicht mit leeren Händen. Aus Kalksburg hatte er einem Freund geschrieben: »Ich arbeite an einem sehr großen Werk, einer Tragödie, die das Vertrauen, das meine Freunde seit Jahren in mich setzen, rechtfertigen soll; endlich die große entscheidende Sache, vor der ich seit Jahren gezögert habe. Ich schreibe es ohne Hinsicht auf das reale Theater ganz aus der Idee und der Gestaltung zuliebe. Vielleicht erzwingt es sich doch seinen Weg.« Dieser Weg war nun gefunden.

Doch ehe Stefan die Theaterleute sah, reisten wir nach Villeneuve, an den Genfer See, Rolland zu besuchen. Dieser selbst hatte sich damals in seinem Tagebuch folgendermaßen über Stefan Zweig geäußert: »Er ist einerseits sehr human und doch allem gegenüber, was das Menschliche gefährdet, von einer schönen moralischen Unerschütterlichkeit. So ist er denn, ebenso wie ich selbst, jenen abgeneigt, die Menschen Ideen opfern, wie schön diese immer sein mögen.« Wer diesen Ausspruch liest, wird Romain Rolland nicht bezichtigen, sich vorbehaltlos und endgültig einer Politik verschrieben zu haben, die kaltblütig Menschen Ideen opfert.

In Zürich sahen wir Fritz von Unruh, einen nie Wankenden, der dort als Kriegsinvalider lebte. Wir begegneten Franz Werfel und Albert Ehrenstein und später Rilke, Hermann Hesse, Annette Kolb und René Schickele, die für den Frieden eintraten, wie und wann immer sie konnten. Andreas Latzko und Leonhard Frank verfaßten tapfere Bücher, wie das jenseits der Grenze Barbusse und Duhamel taten. Sie alle hätten unterzeichnet, was Stefan zu jener Zeit geschrieben hatte:

»Die gekreuzigte Welt, dieser Anblick für Ewigkeiten, kann nur trösten, wenn wir das Leiden und die Qual kommender Generationen auf unsere Schultern geladen haben, daß wir büßen für die Sünden der Väter, der Ruhe der Kinder und Enkel willen.

Unsere Sache wird nicht mehr entschieden werden. Wir werden die

Saat des Blutes nicht mehr ernten.« Österreich beklagte damals schon mehr als eine Million Gefallener, ein Sechstel dessen, was ihm nach der Niederlage an Einwohnern verbleiben sollte. –

Wir weilten von November 1917 bis März 1919 in der Schweiz, ein Aufenthalt, der ursprünglich nur für einige Wochen geplant worden war. Noch vor der Aufführung des »Jeremias« war ich nach Wien zurückgefahren, um Stefan durch die »Neue Freie Presse«, deren ständiger Feuilletonist er seit seiner Gymnasialzeit war, Enthebung von seinem Dienst am Kriegsarchiv zu erwirken. Dies gelang. Um so glücklicher war ich, das Weihnachtsfest mit meiner Mutter, meinen Kindern und deren Großvater feiern zu können. Weihnachten hat meiner Familie, auch so lange mein Vater unter uns gewesen war, immer viel bedeutet, obwohl er selbst diesem Erinnerungstag nicht glaubensmäßig verpflichtet war. Auch bei anderen Anlässen gab es niemals religiöse Konflikte. Ich erinnere mich dankbar seiner Freude, uns weihnachtlich zu beschenken und auch seine Bürodiener und deren Kinder zu bescheren, die sich am Weihnachtstag zahlreich einfanden. Die Gnade dieser Heilighaltung ist von Bedeutung für die Zukunft von Kindern, und obwohl ich leider keine Enkel um mich versammeln kann, ist diese Weihe doch meinen Töchtern bis auf die heutige Zeit erhalten geblieben. Stefan hat aber immer eine Bitterkeit verspürt und ist unserem am Kapuzinerberg besonders weihevollen Fest entflohen, weil er es nicht verwunden hatte, daß seine Mutter zwar für ihre Dienstleute, aber nicht für ihn Lichter entzündet hatte. Darin ist er sentimental geblieben, obwohl es den gegensätzlichen Anschein hatte, daß er es Festen gegenüber nicht war. Er besuchte erkrankte Freunde, doch blieb er Beileidskundgebungen fern, seiner eigenen Haltung ungewiß, was gegensätzlich aufgefaßt wurde und für die Betroffenen befremdend wirkte, ja Kränkungen verursachte.

Ich bedauerte es, daß ich bei dem großen Erfolg der Jeremias-Aufführung nicht in Zürich anwesend sein konnte. Doch dieses Werk war mir gewidmet, mein Name steht am Eingang des gedruckten Buches. Das handgeschriebene, im schönsten Einband mir geschenkte Manuskript leitete ein Gedicht ein. Ich schalte zwei Strophen ein:

> Als rings im Land die Waffen starrten
> Und Feuer unsere Welt verheerte,
> Was war da mein, ein kleiner Garten
> Und du darin, Geliebte und Gefährte.

Mein Werk gedieh in deiner treuen Hut,
Wie war ich müd, wie oft wollt ich erlahmen,
Du aber gabst mir immer neuen Mut.
Zum Eingang schreib ich dankbar deinen Namen.

Bedurfte es mehr, um mich stolz zu machen? Keine der Ehren, die mir in meinem Leben zuteil geworden sind, haben mich mehr erhöht, und von allem, was ich an Gütern besaß, die mir die teuflischen Horden raubten, ist mir noch nach fünfundvierzig Jahren kein verlorener Besitz beklagenswerter als diese mir heilige Handschrift.

So viel uns die Schweiz an Gesinnungsgenossen und Freunden, von denen einige es für immer blieben, an freiem Atem und als Gesundheitsquelle für meine Kinder bot, diese Zeit gipfelte darin, daß wir nahe dem Menschen waren, den Stefan das moralische Gewissen der Welt nannte. Dies wurde uns eine heilende Wegweisung, ja ich scheue mich nicht, es Gnade zu nennen. So möchte ich denn aus den Worten, die Stefan Zweig seiner Romain-Rolland-Biographie voraussetzte, wenn auch hier vorgreifend, zitieren: »Dieses Buch will nicht nur Darstellung eines europäischen Werkes sein, sondern vor allem Bekenntnis zu einem Menschen, der mir und manchen das stärkste moralische Erlebnis der Weltwende gewesen ... geschrieben aus dem Gefühl der Dankbarkeit, mitten in unserer verlorenen Zeit das Wunder einer solchen reinen Existenz erlebt zu haben. Ich widme es im Gedenken der Einsamkeit jener Tat den wenigen, die in der Stunde der Feuerprobe Romain Rolland und unserer heiligen Heimat Europa treu geblieben sind.«

Ich kann die losen und keineswegs erschöpfenden Anmerkungen über diese besonderen Jahre nicht abschließen, ohne die markanteste Gestalt der Bruderschaft des guten Willens, die uns neben Romain Rolland und seiner Schwester nahestand, zu erwähnen, die Frans Masereels, des belgischen Holzschneiders. Er blieb uns immer verbunden, und häufige Begegnungen fanden viele Jahre hindurch statt. Noch heute tausche ich Briefe mit ihm und seiner Frau Pauline. Stefan widmete ihm Aufsätze und Masereel lieferte sowohl ihm als meinen Übersetzungen seine kostbaren Holzschnitte. Seine Person versinnbildlichte, was Stefan schon an dem Dichter Emile Verhaeren erlebt hatte, den Künstler, der eins war mit dem Menschen, bei dem nicht die kleinste Spaltung bestand zwischen Werk und dem privaten Sein. Eine solche Einheit zu erleben ist ein großes förderndes Geschenk, ja eine Verpflichtung im eigenen Leben. Dem zu begegnen bedarf es allerdings nicht des Künstlers oder Denkers, auch bei völlig einfachen Menschen können wir solche Reinheit erfahren, wo Wort und Tun im Leben identisch ist und bleibt. Durch den Künstler oder durch Taten großer Menschen wird aber eine Art Inkarnation des Höchsten bewirkt, wenn dieser Einklang im Werk zum Wohl der Menschen besteht. Man vergreift sich nicht, wenn man hier an Große, wie Michelangelo, Gandhi, Albert Schweitzer, gemahnt wird, an eine Gemeinschaft weltlicher Heiliger. Einen Heiligen denkt man sich allerdings gemeinhin nicht von Kraft und Saft schäumend, nicht als ein Prachtstück an Männlichkeit, wie es Frans in diesen seinen Jugendjahren war. Aus seiner Biographie ist vielleicht nicht bekannt, was mir seine Mutter in Gent erzählte, und was für Frans' Leben und Schaffen von Bedeutung war. Doktor Lava, sein Stiefvater, hatte die wertvolle Frau, eine Musikerin, geheiratet, als sie nach dem Tode ihres ersten Mannes mit mehreren Kindern zurückgeblieben war. Obwohl ein vielbeschäftigter Arzt, studierte er nun Jus, um ihr bei der Durchführung eines schwierigen Prozesses, der ihre Rechte betraf, kompetente und legale Hilfe leisten zu können. Als Belgien von den Deutschen überrannt wurde, schien es unausbleiblich, daß seine Stiefsöhne zum Militärdienst eingezogen werden würden. Doch nicht noch einmal sollte die geliebte Frau persönlichen Verlust erleiden. Er rief die jungen Leute zu sich und erklärte ihnen, er habe als Geburtshelfer nicht ein Leben lang Menschen in die Welt gesetzt, um nun Söhne zu opfern. Er hieß sie in Nacht und Nebel, durch Sümpfe und Kanäle, in die Schweiz zu fliehen, um dort dem Leben und dem Frieden ihre Dienste zu weihen. Wer hätte das auf dem segensreichen Boden der freien Schweiz besser erfüllt als Frans Masereel! Täglich lieferte er für die pazifistische Zeitung »La Feuille«, die hauptsächlich der Anprangerung der internationalen Kriegsgewinner diente, einen Holzschnitt, der in stets erneuter Verurteilung die Geschehnisse des Krieges geißelte. Er drückte visuell seine eigene sowie die aller Kriegsgegner Verachtung gegen jene Fluchwürdigen aus, die kaltblütigst zum Vergießen des Blutes der Jugend beitrugen, um daraus materiellen Nutzen zu ziehen. »Die rote Internationale« nannte man damals jene, die zwischen Freund- und Feindesland vereint waren, Waffen und Munition zu verschleißen.

Bebärtet, um älter zu erscheinen, da er eine reife Frau mit einer Tochter geheiratet hatte, war er ein Fels der Verläßlichkeit; als »kraftvoll bei äußerster Sanftmut« bezeichnete ihn Stefan. Er, der Wohlstand gewohnt gewesen war, nahm die bescheidenste Lebensführung auf sich, um seine Mission erfüllen zu können, den Menschen die Augen zu öffnen über Verruchtheit und Verrat. Dies kam dann auch in seinen Bildromanen zum Ausdruck, die sehr populär wurden und ihn nicht nur als Graphiker, sondern auch als Dichter zeigten. Thomas Mann, Hesse und andere haben sie eingeleitet. Stefan Zweig, Henry van de Velde widmeten ihm mehrmals ausführliche Essays. Wie sehr er aber mit seinem Herzen trotz aller Weltliebe bodenständig war, zeigte sich dann in seinem Meisterwerk, den Illustrationen zu »Tyll Ulenspiegel« von de Coster, in der er seine heimische Landschaft und sein urwüchsiges Volk schildert, wie er es auch in den zwei Bänden von mir übersetzter Erzählungen seines Landsmannes Verhaeren tat, die beim Insel-Verlag erschienen. Packend ist er gleichfalls in anderen Bebilderungen, besonders in jenen von Rollands Romanserie »Jean Christophe«. Als Maler ist er fast ebenso eindringlich. In späteren Jahren wirkt er auch als Lehrer und Bühnenbildner. Unvergessen bleibt mir sein erster Besuch bei uns in Rüschlikon, bei Zürich, wo eben der Generalstreik ausgebrochen war und die Schweiz mobilisierte. Eine heftige Angst vor dem Kommunismus hatte die besitzbewußten Schweizer erfaßt. Auf den unbefahrenen Geleisen der Bahn nach Zürich wandernd, spielte Frans sich als Russe auf und rief Stefan »Iwan«. Niemand fiel ihnen auf diese jugendlichen Scherze herein, aber die Freunde amüsierten sich königlich in dem Bestreben d'épater le bourgeois. Später haben die beiden sich wieder zu heiterem Zusammensein anläßlich einiger Aufenthalte Stefans in Frankreich zusammengetan, so in Boulogne sur mer und in Dijon, bei der Foire Gastronomique, dem Wettbewerb der Gastwirte, der Verabreichung köstlicher Gerichte, denen die beiden gern zusprachen. Brueghel sah ihnen über die Schulter.

Im Jahre 1924 malte Masereel Stefans Porträt, von dem dieser begeistert war. »Ich bringe dir nichts mit als mein Bild, das dir gehören soll«, schrieb er mir. Leider verschwand es in den Jahren der argen Umwälzungen und ist seither nicht mehr aufgetaucht. Die beiden Freunde besuchten auch Chartres und dann Amiens, dessen Kathedrale auf Stefan womöglich einen noch tieferen Eindruck machte. Von überall erhielt ich von dem prachtvollen Freund die herzlichsten Grüße, hoffend, daß ich ein andermal mit von der Partie sein werde.

So wie Frans wurden mir damals auch zwei Frauen auf Lebenszeit Freundinnen, Madeleine Rolland, Rollands Schwester, und Andrée Jouve. Ich war ihnen auch durch die gemeinsame Arbeit in der Internationalen Frauenliga für Frieden und Freiheit verbunden. Im Jahre 1918 hatten wir bereits in Bern eine erfolgreiche Tagung gehabt, wo Frauen aus offiziellen Feindesländern sich vermittels allerlei Vorwänden ein-

gefunden hatten. Eine prominente Belgierin kam unter einem fremden Namen, unsere famose Freundin Yella Hertzka, Pionierin der Gartenbauschule für Frauen in Österreich, mit der amtlich beglaubigten Ausrede, agrikulturelle Interessen zu fördern. Stefan sprach über Bertha von Suttner, ich selbst über »Dichter im Krieg«.
Madeleine Rolland sah ich dann oft, das letzte Mal gemeinsam mit der Witwe ihres Bruders. Ich war nach meinem fünfundsiebzigsten Geburtstag von der deutschen und österreichischen Regierung in die Länder von Stefans wiedererwachtem Ruhm geladen worden und hielt mich am Hin- und Rückweg von meiner neuen Heimat, den Vereinigten Staaten, nach 18 Jahren wieder in Paris auf. Madeleine war uralt, als wir ein sehr glückliches Wiedersehen feierten, das, was das Sehen betraf, leider nur bei mir stimmte, denn Madeleine war schon fast blind. Seither ist sie dahingegangen, in dem Bewußtsein, daß das große Werk, dem sie so viele Jahre ihren Beistand gab, nun in den allerbesten Händen war, von Marie Rolland in unvergleichlicher Weise betreut.
Die Arbeitsernte Stefans in der Schweiz war keine geringe. Außer der Vollendung des Dostojewski-Essays in ungekürzter Fassung schrieb er die Novelle »Der Zwang«, die Masereel in unvergleichlicher Weise an Ort und Stelle der Handlung, nämlich in Rüschlikon, illustrierte, die Vorbilder nützend, in denen die Landschaft unverkennbar ist, und darin auch Stefans Gestalt, denn er ist ja mit der Hauptperson identisch. Es entstand auch das Kammerspiel »Legende eines Lebens«, das im Laufe der folgenden Jahre an fünfundzwanzig Bühnen gespielt wurde. Als er Romain Rolland in seiner Arbeitsstätte, dem Internationalen Roten Kreuz in Genf, besuchte, wurde er zu der Broschüre »Das Herz Europas« angeregt. Sie galt der Hilfszentrale, wo vom Kriege auseinandergerissene und verschollene Menschen wieder zusammengeführt wurden und Briefe von Feindesland zu Feindesland vermittelt wurden. Ein Bienenhaus humanitären Wirkens, rettete es viele Suchende und Sehnende vor Verzweiflung.
Die Bedingung von Stefans Enthebung durch die »Neue Freie Presse«, monatlich für ihre Feuilletonabteilung über interessante Vorgänge zu berichten, wurde begreiflicherweise eingehalten und zeitigte wertvolle Zeitbilder, von denen heute noch eine Reihe in Sammelbänden zu lesen sind. Wie immer fesselten ihn Kontraste, wie gleich zu Beginn des Schweizer Aufenthaltes, als wir nach meiner zweiten Ankunft mit meinem blassen Töchterlein von Buchs aus in den Engadin fuhren, wo in St. Moritz der Winterkarneval in den buntesten Farben von den Reichsten Europas zelebriert wurde, während Stefan noch das krasse

Elend vor Augen hatte, das er auf seiner Reise nach Polen und Galizien geschaut hatte.
Wir arbeiteten auch zusammen an einer Neuübersetzung des Rousseauschen »Emile«, was mir, nebst des Vorschusses für meinen in Kalksburg vollendeten zweiten Roman, die Möglichkeit gab, auch meine Tochter Lix nach der Schweiz kommen zu lassen, wo dann beiden Kindern in Nyon am Genfer See für ihr noch spärliches Französisch eine gute Unterlage zuteil wurde. Wie nötig war dann in der zweiten Krisenzeit die Kenntnis fremder Sprachen! Sie nahm einen großen Teil der Heimatlosigkeit vorweg, während das Gegenteil, nämlich die Unkenntnis der Versprengten, die Idiome ihrer Umgebung zu verstehen, sich oft tragisch auswirkte. Die Kinder in Nyon besuchend, sah ich auch Andrée Jouve und ihren Mann, den Dichter Pierre Jouve, wieder, der später, um eine wohlbestallte Genfer Psychoanalytikerin zu heiraten, sie samt ihrem kleinen Sohn Oliver (nach Jean Christophes Gegenpart genannt) verließ. Rolland, Georges Duhamel hielten warm zu ihr und ihrem Heldentum, denn sie arbeitete als Lehrerin und vermietete dann, bis in ihr hohes Alter, auch Zimmer an Studentinnen, bis sie den Sohn zum Doktor der Medizin gebracht hatte. Nie hat sie dabei aufgehört, ihre Friedensarbeit fortzusetzen. Während der Nazizeit hielt sie jüdische Kinder bei sich versteckt und teilte mit ihnen die so spärlichen Rationen. Obwohl der Star ihre schönen, himmelblauen Augen getrübt hat, ist sie nun Beobachterin der Internationalen Frauenliga für Frieden und Freiheit bei der UNESCO in Paris. Der Sohn, Chirurg an einem Spital, hat viele Kinder, Andrée lebt daher noch immer wie eine Kirchenmaus, Schmalhans Küchenmeister ist ihr treu geblieben.
Erfreulicherweise zählten wir auch einen der edelsten Vertreter der Schweizer Gelehrten- und Dichterwelt zu unseren Freunden, der heute noch im »Reabgüetli« in Zollikon seinen Landsitz hat. Ich sehe Robert Faesi vor mir als einen Aristokraten der Feder und der Gesinnung und auch äußerlich edel wirkend. Stefan und auch mir hat er bis zum heutigen Tag seine kostbare Freundschaft bewahrt.
An das Zürich jener Tage denkend, erinnerte ich mich der Zusammenkünfte in einem Restaurant mit Ferruccio Busoni, dem großen Pianisten. Er hatte immer seinen riesigen Bernhardinerhund mit sich, der seinem Herrn so nahe wie möglich sein wollte. Einmal verursachte dieser Gigant eine groteske Verkehrsstörung, als er weder mit gütigen noch energischen Vorstellungen zu bewegen war, den Eingang zur Toilette freizugeben, in der er seinen Herrn vermutete.

Ich werde später noch Nischen finden, in die ich Freunde stellen möchte, die in der Schweizer Zeit in unser Leben traten. Erst diese späteren Jahre beweisen, daß nicht nur das, was uns damals gemeinsam war, die Hoffnung auf das Ende des Völkerzwistes und das Band der gemeinsamen Weltanschauung, uns zusammenschloß, sondern ein Ewigeres – nämlich Liebe.

ZWEITER TEIL

Die Rückreise nach Österreich in dem schmutzigen Eisenbahnzug, mit den scheibenlosen Fenstern, deren Riemenzeug abgeschnitten worden war, um damit Schuhe zu flicken, war der Auftakt zu dem veränderten Heimatland. Unheimlich waren uns, die wir in der Schweiz nur tadellos uniformierte Soldaten gesehen hatten, die verlotterten Gestalten, die unser geschlagenes Heer darstellten, und die nun unseren Zug überfüllten, wild bebärtet, wie Waldmenschen. Trotz heftigen Mitleides schützten wir vor allzu begreiflichem Diebstahl unsere mit Eßwaren gefüllten Rucksäcke, gewärtig, in den nächsten Tagen keine Lebensmittelrationen zu erhalten. Das war nun aus der einst prächtigen Armee geworden! Wo waren die strammen und gesunden Soldaten mit den in der Sonne strahlenden Helmen und Säbeln, die ich als Kind bei den Paraden auf der Schmelz gesehen hatte, sie waren zu einem Geisterheer geworden und diese Bettlerhorde war nun die Wirklichkeit. Wir empfanden keinerlei Freude, in unserem Vorauswissen der Niederlage recht behalten zu haben, nur peinigende Bitterkeit und Mitleid. Vergebliche Opfer erzeugen stechende Schmerzen, die Anklage heraufbeschwören. Daß ich zwanzig Jahre später auf anderem Boden wieder einem geschlagenen Heer begegnen würde, dieser Gedanke wäre ein irrwitziger gewesen, denn unsere einzige Genugtuung war damals, daß nun auch der Krieg als solcher geschlagen worden war, in welchem Lande immer er getobt hatte.

Wir erlebten, in Salzburg angekommen, die Zerrüttung der Ordnung und der Menschen. Zunächst den Verfall unserer Währung. Ich hatte mein Gepäck, wie ich meinte, normal hoch in Schweizer Franken versichert, doch wäre es verlorengegangen, hätte mich dies in Schillingen reich gemacht. Die Verlockung hoher Schweizer Franken bewirkte, daß der Hotelarzt, der das aus Zürich mitgebrachte Kinderfräulein wegen einer Blinddarmreizung behandelte, dieses in meiner Abwesenheit vom Hotel eigenmächtig in seine Wohnung brachte und dort eine Operation vorzunehmen gedachte, von der er sich großen Gewinn in der begehrenswerten Währung erwartete. Glücklicherweise war ein Kollege und Freund meines Bruders Primarius am Salzburger Spital, der unsere Loni aus den Händen dieses sauberen Amtsbruders befreite, indem er eine Operation für überflüssig erklärte. Stefan war nach Wien weitergefahren. Noch aus dem Zuge schrieb er mir: »Ein schauerlicher Anblick war Attnang, wo die Leute brüllend wie eine Stierherde in die Restaurationen stürmten und sich um ein paar Fetzen Blutwurst buchstäblich würgten. Ein schauerlicher Anblick und vielverheißend für Wien. Liebe, sei nicht böse, daß ich nach Wien fuhr. Aber Du weißt, daß ich seit einer Woche unterwegs bin und nicht mehr weiter kann vor Ungeduld, daß ich hier tatsächlich unendlich viel Unaufschiebbares zu tun habe. Ich weiß, wie stark Du bist, Du wirst Dir schon durchhelfen.« Die Salzburger Landesregierung hatte nämlich vorläufig trotz des Hausbesitzes keine Niederlassungserlaubnis erteilt, da die Kronländer sich wegen Lebensmittelnot voneinander abgesperrt hatten. Auch ich sehnte mich, wenigstens für wenige Tage nach Wien fahren zu können, meine Familie wiederzusehen und meine zukünftigen Schwiegereltern, die mich herzlich willkommen geheißen hatten, persönlich kennenzulernen. Doch hieß es, in der allernächsten Zeit den Einzug in das neue Heim, das uralte Haus, möglich zu machen. Da galt es geborstene Zimmerdecken reparieren zu lassen, mit allen unseren Nachbarn die Beleuchtung auf der Kapuzinerbergstiege durchzusetzen, das Haus heizbar zu machen, das Telephon zu erkämpfen. All das war durch mangelndes Material bisher verzögert worden. Außerdem mußte ich erwirken, daß eine ein wenig hexenhafte Gärtnersfrau und ihre Ziege aus der großen Küche evakuiert wurden. Die alten Bauernschränke mußten vom geschmuggelten Gut des Gärtnersohnes, eines tollkühnen Wilderers, geräumt und seine verstecktgehaltenen Genossen entfernt werden, ein nicht ungefährliches Unternehmen, bei dem mir die Kenntnis dieser außerordentlichen Zustände zu Hilfe kam. »Das einzig Wichtige ist in Ordnung kommen«, schrieb mir Stefan, »in irgendeine, was für eine ist gleichgültig, ob sie ein bißchen besser oder schlechter ist.« Da der Frühling vor der Tür stand, die Obstbäume ein Blütenmeer zu entfalten begannen, der Himmel von immer südlicherem Blau wurde, obwohl die Berge ihm noch ihre Schneekuppen entgegenstreckten, war es in der Tat gleichgültig, ob die Ordnung vorläufig etwas besser oder schlechter geriet. Sie war ganz erträglich, als ich nach einigen Tagen glücklichen Aufenthaltes bei meiner Mutter und der ersten Begegnung mit seinen mich willkommenheißenden Eltern mit Stefan nach Salzburg zurückkehrte und er Einzug hielt, in ein Heim, in dem er den Großteil seiner Werke schuf und das, von Jules Romain »Eine Villa in Europa« genannt, sich Besucher aus allen Weltteilen erfreuen sollte. Wer Salzburg nur als touristischer Besucher oder aus der dann bald einsetzenden Festspielzeit kennt, wer als Großstädter nie hinter die Kulissen einer kleinen Stadt gespäht hat, wird sich keinen Begriff machen, wie sich Weltbürger, wie wir es nun einmal waren, in ihr zurechtfinden konnten. Es gelang, obwohl sich der Fremdensommer sehr stark von dem Alltag der »stillen Saison« unterschied. Carl Zuckmayer, der sich im nahen Henndorf in einer Mühle angesiedelt hatte, und Stefan Zweig taten sich einmal in guter Laune zusammen, um diese Metamorphose in einem Schwank zu verulken. Das geschah nur zu eigenem Lachverbrauch. Zuerst gaben sie vor, Mozart, der Göttliche, auf dem ein Teil des Fremdenverkehrs aufgebaut war, sei gar kein Salzburger, sondern ein Augsburger gewesen, dann zeigten sie die herzliche Aufnahme jüdischer Sommergäste, besonders der valutastarken amerikanischen, und den sofort wieder eingeschalteten Antisemitismus im Herbst, wenn der internationale Hexenspuk sich entfernt hatte. Doch blieben von den »Zuagrasten«, die beinahe nur den Gastwirten und sonstigen Profitierenden willkommen waren, immer mehr und mehr Exemplare zurück, besonders Künstler, Schriftsteller, Maler, von denen mehrere – es waren wohlbekannte Namen darunter – besonders vom Adel der Stadt herzlich aufgenommen wurden. Angesiedelt hatte sich auf die Dauer Hermann Bahr und seine Frau, die große Opernsängerin Anna von Mildenburg. Stefan machte mit ihm allwöchentlich Bergtouren auf die Hausberge, den Untersberg und den Gaisberg, um die Wette Virginias rauchend. Ich selbst hatte zwei wunderbare Frauen zu Freundinnen gewonnen. Meine Kinder hatten zwar nicht die besten Schulen, aber Schulkameradinnen, mit denen sie noch heute herzliche Freundschaft verbindet. Und was die Schulen betrifft, wo konnten junge Menschen und besonders kunstbegeisterte Mädchen sie besser ergänzt finden als in einer Festspielstadt, die außerordentliche Aufführungen unsterblicher Werke in ihre unmittelbare Nähe brachte, mitsamt den großen Künstlern, die die Stadt oft mehrere Sommermonate bewohnten. Das frühe Aufschauen zu großen Leistungen verblieb ihnen als Lebensgut.

Dazu kam noch für sie während der ersten Sommerschule der Internationalen Frauenliga für Frieden und Freiheit, die die englische Sektion in Salzburg im Sommer 1921, nach ihrem Kongreß in Wien, veranstaltete, eine Art Anschauungsunterricht in bezug auf fremde Nationen. Es war dies die erste derartige internationale Zusammenkunft nach dem Kriege. Eine Reihe unserer französischen Freunde nahm teil. Chinesinnen, Inderinnen, Japanerinnen in ihren Trachten mischten sich unter die heimischen Dirndln. Meine Töchter und ihre Freundinnen waren Fremdenführerinnen. Doch war dies nicht nur ein Jugendtreffen, bedeutende Pazifisten waren anwesend. Unser Haus wurde durch den Besuch von zwei der größten amerikanischen Frauen ausgezeichnet, den späteren Nobelpreisträgerinnen Jane Addams, der Gründerin des großen vorbildlichen Settlement Hullhouse in Chikago, und auch von Dr. Emily Green-Balch. Sie waren umgeben von mutigen humanen Menschen, die damals in der Welt der Friedensuchenden Namen und Rang hatten. Es ist heute wieder aktuell, von dieser bedeutenden Liga zu sprechen, die nun 1962 einen Kongreß, diesmal in Kalifornien, abhielt, dreiundvierzig Jahre nach ihrer definitiven Gründung in Zürich. Damals hatten Frauen wie Emmeline Pethick-Lawrence, die sich für die Aufhebung der Lebensmittelblockade einsetzte, die wie ein Vulkan wirkende Ungarin Rosika Schwimmer, die Presse-Sekretärin der Internationalen Frauenwahlrecht-Allianz, dreitausend Frauen in Washington, mit der Wahlrechtsführerin Mrs. Carrie Chapman-Catt an der Spitze, sich für eine Konferenz der Neutralen eingesetzt. Schon zu Beginn des Krieges hatten diese Frauen Interviews mit Lloyd George und Präsident Wilson, um eine internationale Petition für eine solche Konferenz zustande zu bringen. 1915 berief die Holländerin Dr. Aletta Jakobs eine große Versammlung in Den Haag, die dahin strebte, daß internationale Streitigkeiten durch friedliche Mittel beigelegt würden. Zweiundvierzig Amerikanerinnen waren unter den fünfzehnhundert Delegierten, die zwanzig Resolutionen faßten. Das Internationale Komitee für dauernden Frieden, Vorläufer der Liga, wurde gegründet. Jane Addams sprach mit acht Ministerpräsidenten und einer großen Anzahl Außenministern. Wilson nannte die Haager Beschlüsse der Frauen die besten bisher vorliegenden Vorschläge. Nach dem Gründungskongreß in Zürich, im Juli 1919, wurde Dr. Emily Green-Balch, Professor am Wellesley College bei Boston, als Internationale Sekretärin und Genf als Hauptsitz der Internationalen Frauenliga für Frieden und Freiheit gewählt.

Sowohl in Wien, wo vor der Salzburger Sommerschule der dritte Kongreß der Liga stattgefunden hatte, der, durch dreißig Länder vertreten, die Revision des Versailler Vertrags gefordert hatte, als auch in Salzburg wurden die Gäste offiziell auf das herzlichste begrüßt. Im großen Mozarteumsaal hieß sie der sozialdemokratische Landeshauptmann-Stellv. willkommen. Alle Ansprachen bewiesen, daß Österreich damals eines der freiesten Länder Europas war. Es war nach dem Putsch Ruhe geschaffen worden, und vor allem waren dank der amerikanischen Hilfe, die Präsident Hoover mit Assistenz von Jane Addams leistete, besonders die Kinder so lange ernährt worden, bis sich das Land selbst hatte helfen können. Die Arbeitslosigkeit war noch nicht behoben und bildete für die jungen Leute eine Gefahr, kommunistischen Einflüssen ausgesetzt zu sein. Nun aber in den frühen zwanziger Jahren waren die österreichischen Sozialdemokraten recht findig, die jungen Arbeitslosen von der Straße weg in die Hörsäle des neu gegründeten Landeserziehungsamtes zu bringen, überhaupt in jeder Weise den Putsch und die Wirtschaft der Soldatenräte vergessen zu machen. Doch der Fehler aller politischen Parteien ist ihre heillose Einseitigkeit und die der Sozialdemokraten, die sich damals um die Ordnung verdient gemacht hatten, völlige Verständnislosigkeit gegenüber den Bedürfnissen der Rentner und des Mittelstandes, die nun der Verelendung ausgesetzt waren, ohne sich den sozialen Fortschritten anzuschließen. Das war die Chance der Anschlüssler, der Großdeutschen, die sich vom territorial viel größeren Nachbarland alles Heil versprachen. Damit begann allmählich der Zerfall des nun so kleinen Landes. Man vergesse nicht, daß die Völkermischung des alten Österreich der deutschstämmigen Bevölkerung von jeher den Vorwand, sich deutsch nationalistisch einzustellen, gegeben hatte. Die Los-von-Rom-Bewegung half der Agitation gegen den österreichischen Patriotismus sowie auch der gegen die anderssprachigen Minderheiten. Doch nicht wenige Österreicher und besonders die Alpenländler hätten nichts gegen einen Zusammenschluß mit dem katholischen bayrischen Grenzland gehabt, so daß diesbezüglich in Salzburg geheime Verhandlungen mit Bayern stattfanden, die jedoch zu nichts führten. Es war für die Bevölkerung nicht leicht, sich zu orientieren, vor allem wollte die Mehrzahl »a Ruah«. In Salzburg aber war der gemeinsame Nenner der Fremdenverkehr. Gustav Mahler hatte schon vor dem ersten Krieg Salzburg für einige Mozart-Festaufführungen gewählt. Nun wurde Hofmannsthal, dessen ursprünglich schöpferische Kraft nach seiner unerhörten Frühreife neuen Anspornes bedurfte, durch das Barock der schönen Stadt inspiriert, mit dem genialen Max Reinhardt als Ausführenden, die treibende Kraft der bald Weltruhm erlangenden Salzburger Festspiele. Reinhardt war beunruhigt, als Pläne auftauchten, eine Spielbank zu errichten, damit der Stadt, die finanzielle Opfer brachte, neue Einkünfte zufließen würden. Ja, er kam zu mir, da er erfahren hatte, daß ich in der Stadt schon einigen Einfluß besaß und wir zu den Ansässigen zählten, diese Gefahr zu besprechen. Er schilderte mir, was für ihn überhaupt der Sinn von Festspielen war, eine Aufgeschlossenheit des Publikums, die in der alltäglichen Betriebsamkeit des modernen, besonders des Großstadtmenschen nicht mehr zu erwarten war.

So war denn der geniale Reinhardt derjenige, der den eigentlichen Grundstein zu den Festspielen legte, die sich nun in so vielen Ländern eingebürgert haben. Die Begründung, die er mir damals auseinandersetzte, ist immer stichhältiger geworden. Es bedarf mehr und mehr dieser Oasen, der Abgewandtheit vom persönlichen, täglichen Leben und vom politischen Getriebe. Was heute von Regierungen zugunsten internationaler Verbindungen angestrebt wird, war absichtslos in den Salzburger Festspielen angebahnt worden, da die Vollkommenheit des Gebotenen die gesamte Kulturwelt anzog. Der Wettbewerb der Leistungen, für Darsteller und Publikum beispielgebend, triumphierte unter den Fanatikern, wie es ein Max Reinhardt und ein Maestro Toscanini waren, die das Höchste forderten. Doch diese Kunstturniere lockten auch die Handelsleute der Kunst an, Produzenten, Darsteller, alle Arten von Persönlichkeiten des Betriebes, und vor allem die Geldgeber, um einander in neutraler Weise begegnen zu können. Hollywood trat auf den Plan, und es war ein klägliches Schauspiel, daß Kollegen sich voreinander verschanzten, um etwaige Chancen nicht durch weitere Anwärter zu gefährden. Durch den Hochbetrieb an Transaktionen blieb die Atmosphäre nicht keimfrei. Doch so unerfreulich die Planung einer Spielbank auch war, teilte ich Reinhardts Befürchtungen doch nicht. Ein Casino würde doch die Stadt noch populärer machen und ihr Geld verschaffen, das sie im Anbeginn noch besonders nötig hatte. Ihre landschaftliche Besonderheit war kein geringer Faktor der Anziehung, die Hohensalzburg nicht nur eine Kulisse, sondern ein Wahrzeichen, hatte sie doch seit alten Zeiten jeden Angriff abgehalten. Daß Reinhardt und dann auch Frau Thimig sich mit dieser Sorge an mich und nicht an meinen Mann gewandt hatten, war begreiflich. Man wußte, daß Stefan aus persönlichen Gründen die Festspiele nicht willkommenhieß, so viel ihm dann eine oder die andere der Aufführungen und die Begegnungen, die sie herbeiführten, bedeuteten. Seine beste Arbeitszeit waren die Sommermonate, die nicht von Vortragsreisen unterbrochen waren und ihm die Benützung der fast unbeheizbaren Bibliothek und das Arbeiten im Freien, das er liebte, möglich machten. Nun stand es so mit ihm, daß schon Stunden, ja oft Tage vorher ein angekündigter Besuch oder eine Verabredung ihm die Arbeitsruhe verstören konnten. Dies trat besonders in Erscheinung, wenn es sich um einen schwierigen Passus in seinem Schreiben handelte. Manchmal aber war ihm gerade dann eine Unterbrechung willkommen, was er aber vermeiden wollte. Die Sommergäste, die nun wegen der Festspiele noch viel zahlreicher erschienen, vergaßen, daß sie selbst auf Urlaub waren, Stefan aber bei der Arbeit. Ja, es erschienen Leute, zuweilen schwer abweisbar, die ihn mit zu den Sehenswürdigkeiten der Stadt zählten und die, wenn es hieß, der Hausherr sei abwesend, zumindest das Haus besichtigen wollten, was noch heute von Zweig-Enthusiasten, zum berechtigten Verdruß der jetzigen Inhaber, geschieht. Da die Hotels überfüllt waren, ereignete es sich oftmals, daß Bekannte einquartiert werden wollten. Da wir in dem absonderlichen Haus keine Fremdenzimmer und nur ein Badezimmer hatten – das Haus war auf Felsen gebaut, die kaum Wasserabfluß erlaubten –, kamen nur intimste Freunde als Hausgäste in Betracht oder solche, für die man vollkommene Umstellungen veranstaltete, wovon ich noch erzählen werde. Als Hausfrau ergaben sich mir der Gäste wegen allerlei Schwierigkeiten. Für die hundertköpfigen Gesellschaften auf Reinhardts Schloß Leopoldskron wurde der Markt für erlesenere Lebensmittel geradezu ausgeschöpft, und man konnte für ein Menü nichts im voraus planen, obwohl man doch eben auch die eigenen Tischgäste aufs beste bewirten wollte. Max Reinhardt wurde der unumstrittene Herr der kleinen Stadt, die für einige Wochen enorm anschwoll. Doch nicht nur der Umstand, daß Stefan Zweig während eines Großteils der Festspielzeit die Stadt verließ und sie etwa mit dem nahen stillen Thumersbach am Zeller See vertauschte, trug daran Schuld, daß er selbst künstlerisch nicht herangezogen wurde. Nach Hofmannsthals Tod eröffnete Reinhardt Stefan, daß dieser es als eine Bedingung seines eigenen Wirkens gesetzt hatte, daß Stefan Zweig (der ja etwa durch »Volpone« bewiesen, wie genial auch er klassische Vorwürfe zu behandeln verstand) nicht zur Mitwirkung bei den Festspielen aufgefordert werden dürfe. Trotz zeitweiliger ausgezeichneter Gespräche dieser beiden Dichter und Stefans unbeeinflußter Bewunderung für das frühe Genie Hofmannsthal bestand zwischen ihnen Fremdheit. Dafür läßt sich ein oder die andere Erklärung finden. Hofmannsthal blieb in seinen Werken in hervorragendem Maße Dichter. In seinem unvergleichlichen Stilgefühl schuf er außerhalb der eigenen Zeit, ja dieser in seinem Werke entweichend. Wer sich vom Zeitgeschehen führen ließ, war in Gefahr, von ihm als Journalist betrachtet zu werden, was für ihn innerhalb des Schrifttums eine geringe Rangordnung bedeutete. Daß Stefans Schaffenstrieb vielfach mit seiner Welteinstellung, etwa seiner Verurteilung von Kriegen und des Fanatismus zu tun hatte, wäre für diesen großen Zeitlosen verzeihlicher gewesen, wenn der von ihm in beiläufigen Äußerungen Kritisierte nicht so erfolgreich gewesen wäre. Hofmannsthal hatte eine Familie zu ernähren und befand sich oft in Geldsorgen,

es wäre daher menschlich begreiflich gewesen, falls er den in materieller Hinsicht Sorglosen als Konkurrenten betrachtet hätte.
Indessen hatte ich selbst in der Stadt, ob Winter oder Sommer, festen Fuß gefaßt. Skilaufen und Tennisspiel, Wanderungen in den Touristen unbekannten Gegenden mit einheimischen Freunden brachten Abwechslung während der täglichen Arbeit in Haus und Garten und in die für Stefan und mich unerläßliche Lektüre. Es galt, Auszüge aus Werken zu machen, die er für seine Arbeiten benötigte und die vielen mit Widmungen einlaufenden Bücher zu lesen, für die ich dann meist selbst dankte. Ich nahm auch an seiner Sammeltätigkeit teil. Mein Wissenskreis erweiterte sich außerordentlich durch das Ordnen der schließlich zu großen Mengen angehäuften Autographenkataloge, deren Inhalt mich immer mehr fesselte. Die Neigung zum Sammeln hat tiefere Wurzeln, als man gewöhnlich vermutet. Das Leben des leidenschaftlichen Sammlers ist oft mit denselben Spannungen verbunden wie das des Spielers oder des Sportchampions. Bei Stefan Zweig überwog die Liebe zu dem Objekt seines Sammelns den Spieleifer, doch konnte dieser sich beträchtlich steigern, wenn die Erreichung des jeweiligen Zieles fraglich oder zumindest stark umstritten war. Wenn Stefan Zweig eben im Begriff stand, für ein neues Autograph zu bieten, war, ohne daß seine Umgebung die Ursache erriet, eine nervöse Spannung fühlbar, die dann bis zur Entscheidung des Wettbewerbs anhielt. Dies war besonders beim Mitbieten bei Auktionen der Fall, während es bei Angeboten durch Lagerkataloge oder solche privater Natur geruhsamer herging. Spieleifer, ja Spielbetrieb ist aber beim Sammeln unerläßlich; er paarte sich bei Stefan Zweig, als er fünfzehnjährig zu sammeln begann, mit seiner Heldenverehrung. Er sammelte daher nicht etwa Marken, sondern Autogramme, die Unterschriften von Berühmtheiten. Viele Jahre nach seinem ersten Hintreten vor eine große Persönlichkeit – es war Johannes Brahms – zeigte er noch mit unverhohlenem Stolz ob seines Mutes seiner Frau die Straßenecke, wo er den alten Herrn mit dem langen Bart gestellt hatte. Doch schon bald nach dieser Beute konnte er mit Aufwand seiner Ersparnisse ein kleines Hebbel-Manuskript erwerben. Nun erweiterte sich sein Jagdgebiet in dem Maße, als seine Liebe und seine Kenntnis der Dichter und Künstler und seine anfangs bescheidene Kaufkraft sich entwickelten. Bald erwachte sein Interesse, vermittels der Art, wie ein Schriftsteller arbeitete, einen Blick in dessen Werkstätte tun zu können, was sich in Skizzen und verbesserten Seiten deutlicher offenbarte als in fertiggestellten Manuskripten oder bereits Gedrucktem. Diese Werkblätter wurden, obwohl

er viele abgerundete Handschriften besaß, der eigentliche Kern seiner Sammlung. Er, der seine eigenen, ihm wichtigen Werke noch in den Druckbogen immer wieder mit Eintragungen versah, war begeistert, als ihm dann ein Manuskript Balzacs in die Hand fiel, das sich wie ein zerpflügtes Feld ausnahm und das eines seiner geliebtesten Stücke wurde.

Ein erfolgreicher Sammler muß vor allem ein Kenner sein, ja fast ein Gelehrter. Doch der Laie fragt sich, wie denn ein solcher von den Möglichkeiten erfährt, größere oder kleine Schätze erwerben zu können. Dies unterliegt wie auf anderen Gebieten der Methode von Angebot und Nachfrage. Die Anbieter, nämlich die Autographenhändler verschiedener Länder, arbeiten mit Katalogen ihrer Lagerbestände und mit jenen ihrer Auktionen. Autographenkataloge aber sind den Handschriftensammlern keineswegs nur ein Kaufbehelf. Stefan Zweig besaß ungefähr viertausend solcher Kataloge, denen sich die Verzeichnisse von privaten Sammlungen anschlossen. Eine der frühesten Aufzeichnungen dieser Art, die Zweig besaß, war jene Goethes, der interessante Handschriften von »vorzüglichen Menschen«, wie dieser sie beschrieb, besaß. Nicht nur die Kenntnisse der gesamten Materie, sondern die Zusammenhänge mit seiner Arbeitssphäre, die Kenntnis interessanter Zeitdokumente gaben Zweig Inspiration für seine eigenen Werke. Das war besonders bei seinen zwei Königinnenbüchern der Fall. Ein Brief aus dem Kreis der Minister Maria Theresias, der durch verarmte Nachfahren erhältlich wurde, steigerte Zweigs Interesse für Marie Antoinette und gab Anlaß zu weiteren Nachforschungen in den Archiven, die ihm offenstanden. In noch größerem Maße war eine derartige Anregung in bezug auf Maria Stuart wirksam. Das Motiv des Mitleids war oft in seinen Vorwürfen offenbar und bei diesen beiden Biographen grundlegend, für jene der Maria Stuart sogar der Ausgangspunkt der Arbeit. Wir lasen im British Museum anläßlich einer Ausstellung von Zeitdokumenten eine Beschreibung der Hinrichtung der unglücklichen Königin, über die es in England und Schottland einander widersprechende Darstellungen gab. In diesen erschütternden Schilderungen wurde berichtet, daß während der Hinrichtung das Schoßhündchen der Königin sich unter deren Krinoline geflüchtet hatte. Die Tragödie wurde durch dieses kleine Ereignis besonders veranschaulicht. Die Ahnungslosigkeit der Kreatur angesichts eines großen geschichtlichen Ereignisses war ein Motiv, das Zweig auch bei anderen Arbeiten anregte. In den Salzburger Jahren, der vitalsten Zeit seines Schaffens, mehrten sich die Auflagen seiner Bücher, und seine

Sammlung erreichte ihren Höhepunkt. Von Kleist, zum Beispiel, hatte er fast alles, was erhältlich war, erworben und den Wettbewerb gesperrt. Von Hölderlin besaß er Gedichte aus der Zeit seiner geistigen Umnachtung. Mit den Jahren fügte er auch Dokumente aus der Welt der Musik hinzu, was seinen eigenen Genuß und sein Verstehen dieses Kunstgebietes außerordentlich förderte. Als es einmal zur Sprache kam, ein Automobil zu erwerben und eben der unerhörte Glücksfall eintrat, daß die Erben von Beethovens Arzt, Dr. Brüning, geneigt waren, den Schreibtisch des Meisters zu veräußern, wurde gleich zugunsten dieser herrlichen Reliquie entschieden. In den Schubladen befanden sich dann die Miniaturen von Beethovens adeligen Freundinnen, ein von seiner Hand geschriebener Wäschezettel, Blätter aus einem seiner berühmten Konversationshefte, durch die sich der Taube mit seinen Besuchern verständigte, ein Skizzenbuch Teltschers mit Abbildungen Beethovens auf seinem Totenbett und seine Geige. Auf dem einfachen doch edlen Möbelstück stand die Kassette, aus der er seinem Neffen Geld und abermals Geld gab, und unter Glas eine Haarlocke Goethes und eine seiner Kielfedern. In dem schönen Saal aufgestellt, war hier eine altarartige Stätte geschaffen. Später wurde Stefan Zweig neben der Handschrift seines Lieblingsliedes, Schuberts »An die Musik«, das Manuskript des Mozart-Goetheschen »Veilchen« unendlich lieb, wie es in den Anfängen seines Sammelns Goethes »Mailied« war. Unter den Musikautographen waren sowohl die alten als auch die modernen Meister aufs beste vertreten. Romain Rolland, als Hausgast während der Salzburger internationalen Festwoche für moderne Musik, ergötzte sich an diesen Handschriften, obwohl er mit seinem weisen Lächeln über seines Freundes Leidenschaft den Kopf schüttelte. Als Zweig Richard Strauss' Librettist wurde, erhielt er auf seinen Wunsch als Kompensation die Handschriften des Klavierauszuges der »Schweigsamen Frau«. Große Schriftsteller, obwohl nicht selbst Sammler, freuten sich, Stefan Zweigs Kollektion zu bereichern. So berichtete ich ihm im Jahre 1920, es sei von Thomas Mann die Handschrift einer Novelle aus dem Band »Der kleine Herr Friedemann« eingetroffen. Die Handschrift sei sehr rein, doch auch recht persönlich mit Verbesserungen. Thomas Mann hat, als er von der Sammlung erfuhr, das Autograph gesandt, um Stefan seine Achtung zu bezeugen. Zweig hat selbst dankbaren Herzens über die Spenden der zeitgenössischen Dichter geschrieben, die ihn mit oft außerordentlich kostbaren Handschriften ihrer Werke bedachten. So gab ihm Rolland einen Band des Romanzyklus »Jean Christophe«, Rilke »Die Weise von Liebe und

Tod«, Gorki, Freud, Claudel, um nur einige Spender zu nennen, stellten sich freiwillig ein. Dieser Teil von Stefan Zweigs Sammlung wurde von ihm der Wiener Nationalbibliothek gespendet, bevor er einen großen Teil seiner angehäuften Schätze in den Jahren beginnender Heimatlosigkeit versteigern ließ.

Die Zeichnungen, die Stefan Zweig erwarb, gehören gleichfalls in den Bereich seiner Sammlung, weil sie aus Dichterhand stammten. Er besaß mehrere von Goethe und zwei von William Blake, von denen eine, »King John«, schon im Jahre 1906 in seinem Besitz war, als er mit Archibald Russell, dessen Kenner und Biographen, in London zusammentraf und seine Studie »Die visionäre Kunstphilosophie des William Blake« übersetzte. Von Adalbert Stifter besaß er eine kleine Mondlandschaft, eine umstrittene Errungenschaft, weil Stifters Malereien sich fast durchwegs in der Hand des Sammlers Bachofen, in Nußdorf bei Wien, befanden. Ab und zu kamen sich Professor Kippenberg und Zweig ins Gehege, wenn sie beide für ein Goethe-Autograph boten. Die Aufregung wurde dann beim Schachspiel durch scherzende Anspielungen abreagiert.

Die Autographenkataloge wurden schließlich zu einem großen Nachschlagewerk, in dem man der Herkunft, meist auch den Preisen nachspüren konnte, wenn ein Autograph oder ähnliche Stücke wieder zum Kauf angeboten wurden. Stefan wurde zum Experten und hat ein oder das andere Mal Fälschungen aufgedeckt, und er ist, soviel ich weiß, nur einmal selbst einer ausgesetzt gewesen. Die Beschreibung der Autographen, die geschichtlichen Hinweise, die riesige Vielfalt des gesamten Gebietes von Handschriften und Dokumenten, die Wasserzeichen der alten Papiere, alles das zu erfahren ist für mich faszinierend und ungemein bereichernd gewesen. Man kann verstehen, daß es mich tief geschmerzt hat, als Stefan in der ikonoklastischen Stimmung der Auflösung seines Besitzes die von mir mit großer Liebe betreuten Kataloge, mehrere tausend an der Zahl, mitsamt meiner nach verschiedenen Gesichtspunkten geführten Katalogisierung zu Händlern und anderen Interessenten gehen ließ, mich dem Glauben überlassend, er behielte sie weiterhin. So habe ich sie dann, wie so vieles anderes, nie wieder gesehen.

Doch wer Stefan Zweig in einem privaten Sinn kennenlernen will, darf an ihm als Sammler und Apostel der Autographen nicht vorbeigehen. Als solcher zeigt er sich, durch alle die Jahre, als heldenverehrender Jüngling, als der Bewunderer und Dienende, der er bis an sein Ende blieb.

Das Leben in der damals noch engen und in vielem typischen Kleinstadt wurde mir nicht lang, um so mehr, als ich mit meinen bisherigen internationalen Interessen auf Gleichgesinnte stieß. Unsere Salzburger Gruppe der Frauenliga erhielt von der Vizepräsidentin und späteren Nobelpreisträgerin, Dr. Emily Green-Balch, eine internationale Bibliothek pazifistischer Bücher, die sich noch in der Nazizeit in einem Nebenraum eines stillen Kaffeehauses befand. Unsere kleine Schar versammelte sich dort allwöchentlich. Meine beiden treuen Freundinnen, zwei ausgezeichnete und angesehene Frauen, Magda Grasmayer-Mautner-Markhof, eine Kunstmäzenin, und Josefine Junger, die frömmste und dabei freisinnigste Frau, und ich träumten und erstrebten, die Stadt völlig von Armut zu befreien. Wir wären erfolgreich gewesen, doch schlug die Inflation eine Bresche in alle normalen Unternehmungen. Dies war eine Zeit, von der sich die Bewohner kapitalistischer Länder, trotz all ihrer bösen Krisen und Preisschwankungen, keine vergleichende Vorstellung machen können. Sie hatte etwas von einem mittelalterlichen Hexentanz an sich, als wäre der Teufel im Spiele gewesen. Zuerst war es Österreich, das befallen wurde, indem die Valuta immer tiefer sank und die Preise immer höher stiegen. Hordenweise kamen die bayrischen Nachbarn in die Grenzstadt geflutet und erwarben das Nützliche und das Überflüssigste, das zu besitzen sie niemals geträumt hatten. Die bayrischen Bäuerinnen, in ihren schmucken Trachten aus entfernten Tälern kommend, wurden zu Hyänen. Nach wenigen Stunden waren die Geschäfte ratzekahl ausverkauft. Wie die Kinder ernähren, da die Lebensmittel verschwanden? Es gab Mütter, die in diesen Tagen irrsinnig wurden, und es waren keineswegs die schlechtesten. Wer aber meint, daß die Geschäftsleute sich an diesem Hexenspuk bereichern konnten, irrt, denn sie konnten ja ihre Läden nicht wieder mit neuer Ware füllen. Die Charaktere der Menschen änderten sich von einem Tag auf den anderen, bei manchen auf Nimmerwiederkehr ihrer früheren Anständigkeit. Das Hamstern hatte schon vorher bei den Bauern die Moral untergraben. Diese oft Unerbittlichen wollten nur sich selbst satt essen. In ärmlichen Höfen standen Nähmaschinen und Klaviere. Die Bäuerinnen trugen Pelzmäntel, die sie für Eier und Mehl eingetauscht hatten. Nun aber wurde jeder von den Klauen der Inflation ergriffen, der Kaufende und der Ausgeraubte. Kaum in Österreich überwunden, begann der fürchterliche Alpdruck sich in Deutschland noch böser fühlbar zu machen. Kompliziertes Geldverfahren, durch Jahrhunderte aufgebaut, fiel zurück in das primitivste Stadium des Warentausches, so wie wir heute bereit sind, ein vorzeitliches Troglodytenleben unter der Erde zu führen, weil wir es in der Wissenschaft so herrlich weit gebracht haben. Wir können wahrlich nicht stolz sein, die Menschen zu sein, die wir heute sind. Die Moral der Geschichte, der Menschheitsgeschichte, ist, daß wir auf niemanden herabzusehen haben, daß wir am besten, je eher je lieber, uns an den Händen fassen, Freund und Feind, Schwarz und Weiß, Gelb und Kaffeebraun, um uns gegenseitig zu unserem kostbarsten Gut der Menschlichkeit, der Menschenwürde und Freiheit, zu verhelfen. Und diese Erwägung gemahnt mich als Wegweiser zu moralischem Zusammenschluß an eine Stelle in einem Brief Romain Rollands an seinen Freund Mahatma Gandhi: »Alle jene, die für die Gerechtigkeit leiden, alle Märtyrer der Freiheit, gehören uns gemeinsam; ich nehme die Ihren, nehmen Sie die meinen. Unser europäischer Christus war aus Asien, und er starb für alle Menschen.«

Doch es ist eine alte Tragik im Leben der Menschen, daß sich Kampfgenossen zu Gegnerschaft in weit größerem Maß rekrutieren lassen als zu Gemeinsamkeiten. Die Waffenbrüderschaft des Übels ist die gefährlichste Formation gegen die Menschen guten Willens. Nun, Salzburg, das nun einmal durch den himmlischen Genius Wolfgang Amadeus mit einer Mission beauftragt war, siegte bald über die Mißlichkeiten. Im Jahre 1923 fand während der Festspiele das Internationale Musikfest statt, wo das noch so unerhört Neue der modernen Tonkunst sich mutig dem Klassischen entgegenstellte. Der große Menschenfreund, Schriftsteller und Musikfreund Romain Rolland fand nun doppelten Anlaß, uns zu besuchen. Tief beeindruckt von dem Geschenk seiner Nähe, habe ich unmittelbar nach diesen herrlichen Tagen meine Eindrücke niedergeschrieben. Daß das Tagebuch, in dem sie festgehalten sind, durch alle Fährnisse erhalten blieb, danke ich der Treue jener Freundinnen Magda und Josefine, mit denen mich tiefstes Verständnis und innige Liebe verbunden hatten und trotz ihres Hinscheidens weiterverbinden, wie dies wahrer Freundschaft gegeben ist.

Romain Rolland

Begegnungen und Besuche

Meine erste Begegnung mit Romain Rolland fand im April 1914 in dem kleinen Hotel Beaujolais, das einen winzigen Teil des Palais Royal bildet, statt. Es war auch mein erster Besuch in Paris, so daß mir zugleich durch diese unverlierbare Begegnung die Freundschaft eines der größten Franzosen, eines der wertvollsten Menschen unserer Zeit, geschenkt wurde. In dem Kriegstagebuch Romain Rollands finden sich zahlreiche und wichtige Eintragungen über Stefan Zweig und auch nicht wenige über mich. Dieses umfangreiche Buch ist eines der großen Zeugnisse einer Zeit, die Unmenschlichkeit, die überlebt schien, wieder aufflammen ließ. Es ist wie kaum ein anderes Zeitdokument dieser Epoche aufschlußreich und weltumfassend. Es ist zum größten Teil im »Herzen Europas« geschrieben, wie Stefan Zweig die Zentralstelle des Internationalen Roten Kreuzes in Genf benannte, wo Rolland seine Hilfe entfaltete. In anderen Büchern habe ich Briefe veröffentlicht, die mir Rollands Güte spendeten, und die erste Begegnung geschildert. In Stefan Zweigs »Die Welt von Gestern« ist von der uns so wichtigen Begegnung in Villeneuve im Jahre 1917 ausführlich berichtet. Der Besuch Rollands in unserem Hotel in Rüschlikon findet sich in Rollands kostbarem Tagebuch ausführlich eingetragen.
Diese Bemerkungen stelle ich den Aufzeichnungen voran, die ich in meinem während der Nazizeit verborgen gehaltenen Tagebuch wiedergefunden habe.

Salzburg, 1923

Nun kann ich von den schönsten Begegnungen mit Rolland berichten, nämlich seinem Besuch in unserem Hause am Kapuzinerberg im August 1923. Dieser hätte schon im Juni stattfinden sollen, wurde aber verschoben, weil Rolland nach einer Reise nach England, wo er, wenn ich nicht irre, Thomas Hardy besuchte, von einer seiner grippeartigen Erkrankungen befallen worden war, die uns zittern ließ, ob denn dies Schöne wirklich wahr werden und nicht nur ein Traum bleiben würde.

In einem Konzert neben ihm sitzend, mußte ich ihn ansehen, um mich zu vergewissern, daß dieser Traum nun Wahrheit geworden war. Ich sagte es ihm, und mit seinem wunderbaren Lächeln antwortete er mir, es sei ihm selbst wie ein Traum, daß er lebe. Vielleicht weiß er es selbst, daß er wie ein Engel ist und daß alle, die nicht den Fluch der Verhetzung in sich tragen, ihn so empfinden und den Lichtschein in sich einstrahlen fühlen, den sein Wandeln in hoc valle lacrimarum hinterläßt.

Stefan war ihm bis Bischofshofen entgegengefahren. Rolland kam von Villeneuve nach Zürich, hatte dort übernachtet, und ich fand ihn, wenn auch weißer geworden, nicht allzu müde und zart. Seine Begrüßung war sehr herzlich. Sogleich war er um mich besorgt, weil der Zug eineinhalb Stunden Verspätung gehabt hatte. Als ich dies erfahren hatte, war ich rasch ins Hotel Europa hinübergelaufen und hatte nach Hause telefoniert, daß man die Lampions, die meine kleine Suse freudigst besorgt hatte, erst später anzünden sollte. Der Garten war von ihnen wie mit Glühwürmchen durchzogen, als wir Rolland ins Haus führten. Stefan hatte ihm sein Schlafzimmer und sein Winterarbeitszimmer eingeräumt, während ich Stefan mein Schlafzimmer abtrat. So hatte Rolland eine kleine abseitige Wohnung mit der großen Terrasse für sich, nebenan den Saal mit dem Klavier. Er konnte auf diese Art Gäste bei sich ganz privat empfangen, wovon er indes wenig Gebrauch machte. Unsere Sorge war, ihm unliebsame Störungen, Neugierige und Zudringliche abzuhalten, und das gelang, weil man – leider allzu wahr – auf seine große Ermüdbarkeit pochen konnte. Aber wie froh wären wir gewesen, wenn wir das nur als Notlüge gebraucht hätten. Denn nun zum ersten Mal sahen wir, was bei den früheren Begegnungen kaum zu merken gewesen war. Wohl handelten seine Briefe oft davon, aber immer wieder hatte die unvergleichliche Lebendigkeit seines Geistes, seiner Teilnahme, seines Mitgehens seine erschütterte Gesundheit darüber hinweggetäuscht. Sein Leben ist so körperlos, es scheint, als gäbe der Körper nur seine Empfindungen her, um seine Gefühlsfähigkeit zu nähren, die wieder seinen Geist so einzigartig lebensvoll machen. Er ißt so wenig, er schläft nicht gut, immer muß er (müßte es nicht, wenn er einen guten Arzt hätte) den Körper in Schach halten; er traut ihm nichts zu, kennt wohl seine Tücken. »Le gilet breton« hüllte ihn selbst in diesen sehr heißen Tagen ein, gern hat er den Schal in der Nähe, die Pelerine. So zitterte ich denn, wenn er den Berg heraufstieg, daß er sich erkälte. Aber das Wetter war trotz schlechter Prognose herrlich schön geblieben, an manchen Tagen für uns ungewöhnlich heiß (bis vierzig Grad Wärme), aber immerhin kühler als die Ufer des Genfer Sees. Unter den Menschen, die er sehen wollte, war Professor Paul Amann, mit dem er seit elf Jahren korrespondierte und der jetzt seinen Roman übersetzt. Dann Arthur Schnitzler, für dessen Haltung im Kriege er viel Sympathie empfand. Und Hermann Bahr. Wenn ich nun vergleichen soll, muß ich sagen, Schnitzler, der Einundsechzigjährige, der, wiewohl um vier Jahre älter, wie ein jüngerer Mann neben Rolland wirkt, war, obwohl im Verhalten ganz kollegial ungehemmt, im Gespräch nicht auf dem Gesprächsniveau Rollands, das meiner Ansicht nach – vielleicht in der Art der Improvisationen Beethovens – das geistige Niveau seiner Schriften noch übertrifft, obwohl er dabei immer ganz anspruchslos bleibt, auf jeden Zuspruch oder Einwand eingehend, womöglich schon vorahnend und kaum je verwerfend, niemals polemisch, jene Objektivität bewahrend, die mich schon damals, April 1914 in Paris, als wir im »Boeuf à la Mode« speisten, so hell begeistert hatte. Das heißt, objektiv ist er gegen ihm Fremdes, gegen ihm oft sehr Konträres, sonst nimmt er jetzt womöglich noch leidenschaftlicher Anteil. Objektiv und deshalb in gewissem Sinn bewundernd ist er gegenüber zwei jungen Talenten Frankreichs, die, »hautain« der eine und rationalistisch der andere, ihm widerstreben, bei aller Achtung und Bewunderung für ihr Können (Montherlant). Jedenfalls aber hat er die Freude, den Romanschriftsteller, den jetzt Frankreich am meisten unter den Neuen schätzt, nämlich Chateaubriand, zu seinen guten Freunden zu zählen. Dessen Roman »La Brière« zählt er zu den Meisterwerken. Überhaupt ist sein Mitgehen, das ja nicht einmal mehr die Grenzen Europas kennt, selbst am Beweglichsten (nämlich an Bahr) gemessen, noch unerreicht. Bei Schnitzler, so angenehm er ist, so einfach er sogar wirkt (das »Einglas« sieht wirklich nicht mehr nach Mondänität aus), hatte man neben Rolland das Gefühl eines Menschen, der trotz all seiner Reisen viel zu Hause geblieben ist. Wunderbar ist ja auch dies, daß man vor Rolland die Menschen ungeschminkt sieht, ich meine, daß sie fast nackt und daher schlicht vor ihm werden. Er macht sie aber eher sympathischer, weil sie nicht den Mut haben, vor ihm zu posieren, so reinigend wirkt er.

Schnitzler kannte ich ja nur wenig, hatte von ihm mehr eine jahrelange Vorstellung, als ihn selbst vor mir. Das Zusammensein Bahrs mit Rolland war besonders schön. Trotz aller sonstigen zeitweisen Unbedenklichkeiten Bahrs, etwa guter Wendungen wegen, war hier etwas von einer olympischen Unterhaltung, wobei mich hier gewiß Bahrs Gottvaterbart nicht irreführte. Denn die Schlichtheit, mit der sie einander

begegneten, schuf eine höhere Vertraulichkeit und ging von der sichtlichen Ehrfurcht Bahrs aus, trotz seines kraftstrotzenden, blühenden Aussehens gegenüber diesem Zarteren, Begnadeteren.
Die anderen Besucher, die wir Rolland mit seinem Einverständnis sehr dosiert vorführten, waren, da die wenigsten von ihnen französisch sprachen, nicht so interessant. Am sympathischsten war ihm Erwin Rieger, der vielleicht auf eine Zeitlang als eine Art Sekretär zu ihm kommen wird. Dann auch Paul Stefan, der ihm gut gefiel. Er war der Leiter der Internationalen Musikfestspiele. Es kam aber auch eigens sein Verleger aus Frankfurt. Rolland wollte einige junge Salzburger Musiker, die ihn um Unterschriften gebeten hatten, persönlich sprechen. Unvermeidlich war das Interview mit einer amerikanischen Miniaturjournalistin, der er sagte, als sie ihn um Richtwege in der westlichen Welt fragte, daß die Richtwege nach Osten zeigten. Ihm ist ja Gandhi der große Heiland, und er sagt: »si j'ai la vie« wird er nicht ruhen, bis er Indien besucht hat. Als man ihn, der schon bei Wetterumschwung leicht von Enteritis befallen wird, auf die Gefahren des dortigen Klimas aufmerksam machte, sagte er fast freudig, daß er dann dort sterben würde, und es klang so, als stürbe er nirgends lieber als dort. Über Gandhi sprach er auch lange mit Bahr, den dessen Lehre sehr ergriff. Wie wunderbar: mit Gandhi glaubt Rolland, der Freigeist – nein, der Ausdruck ist falsch, es sollte heißen der Freigläubige – an die Kraft des Gebetes. Als ich vier Tage vor seiner Abreise stark zu fiebern begann, schrieb er mir: »Je ferrai des vœux jusque vous soyez guérie.« Leider war es uns nur einmal möglich, mit Rolland eine Wagenfahrt zu unternehmen, und zwar nach Hellbrunn, Morzg, Leopoldskron und zu einem Trachtenfest, das ihm gut gefiel. Mit Ausnahme eines Besuches des Mozartzimmers verbrachte er die Vormittage ausruhend in seinem Zimmer, etwa bis zwölf Uhr. Abends besuchte er von den zwölf Tagen seines Hierseins siebenmal die Konzerte, die die Internationale Vereinigung moderner Musiker und dann eine Gruppe österreichischer Musiker veranstalteten. Die Atonalen interessierten ihn mit halbem Gefallen, aber vollstem Verständnis, während ihn das Österreichische Konzert nicht verlockte, die weiteren zu hören, weil ihm das Glanzstück des Abends (Korngold) menschlich nichts zu sagen schien. Von den jungen ausländischen Meistern begrüßten ihn Honegger und Casella, aber auch sie und alle anderen waren reichlich verzunftet und mit ihren eigenen Angelegenheiten und Sitzungen beschäftigt. Einladungen kamen an ihn und an uns von der Aristokratie, von Reinhardts Leopoldskron, aber außer den Direktor der Berliner Nationalbiblio-

thek besuchte dann Rolland in den letzten Tagen niemand mehr. Samstag speiste Bahr noch ein zweites Mal mit ihm. Unvorhergesehen war Andrée Jouve auf der Durchreise eingetroffen, an deren Schicksal (sie wurde einer ihrer Freundinnen wegen von ihrem Manne verlassen) Rolland so regen Anteil nimmt, weil ihm ja ähnliches widerfahren ist und nicht überwunden scheint. So ergreift ihn Andrée so sehr, daß er, glaube ich, vorgezogen hätte, sie wäre nicht gekommen. Als er und ich uns in der Stadt von ihr verabschiedet hatten, sagte er: »C'est triste de voyager seul. Je me souviens encore comme moi aussi, je voyageais seul la première fois.« Wie schrecklich zu denken, daß die Liebe, die Anhänglichkeit eines solchen Menschen verschmäht worden war! Ein junger Franzose, Herenguer, den wir auch einmal eingeladen hatten, erzählte mir, daß er einige Wochen hindurch im Vorjahre in einem Hotel Südfrankreichs neben Madame Cortot und deren Mann, einem in Frankreich bekannten und der mondänen Welt angehörenden Pianisten, einer »Größe«, gewohnt und mit ihnen verkehrt hatte. »C'est une femme lourde, orientale.« Diese wäre Rollands Frau gewesen. Nun kann man sich R. allerdings nicht verheiratet denken. Die Ehelosigkeit macht sein Bild eines Heiligen noch treffender, und es wundert einen, wenn er von Gandhis Ehe erzählt, einer Kinderehe, die, von dem Achtjährigen geschlossen, eine ausgezeichnete sein soll. Dennoch wäre R. nichts sehnlicher zu wünschen als eine verstehende und dabei echt weibliche Frau als Helferin. Seine Schwester, die ihn zwar sehr zu lieben scheint, ist doch eher der Typus der »spinster«. Stefan war erschüttert von seiner Klage, daß er niemanden habe, sein geistiges Erbe zu sichten, dereinst richtig zu verwalten. Seine Verwandten seien ihm wesensfremd (nicht die Schwester und die Mutter), aber wie der alte 87jährige Vater, der zwar die Güte selbst sein soll, »chauvin«. Vielleicht ist es weniger die Klage nach dieser verlorenen Frau (die ihn während einer bösen Krankheit verließ, eben als Jaurès seinem »Danton« die Einführungsrede gehalten hatte und sein Ruhm, auch sein französischer, eingesetzt hätte), vielleicht ist es die Trauer, dadurch überhaupt frauenlos geworden zu sein, daß er nicht mehr den Mut gefunden zu neuem Zusammenleben mit einer Frau. Oder war anderes dann hinderlich? Aus seinem Werk, in seinem neuen Roman und aus seinem Verhalten spricht eine Stellung zur Frau, die so wundervoll beglückend ist. Nicht nur steht er auf dem Standpunkt selbstverständlicher, menschlicher und geistiger Gleichberechtigung, er ist voll der Zartheit gegen die Frauen und von einer Kameradschaftlichkeit mit deren weiblichem, feinerem Empfinden.

Ich werde seine lächelnden, verstehenden Blicke, die er über kleine männliche Torheiten Stefans mit mir tauschte, nicht vergessen, es war eine entzückende, wohlwollende und schelmische Überlegenheit über all dies »Männliche« darin, etwa »que voulez-vous, c'est un homme, auquel il faut un cigar«. – Er, der selbst voll Hingabe ist, der blaß wird, wenn man von einem Eisenbahnunglück erzählt, der sich verbrennt für die Menschheit, sagte mir: »Il ne faut pas se dévouer entièrement. On fait de l'autre un ingrât.« Und: »Ne rien laisser de son activité« (in bezug auf die Aufgabe meiner sozialen Arbeit), sein Leben für sich behalten, auf sich bedacht sein! Er will die starke Frau und hat doch daran geblutet, daß eine Frau für ihn nicht das »dévouement« hatte. Freilich, aus ihm hätte sie keinen ingrât gemacht, hätte es nicht bei noch so großer Selbstaufgabe. – Wunderbar auch waren die philosophischen Gespräche. Über die Relativitätstheorie, in bezug auf die Künste – wir kamen an letzte Dinge und es war da eine – ich kann es nicht anders ausdrücken – Grenzenlosigkeit in seinen Gedankenwegen, die erschauern machte und die einen – dies ist ja seine wunderbare Art – auf seinen Taubenflügeln über alle Grenzen des Denkens mitnahm. Zu wenig bin ich in der Welt der Philosophie bewandert, um ihn (der ja nie reine Philosophie betreibt) mit anderen Denkern zu vergleichen, aber unter den Geistern kenne ich keinen, der so schrankenlos durchmißt, *weil Gefühl überall* ist, überall hin kann und es bei ihm ist wie die Luft, die keinen Raum luftleer lassen kann. Deshalb kann er sich auch nicht Schranken auferlegen wie Kant und hat doch die höchste, die *sicherste* Moral, die der nicht zu übertreffenden Güte, die zugleich die größte Weisheit ist. Deshalb kann er wie Schopenhauer oder Nietzsche nicht an eigener Schärfe hängenbleiben und blitzartig nur gewisse Bezirke geistig persönlicher Art beleuchten. Man würde ihm Kraft und Lebenszuschuß geben wollen, daß er alles erfüllen kann, was in ihm ist. Als ich in Tränen ausbrechen mußte, als wir Abschied nahmen (ich war drei Tage mit Fieber gelegen und hatte ihn nur vom Fenster aus gesprochen und seine Botschaften erhalten und war dann vor dem Abschied noch eine halbe Stunde mit ihm), was war da alles in diesen Tränen: Trauer, daß diese einzigartigen Tage zu Ende, Trauer, daß man ihm nicht alles mitgeben konnte, was man besaß, daß ich nun nicht mehr als Hausfrau bestens, allerbestens für ihn sorgen konnte, was, wie ich glaube, geschehen war, aber auch Furcht, Teuerstes nicht wiederzusehen, obwohl er ja nicht krank war, aber weil sein Leben so unwahrscheinlich, seine Körperlichkeit so verschwindend, seine Gesundheit so erschreckend zart ist. Es mißlang ja leider, ihm hier einen

Arzt, der in seinem Sanatorium schon viele von französischen Ärzten verpatzte Patienten behandelt hatte, zuzuführen. Er sagte, er kenne sich selbst und wisse genau, wo es fehle und wie er sich behandeln müsse. Aber ich glaube fast, er wäre zu kräftigen, eben, weil sein Geist so stark ist, müßten Wege gefunden werden, nicht durch Autosuggestion, sondern von außen her, indem er den Körper vom »gilet breton« befreit, ihn der Sonne, der Luft anvertraut, vorsichtig beginnend. Auch in seinem Essen ist er vegetarisch beeinflußt, was erst nach einer Kräftigung ratsam wäre. Ach, warum stellen sich nicht die medizinischen Gelehrten an, kostbaren Menschen zu helfen? Haben sie denn eine höhere Aufgabe als diese? Nicht etwa aus Unbescheidenheit vor diesem Werk und Menschen, der schon so viel gegeben hat, sage ich das, aber aus dieser Tage vielem und bestem Beisammensein spürt man, wieviel noch ungesagt ist aus diesem höheren Leben, wie um Letztes zu sagen vielleicht die körperliche Kraft ihm fehlt und wie er trotz seiner Ermüdbarkeit arbeiten muß wie ein Schwerarbeiter, der aber keinen Achtstundentag kennt, der nicht einmal den guten Schlaf der Nacht hat, um auszuruhen. Seine Freuden sind die bescheidensten, die beste Erholung bedeutet ihm der Kontakt mit Tieren. Er pflegt aus dem Nest gefallene Junge, die Werke Forels über die Ameisen begeistern ihn. Als meine Kleine sich beklagte, daß mein Mann ihre Katzen nicht liebe, sagte er: »Un poète, qui n'aime pas les chats!« Zu ihm liefen sie, die sonst scheu waren, und wenn sie sich an ihn schmiegten, bückte er sich, hochgewachsen wie er ist, und hob die Kleinen zu sich herauf, und dann rief er nach Suse, daß sie sehen sollte, daß jemand ihre Katzen lieb hatte. (Sie wollte an einem der Tage zuvor klagend zu ihm laufen, weil das Mädchen die Katzen mit kaltem Wasser angeschüttet hatte, er, Herr R., würde so etwas nie, nie tun, der wisse, wie man Katzen zu behandeln habe!) Auch kam ein junger Philosoph und brachte ihm eine Broschüre gegen die Tiermißhandlung. Jeder weiß, daß da ein Herz schlägt. Er kennt nicht die Unterschiede, die das Leben so grausam machen, für ihn sind Tiere, Rassen, Nationen, Geschlechter, Lebewesen von höchster eigener Lebensberechtigung zu- und untereinander.

Ende der Tagebucheintragung

Albert Schweitzer

Da ich mich in diesen Tagebuchseiten, die noch den Atem jener Tage spürbar machen, mit einem Mann beschäftigt habe, der wie ein Leuchtturm über den unruhigen Fluten unserer Zeit stand, möchte ich ein anderes hohes Licht ihm zur Seite setzen, das uns gnadenvoll noch heute wegweisend strahlt. Wenn ich auch, was die Jahre betrifft, in meinem Erzählen hier vorgreife, so war doch schon in meinem Briefwechsel mit Romain Rolland sozusagen die Leuchtspur vorhanden, bevor es uns dann gegeben war, Doktor Albert Schweitzer in Günsbach von Angesicht zu Angesicht zu sehen. Als sein Buch »Aus meiner Kindheit« einen starken Eindruck auf mich gemacht hatte und ich das in einem Brief an Rolland erwähnte, schrieb Rolland mir, er und seine Schwester empfänden ebenso und sie seien der Meinung, das Buch sollte tausendfach in Schulen und unter jungen Menschen verbreitet werden. Und er fügte hinzu: »Trachten wir doch, wenn Schweitzer nach Europa zurückkehren wird (er soll hier bald einige Monate verweilen), ihn zusammen zu besuchen.« Im selben Brief beschreibt er ihn, »diesen so vielseitigen Mann, der zugleich Theologe, Philosoph, Musikkenner, Organist, Arzt und Apostel ist«. Er sei sein Freund, und er kenne ihn, als er Professor am Seminar St. Thomas in Straßburg gewesen sei und habe bei ihm gewohnt, als er, Rolland, sich dort aufhielt, um Mahler und Richard Strauss zu hören. Er ist sehr groß, sehr blond, stark und stets bester Laune. So sehr er sein Wirken als heroischer Samaritaner in Afrika bewundere, so teilte er mit anderen das Bedauern, daß eine so großartige Persönlichkeit nicht in Europa, das ihrer sosehr bedürfte, sein Leuchten ausstrahle. Als Rolland Gandhi erwähnt, fügt er hinzu: »Wenn man bedenkt, daß es Menschen gibt, die sagen, daß unsere Zeit arm an großen Menschen sei! – Haha! Nie gab es so viele und so große.« Nur dürfe man vielleicht nicht hauptsächlich im Gebiet der Kunst nach ihnen ausschauen.

Es war indessen nicht in Gesellschaft Rollands, als wir, von Albert Schweitzer geladen, uns in Günsbach im Münstertal in seinem Elternhaus einfanden. Ja, er war für einige Zeit wieder zu Hause, obwohl es schon zweifelhaft war, was er nun als sein Zuhause betrachtete, Günsbach, wo seine Orgel stand, auf der er schon mit neun Jahren als Organist wirkte, oder das Urwaldspital in Lambarene. Daß er allen Strapazen gewachsen war, merkte man ihm an. Er sah aus wie ein Pandur, und wenn man ihm auf stürmendem Hengst in der Steppe begegnet wäre, hätte es einen nicht erstaunt. Jüngere Frauen umgaben ihn, die sich als Pflegerinnen ihm anschließen würden, und vor allem war die ausgezeichnete Frau Emmi Martin da, noch heute eine feste Stütze in Günsbach, doch zeitweise auch in Lambarene, so daß sie beide Basen des großen Doktors betreuen kann. Wieder hatten wir das Glück, einem Menschen zu begegnen, bei dem sich Wort und Tat deckten, Geist und Werk, Herz und Hand. Daß er mich einlud, in seiner Kirche neben ihm Platz zu nehmen, als er uns das Geschenk seines Orgelspiels zuteil werden ließ und Bachs Adventkantate und einen Choral spielte, gehört zu meinen größten Beglückungen. Zu meinem siebzigsten Geburtstag schrieb er mir: »Gar manchmal denke ich an Sie. Ich meine manchmal, Sie in Erinnerung in Günsbach vor mir zu sehen.« Dann folgt ein langes herzliches Lob über mein Buch »Stefan Zweig, wie ich ihn erlebte«, das ihn tief ergriffen habe, und ein ausführlicher bewegender Bericht über sein Leben im Urwald. Und: »Hoffentlich ist es mir einmal vergönnt, wieder mit Ihnen zusammenzusein.« Ich hatte ihm das Buch über Stefan nicht selbst gesandt, um so dankbarer war ich, daß er es gelesen und mir schrieb: »Wie viele seiner Freunde sind Ihnen dafür von Herzen dankbar. – Wie recht taten Sie, ihm dieses Denkmal zu setzen.« Und wieder kam ein unerwarteter Brief, als er meine Photographie unter den Preisrichtern für den Albert-Schweitzer-Buchpreis des Kindler Verlages sah. Dies erwecke Erinnerungen, die ihm eingaben, mir einen Gruß über den Ozean zu schicken. Er frage sich gar manchmal, wie es mir wohl ergehen möge und ob ich mich in der Fremde eingelebt habe, und dann denke er immer an das schöne Zusammensein in Günsbach. »Wie gut, daß der Mensch in Erinnerungen leben kann.« Tief ergriff mich ein Schreiben, das zwei Jahre später eintraf: »Ich lese, daß Sie fünfundsiebzig Jahre alt geworden sind. Es tut mir leid, daß Sie schon so alt sind. Ich hätte Ihnen gewünscht, noch jünger zu sein, so wie ich Sie von Ihrem Besuch in Günsbach in Erinnerung habe – wie oft denke ich an jene Stunden.« Aber die Höflichkeit zwinge ihn, für die fünfundsiebzig zu gratulieren, und er tue es, indem er mir wünsche, daß ich mich noch nicht fünfundsiebzig Jahre alt fühle und es noch lange so bleiben möge. Tränen der Dankbarkeit kamen mir, als ich las, er könne nicht mehr daran denken, zu schreiben wie er wolle. »Zeit, Müdigkeit, die arme Schreibkrampfhand und die überanstrengten Augen erlauben es nicht.« – Und dennoch schrieb er mir, und dies war ein langer Brief! Sein Spital werde immer größer und er immer älter, und der letzte Satz lautet: »Viel denke ich an den, der aus dem Leben schied und dem Sie ein so schönes und wahres Denkmal erstellt haben.« Und nun, fast vier Jahre später, kommen ein Brief und wunderbare Photos von Frau Emmi Martin, die mich nach dem Verbleib von Briefen fragt, die Stefan von seinem Freund erhalten hat. Eines der Bilder zeigt ihn an der eben vollendeten neuen Brücke, bei deren Bau der Siebenundachtzigjährige selbst mitgearbeitet hat, damit seinen Kranken die Bananenzufuhr gesichert sei. Ein Brückenbauer ist Albert Schweitzer schon immer gewesen, in der kleinen Kirche von Günsbach, wo sowohl protestantischer als katholischer Gottesdienst abgehalten wurde, im Elsaß, wo zwei Sprachen sich mengten, als Europäer in Afrika, als Weltbürger der Musik und Religionsforschung, ein Brückenbauer zwischen den Rassen und der aufopferndsten Menschenliebe.

In seinem schönen Bericht über den Besuch in Günsbach, der in »Begegnungen mit Menschen, Büchern, Städten« erschien, gibt Stefan Zweig die Erklärung, weshalb Albert Schweitzer sich Afrika als Arbeitssitz gewählt habe, was Romain Rolland als einen Entgang für Europa beklagt hatte. Es haben, so schreibt Stefan Zweig, sich bisher nach Afrika nur »Geldverdiener, Abenteurer und Karrieremacher gewagt, wo doch gerade dort im Urwald, in der täglichen Lebensgefahr, der aus reinen ethischen Motiven wirkende Mensch nötiger ist als irgendwo«. Albert Schweitzer wolle jenes ungeheure Unrecht in eigener Person sühnen, das die Europäer in Afrika verschuldet hätten. In wenigen Seiten, wie es ihm so oft in knappen Schilderungen gelang, hat Stefan hier die wesentlichen Motive dieser moralisch begründeten Hilfeleistung umrissen, und zugleich die enormen Schwierigkeiten beschrieben, die sich ihr entgegenstellten. Ich selbst habe später, als ich aufgefordert wurde, in einem Negercollege meines neuen Vaterlandes zu sprechen, das Thema »Let Culture prevail« (»Kultur an erster Stelle!«) gewählt und dabei größten Nutzen aus Dr. Schweitzers »Verfall und Wiederaufbau der Kultur« und aus »Kultur und Ethik« gezogen, ein Thema, mit dem sich auch George Elliot befaßt hatte. Es fügt sich, daß ein Mann, dessen Name in den Staaten hier nirgends fehlt, wo Humanität erkämpft wird, Norman Cousins, mein Nachbar in Connecticut ist. In seinem Buch über »den großen Doktor« schildert er seinen Besuch in Lambarene und dessen eigentlichen Zweck: Er hat mit Erfolg Albert Schweitzer beredet, die in dem tropenfeuchten Klima gefährdeten neueren Manuskripte ihm zu photographischen Aufnahmen anzuvertrauen, damit sie erhalten blieben.

Zu keiner Zeit als der heutigen war es wichtiger, daß ein großes Licht in dem dunklen Kontinent entzündet worden ist. Nicht wenige folgen seinem Beispiel, ärztliche Hilfe in entfernte Gegenden zu bringen. Einer der ergreifendsten Adepten Schweitzers war der junge Dr. Dooley, der sein Tropenspital noch betreute, als er wußte, daß ihn seine Krebserkrankung sehr bald hinwegraffen würde. Zwei Brüder Melon, einer der reichsten Familien der Vereinigten Staaten entstammend, haben gleichfalls Spitäler in abgelegenen Inseln aufgeschlagen, und es gibt das Schiff »Hope«, das Medikamente in unwirtliche Orte trägt. Wie viele nicht bekannt gewordene humanitäre Handlungen, menschenrettend und Erste Hilfe leistend, mögen durch den unermüdlich »großen Doktor«, wie ihn seine Tropenkranken nennen, entstanden sein! Der Segen eines langen Lebens hat überdies dieses große Werk so weithin sichtbar gemacht, daß ihm Ewigkeit beschieden sein wird, falls Menschheit und Menschlichkeit erhalten bleiben.

Albert Einstein

Ein wichtiges Zusammentreffen mit einem Mann einer völlig neuen, revolutionierenden Wissenschaft möchte ich hier berichten. Es gehört gleichfalls in das Gebiet der Menschenliebe, nämlich der Friedensliebe. Ich hatte dem Kongreß der Internationalen Liga für Frieden und Freiheit in Grenoble beigewohnt. Da ich diesen früher als die anderen Delegierten verließ, wurde ich gebeten, die Liga bei einem Empfang der Presse für Lord Ponsonby und Albert Einstein in Genf zu vertreten. Die Zeit war Mai 1932. Ich schrieb darüber an Stefan: »Liebes, eben komme ich, höre und staune, von Einstein. Der Peace Council gab eine Unterredung und Pressezusammenkunft. Lord Ponsonby und Einstein präsidierten. Er ist so einfach, so gerade und unerschütterlich. Natürlich soll ich Dir Grüße bestellen, er freue sich Deiner Äußerungen, die er da und dort lese. Ich werde Dir viel zu erzählen haben. Tausend Grüße. F.«

Was ich hauptsächlich zu erzählen hatte, war die Antwort, die ich von Albert Einstein auf meine Frage erhielt: Wie sollten wir Frauen uns seines Erachtens zur Erreichung und der Erhaltung des Friedens verhalten? Ganz einfach, indem wir unsere Männer, Gefährten, Söhne verhinderten, Kriegsdienst zu leisten! Dies war in rührender, herzgewinnender Naivität geäußert und stand irgendwie im Gegensatz zu der so außerordentlich durchgeistigten Erscheinung. Wie Schweitzer hatte ja Albert Einstein einen der interessantesten Köpfe, den man unter vielen Tausenden als den eines Ausnahmemenschen erkannt hätte. Neben mir saß ein Salzburger Freund, Mitglied des Völkerbundes, Dr. Egon Ranshofen-Wertheimer. Wir tauschten einen Blick, der auf gut österreichisch formulierte: »Schön wär's, aber spielen tun sie's nicht.« Wie sehr wir beide wünschten, daß es solcher Verhinderungen nicht bedürfen würde, kam dann viele Jahre später in Egon Ranshofen-Wertheimers Zuruf in jenem Liber Amicorum, herausgegeben und veranstaltet zu meinem siebzigsten Geburtstag, von Professor Harry Zohn, Brandeis Universität, zum Ausdruck. »Diesen nächsten Krieg müssen wir verhindern«, schrieb Wertheimer in seinem Beitrag – »er würde niemanden verschonen, überall hinreichen und die Menschheit in allen Grundlagen bedrohen, vielleicht die menschliche Zivilisation zerstören. – Sie, liebe Friderike, sind immer ein guter Verbündeter in diesem großen Bemühen gewesen.«

Durch Egon Ranshofen-Wertheimer lernte ich damals in Genf ein englisches Ehepaar kennen, an das mich dann tätige Freundschaft band, Edward Hallett Carr, gleichfalls beim Völkerbund, dann Sekretär Vantissards. Carr gilt heute als einer der größten Historiker Englands. Tedd und Anne Carr weilten in Stefans Abwesenheit längere Zeit bei mir am Kapuzinerberg. Die Zeiten hatten sich folgenschwer geändert, als sie mich etwa sechs Jahre später nach London zu einem wichtigen Gegenbesuch einluden, was ihre treue Freundschaft bewies. Ich sollte einige Monate bei ihnen wohnen, damit sie es mir ermöglichen konnten, die englische Bürgerschaft, das heißt einen dementsprechenden Paß, zu erhalten. Stefan war schon soweit, doch mein Platz war bei meinen Kindern und mein Geschick mit dem ihren verbunden, was meine Dankbarkeit für das gütige Angebot nicht verminderte.

Maxim Gorki

Nun will ich von einem anderen überragenden Mann, dem großen Schriftsteller, sprechen, dem ich dank Stefan begegnen durfte: von Maxim Gorki. Stefan hatte ihn anläßlich seines Besuches in Rußland, wo er die österreichischen Schriftsteller bei der Einhundertjahrfeier Tolstois vertrat, kennengelernt. Sie hatten einander Vorwörter für ihre Bücher geschrieben.

Obwohl das Werk Maxim Gorkis – dieses Pseudonym bedeutet »der Bittere« – nicht in die Literatur eines anderen Landes einzureihen wäre, ist er auch im Bereich des eigenen Schrifttums eine unabhängige Erscheinung. Tolstoi und Dostojewski und nicht wenige andere waren von ähnlichen selbstquälerischen Empfindungen heimgesucht, denn sie fanden sich wie er in eine Zwischenzeit gestellt, dem Patriarchalischen und dem sich entwickelnden Kapitalismus und deren Einwirkungen auf ihr Volk. Ganz abgesehen vom politischen Kommunismus, dessen Zeitgenossenschaft er sich nicht entziehen konnte, war jedoch Gorki ein Mann des Volkes, der viele Heimsuchungen an sich selbst erfahren hatte. Vom Analphabeten stieg er zum beredtesten Zeugen der Volksnot auf, durch die ergreifenden Schilderungen der eigenen Jugend. Nichts war in dieser Wiedergabe zurechtgelegt, sie war so erdhaft menschennahe und spontan, daß sie nicht zu einer Leserwelt, sondern zu dem horchenden Ohr der Menschheit zu sprechen schien. Mich als weibliches Wesen berührte es, daß er die Frau einer inneren Harmonie inmitten chaotischen Erlebens für fähig hielt. Ich hatte es an mir selbst erfahren, daß man Ruhe am Rande von Abgründen bewahren kann. Nun waren wir für einige Wochen in Neapel und Gorki mit seiner Familie im gegenüberliegenden Capo di Sorrento. Eine große, mächtige Erscheinung wie Albert Schweitzer, gehörte er, der geographisch aus ganz anderen Gefilden stammte, gleichfalls in das gesegnete Land der Menschenfreunde. Gorki war nicht, wie es manchmal verlautete, tuberkulös, doch war er in mildem Klima weniger anfällig, denn des Landstreicherlebens müde, hatte er sich in jungen Jahren eine Lunge durchschossen. Nun hatte er es vorgezogen, statt etwa im südlichen Rußland, sich für einige Zeit in Italien anzusiedeln. Er stand auf der Seite der Revolution, denn arm, wie er es selbst gewesen, hoffte er, daß sein Volk nun besseren Zeiten entgegengehen könne. Doch der kleinen Malerkolonie, die sich um seinen Sohn und seine schöne, junge, gleichfalls malende Schwiegertochter gebildet hatte, gehörte ein exilierter Adeliger an. Baronin Moira Budberg, seine ihn begleitende Sekretärin, hatte er von bolschewistischer Verfolgung gerettet. Seine Tennispartnerin war die Besitzerin der von ihm bewohnten schönen Villa, eine neapolitanische Prinzessin. Die Vertiertheit fanatischer Politik reichte nicht bis an diese Insel der Seligen; der Blick über den blauen Golf von Neapel, über den sich die Feuersäule des damals in Eruption befindlichen Vesuvs erhob, machte unsere irre Welt unwirklich. Obwohl Baronin Budberg unsere Interpretin war, da Gorki keine Fremdsprache gebrauchen konnte, war seine Rede so ausdrucksvoll, daß man jedes Wort zu verstehen glaubte. Und vor allem verstand man die Tränen, die über seine braunen gefurchten Wangen herabfielen, als er eine Geschichte von einem armen, alten Weiblein erzählte. Wir konnten auch an seiner inneren Bewegung teilnehmen, als ihn ein sehr lebendiger Gruß gerade in diesen Tagen aus seiner Heimat erreichte. Ein großes russisches Schulschiff mit unzähligen schmucken, blutjungen Matrosen lag im Hafen von Neapel. Man kann sich vorstellen, welche Begrüßung ihm an Bord zuteil wurde. Die Jungen baten ihn heimzukehren. Er brachte von dem Schiff alle möglichen, typisch russischen Zutaten für die Mahlzeit mit, die ihm das von den Landsleuten erweckte Heimweh noch verstärkten. Doch er und die Seinen fühlten sich in Italien wohl, und Mussolini legte ihm nichts in den Weg. Sein Sohn zwar machte ihm Sorgen. Seine Malerei war weit über dem Durchschnitt, er schuf mit feinem Farbensinn Bilder mit unzähligen kleinen Gestalten, aber er war nicht betriebsam genug, um auf eigenen Füßen stehen zu können. Baronin Budberg haben wir dann in London bei H. G. Wells wiedergesehen, dessen Sekretärin oder Gefährtin sie geworden, als Gorki wieder nach Rußland zurückgekehrt war, das nicht mehr ihre und ihrer Kinder Heimat sein konnte. An jenem Londoner Abend bei H. G. war auch Somerset Maugham anwesend. Doch die Unterhaltung – Bloomsbury talk – war für Außenstehende recht unverständlich. Ich sah später Wells und Moira Budberg in Beaulieu an der Riviera wieder.

Der Faschismus war in Neapel und Sorrent kaum fühlbar. Etwa zehn Jahre vorher, auf unserer ersten Italienreise, waren wir ihm in Venedig anders begegnet. Die Söhne des unteren Mittelstandes und die Sozialisten standen sich damals in leidenschaftlichen und todesmutigen Gruppen gegenüber. Zunächst waren wir in Verona als Touristen des ehemaligen Feindeslandes freundlich begrüßt worden. In Mailand ward

Stefan auf das herzlichste von seinem Freund G. A. Borghese willkommen geheißen. Dieser hatte sich zuerst zu Mussolini bekannt, war dann von ihm abgerückt, doch war er noch in leitender Stellung beim »Corriere della Sera«. Im Laufe der Jahre schüttelte er den Zwang völlig ab und emigrierte nach den Vereinigten Staaten, wo er als College- und Universitätsprofessor wirkte und sich in zweiter Ehe mit einer Tochter Thomas Manns verheiratete. Sein ursprünglicher Ruhm als einer der besten italienischen Romanschriftsteller und Journalisten verblaßte. Entwurzelung bedeutet für künstlerisches Schaffen, das geheimnisvoll von den Kräften der heimischen Erde gestärkt wird, oft empfindlichen Schaden. Der Umstellungsprozeß, das Eindringen in neuen Boden ist besonders bei verminderten Kräften schwierig. Davor schreckten manche Schaffende zurück, die jedoch dann am ungeeignetsten waren, in ihrem Land, dessen Gesinnung sie nicht teilen konnten, weiterzugedeihen. Sie zahlten für ihre vermeintliche mehr oder minder freiwillige Treue.
Noch größere Freude bereitete Stefan während unserer ersten italienischen Reise die Begegnung mit dem Maler Alberto Stringa aus Caprino Veronese, den er völlig zufällig in Florenz traf. Sie waren Jugendfreunde, verbunden durch die Erinnerung heiterer Stunden in Paris und Wien. Daß Stefan ihm nun wie ungefähr auf einer italienischen Straße begegnen konnte, war vielversprechend, denn es bedeutete, daß die Welt nicht länger kriegerisch zerrissen war und getreue Freunde sich wieder brüderlich die Hand reichen konnten. Man war weit von dem Gedanken entfernt, daß es wieder anders werden könnte. Stefans Pessimismus schwelte wohl unterirdisch, doch er war noch jung genug, um sorglos und glücklich sein zu wollen.
Österreich konnte eine gute Weile nach dem Ersten Weltkrieg als eines der freiesten Länder gelten. Es kann jedoch kein Zweifel darüber aufkommen, daß ein Land, das von so vielen Völkerschaften bewohnt wird, was sowohl Gnade als Verhängnis bedeutete, ein Nährboden besonderer Gärungen wurde. Es blieb wohl trotz aller Geschehnisse ein gesunder Kern in ihm, weil es durch seine ehemaligen Kronländer von vielen Säften genährt worden war und Mischungen oft imstande sind, das Blut aufzufrischen. Das mochte noch vorhalten, so gefährlich der Kräfteentzug nach dem Zerfall des Reiches in vieler Hinsicht war. Deshalb setzte sich Österreich nur notgedrungen Konflikten aus, das Jonglieren verschmolz mit dem Volkscharakter. Es wurde von jeher auch innerpolitisch viel »gepackelt«. Stefan und ich haben nach dem Krieg mit mehr als dreißigtausend angehenden Ehepaaren daraus Nut-

zen gezogen. Auf dem Schreibtisch des christlichsozialen Landeshauptmanns Dr. Franz Rehrl lag im Jahre 1919 unsere Eingabe zwecks Erteilung einer Dispens, zugunsten der Möglichkeit meiner Wiederverheiratung, da meine frühere Ehe eine katholische gewesen war. Dr. Rehrls christlichsoziale Zugehörigkeit hinderte ihn, so freundlich er mir auch gesinnt war, ihr stattzugeben. So legte er, als er auf Urlaub ging, den Akt auf das Pult des Vizelandeshauptmanns Preußler, dessen sozialdemokratische Partei sich für die Dispensehen eingesetzt hatte und sie durch das Innenministerium durchsetzen konnte. Später verschlechterten sich unter dem Kanzler Schuschnigg diese Aussichten und warfen wieder viele berechtigte Anwärter in eine verzweifelte Lage zurück.

Nun aber tat man gut daran, sich der freien Luft in dem schönen Lande zu erfreuen. So gab es denn Besucher aus vielen Ländern. Ein oder der andere war in Salzburg nur ein Durchzügler. So hatten wir eines Tages von dem Verleger Kurt Wolff aus München einen Anruf, ob wir am Salzburger Bahnhof Rabindranath Tagore begrüßen könnten. Wir waren pünktlich zur Stelle, den indischen Dichterfürsten zu betreuen. Er war in seiner weißen, wallenden Tracht, mit dem auf die Brust herabströmenden weißen Bart, eine achtunggebietende Erscheinung. Es umgab ihn die Aura der hohen Kaste und des großen Dichters und Denkers. Er war äußerst freundlich, fast kameradschaftlich trotz seiner Würde; sein europäisch gekleideter Sohn aber hielt Distanz. Doch schildert ihn Romain Rolland, dessen Gäste Vater und Sohn mehrmals waren, nicht als hochmütig, sondern nur als sehr scheu und schüchtern. Rolland wies auf die Tragik hin, die die Söhne großer Väter verschattet. Sowohl George Duhamel als Stefan haben dieses Verhältnis in Theaterstücken geschildert. In Stefans Kammerspiel »Legende eines Lebens« ist es Richard Wagners Sohn.

Wir haben in Salzburg noch andere Inder getroffen. Sie wollten europäische Musik genießen, scheuten aber davor zurück, unter dem Dach eines Hotels zu übernachten, wo »unreine Kost« zubereitet wurde. So hat denn einer oder der andere auf einer Decke auf dem Rasen unseres Gartens eine Sommernacht verbracht. Einem ähnlichen kultischen Gefühl gegenüber dem »Unreinen« bin ich bei unseren häufigen Aufenthalten in dem von Stefan so sehr geliebten Marienbad begegnet. Dort gebrauchten viele orthodoxe Juden und Wunderrabbis aus Galizien und Polen die Kur. Sie wirkten mit ihren langen Bärten, Seitenlocken und Kaftans gleichfalls exotisch. Sie bewohnten, meist von Jüngern begleitet, besondere Pensionen, wo streng rituelle Kost verabreicht wurde. Stefan hatte seine Schadenfreude, als ich ihm erzählte, daß die ernsten alten Männer sich wie von einer Tarantel gestochen von der Bank erhoben, auf der ich neben ihnen aus purer Neugier Platz genommen hatte. »Natürlich bist du als Frau für sie unrein«, erklärte er lachend. Die Menschen machen sehr langsam Fortschritte, Festgewurzeltes zu überwinden. Selbst einem Gandhi gelang es zu seiner Zeit nicht, die Unberührbaren berührbar zu machen, denn diese selbst wollten ihre eigene politische Vertretung haben, statt die Gelegenheit wahrzunehmen, sich einordnen zu können.

Es gibt allerdings Menschen, die es drängt, Grenzen zu überschreiten. Dazu fühlte sich unser geliebter Freund Erwin Rieger immer wieder bewogen. Wie André Gide weilte er ganz besonders gerne in Tunis. Seine unvorsichtigen Annäherungen an Menschen anderer Kasten hätten tragisch enden können. Verkleidet begab er sich in Moscheen. Rieger besaß eine ausgesprochen österreichische Anmut und das Wesen eines Edelmannes. Romanist und begabter Dichter, fühlte er sich zu Stefan hingezogen. Als Kriegsgegner in der Schweiz, wo er als Apothekerlehrling arbeitete, war er zu uns gestoßen. Er kam dann mit uns nach Salzburg, ein Freund von uns allen, und war eine Zeitlang Stefans linke Hand. Er schrieb über ihn eine ausgezeichnete Biographie. Seine Stimmungen wechselten zwischen Heiterkeit und Verzweiflung. Er war ein überragender Übersetzer und machte sich um Rolland und Duhamel verdient. Stefan erwartete sich viel von seiner Lebensbeschreibung, die vielleicht noch eines Tages auftauchen wird. Ich werde noch von ihm zu sprechen haben, will aber in diesem Abschnitt auch deshalb von einer Episode erzählen, weil diese in den Zyklus der merkwürdigen Begebenheiten gehört, die ich nicht ohne weiteres Zufall nennen will.

Nachdem ich nach einer Abwesenheit von zwanzig Jahren von Wien aus nach Tirol fuhr, vermied ich es, in Salzburg auszusteigen, da ich mich überwältigenden Erinnerungen nicht aussetzen wollte. Im selben Abteil fuhr ein bäuerlich aussehender Mann mit einem Jüngling, mit dem er belehrende Gespräche führte. Meinem Gepäck zufolge hielt er mich für eine Ausländerin und machte mich, als wir in Salzburg auf dem Güterbahnhof längeren Aufenthalt hatten, darauf aufmerksam, daß ich es mir offenbar entgehen lasse, Salzburg, eine der schönsten Städte Österreichs, zu besuchen. Lächelnd antwortete ich ihm, daß ich in dieser Stadt fast zwanzig Jahre gewohnt hätte. Daraufhin erzählte er mir in sichtlicher Bewegung, daß ihn selbst unvergeßliche Erinnerungen an Salzburg knüpften. Es habe dort eine inzwischen verstorbene

Frau gelebt, die er als blutjunger Mann auf das tiefste verehrt hätte. Sie selbst wäre damals einem jüngeren Mann, einem Dichter, innigst zugetan und bereit gewesen, diesen auf jede Weise zu fördern und ihm jeden Herzenswunsch zu erfüllen. Dies habe dazu geführt, daß er selbst, den der Dichter an sich hatte binden wollen, von ihr gleichfalls auf das Liebevollste in ihr Haus aufgenommen worden war und er die Gönnerin und den Dichter auf Reisen begleiten konnte. Er sei damals ein einfacher Junge vom Lande gewesen. Der Umgang mit dieser selbstlosen, hochstehenden Frau habe einen entscheidenden Einfluß auf sein weiteres Leben gehabt, nachdem er sich später diesen Verstrikkungen hatte entziehen können. Ich war sofort im Bilde und voll Ergriffenheit über dieses sehr sonderbare Zusammentreffen, diese Wiedererweckung geliebter Toten. Ich fragte den Mann, ob er wisse, was aus dem Dichter geworden sei. Er antwortete mir, daß er noch zur Zeit der Münchner Verhandlungen, als man sich der trügerischen Hoffnung auf die Erhaltung des Friedens hingegeben hatte, von ihm Berichte aus Paris in den Wiener Zeitungen gelesen hatte. Das stimmte, denn er hatte einige in Frankreich, in meinen provisorischen Heimen dort Obdach suchend, geschrieben. Es hieß, so sagte der Fremde, er wäre dann in Nordafrika, das er so gerne aufgesucht hatte, gestorben. Das stimmte. Durch den Krieg abgeschnitten und schwerkrank ist er, so hieß es, auf einer Straße von Tunis einem Schlaganfall erlegen.
Dieser Nachklang im Eilzug, vor dessen Fenstern die mir noch so vertraute Berglandschaft in hellem Frühsommerglanz vorüberflog, hat sich zu anderen gleichfalls merkwürdigen Zusammenhängen, die sich in meinem Leben ereigneten, gesellt. Ich will auf die Gefahr hin, der Hexerei bezichtigt zu werden, von einigen berichten. Man möge diese Vorgänge dem zuordnen, was man gemeinhin mit Telepathie bezeichnet. Ich überlasse es Wissenschaftlern, für solche Begebnisse Aufklärungen zu finden, denn sie scheuen sich nun nicht mehr, derlei ernst zu nehmen. Was mich betrifft, so habe ich nichts mit Spiritismus zu tun, das heißt mit der Eignung, ein Medium abgeben zu können. Die wenigen Male, wo ich ganz von ungefähr derlei Zusammenkünften beiwohnte, zeigten durch meine Passivität Durchkreuzungen der Experimente. In Salzburg tauchte, aus der Schweiz kommend, ein Gesundbeter auf, der viel Schaden anrichtete, weil er konventionelle Heilungen verhindert hat. Er wurde schließlich auf Betreiben des Erzbischofs landesverwiesen und gründete dann in der Steiermark mit seinen törichten Anhängern eine Gemeinde. Gefolgschaft erpreßte er durch Drohungen, daß sich andernfalls Unheil einstellen werde. So-

weit aber war seine Feinfühligkeit vorhanden, daß er bei seinem ersten Auftreten in Salzburg nach einer Frage meinerseits erklärte, er könne an diesem Abend seine Versuche und Werbungen nicht fortsetzen, da »unterirdische« Störungen vorhanden seien.
Ich habe schon erwähnt, wie unerwartet die Lebenslinien zwischen Stefan und mir sich berührten. Über den allererstaunlichsten dieser Vorfälle werde ich erst gegen Ende dieser »Fragmente« erzählen. Was immer sich bei derartigen Ereignissen abspielen mag, es ist mir klargeworden, daß sich hier Ruf und Antwort zwischen Wesen ereignet, die in Liebes- und Lebensnot sich einander nähern wollen, manchmal ohne sich dessen bewußt zu sein. Etwas dieser Art geschah zwischen einem Menschen, der zur Zeit einer Bedrängnis und offenbar physischer Entbehrung meinen Weg gekreuzt hatte. Bedenke ich es, in diese recht frühe Zeit zurückschauend, so war er derjenige, der im Leben einer Frau gleichsam als der erwartete Märchenprinz auftritt. Während der leichtfertigen Atmosphäre eines Wiener Faschings mir zur Wirklichkeit entstanden, Produkt einer bestimmten Epoche der Wiener Sorglosigkeit, hatte er für mich, ein noch scheues Frauenwesen, überdies die Anziehung scheinbarer Gefährlichkeit. Er galt als einer der begehrenswerten Männer der Stadt und gehörte meinem Bekanntenkreis an. Ich hatte ihn auf einer Opernredoute kennengelernt, die zu besuchen gerade an der Tagesordnung war. Er mischte sich in das Gespräch, das ich mit einem guten Bekannten führte, der mich, da ich ja maskiert war, nicht identifizieren konnte und dem er zu Hilfe kommen wollte. Schließlich entführte er mich lachend meinem Bekannten, und was als völlig anonymer, belangloser Faschingsscherz begann, wurde dann zu einer leidenschaftlichen Episode, in absichtsvoll dosierten Abständen. Jahre waren hingegangen, als ich eines Sommers, vom Landaufenthalt kommend, in sorgenvoller Stimmung für wenige Stunden in Wien weilend, an der Opernkreuzung stand. Ganz vage stieg plötzlich der Wunsch in mir auf, diesen strahlenden Menschen, dem ich lange nicht mehr begegnet war, wiederzusehen. Ohne jede bewußte Veranlassung und Ursache überkreuzte ich den Ring. Da kam er mir leibhaftig entgegen. Wieder waren dann Jahre hingegangen, als zu einer Zeit, als Stefan schon meinen Lebensraum erfüllte, folgendes geschah: Eine Krankheit, mit Schmerzen und gestörten Nächten, hatte mich befallen, und mein guter Bruder hatte zunächst keine Diagnose gestellt. Ich lag zu Bett, und als ich, mich schon etwas leichter fühlend, die Zeitung aufschlug, starrte mir eine schwarzumrandete Todesanzeige mit dem Namen jenes Freundes entgegen. Es hieß da, er wäre nach kurzer

Krankheit dahingerafft worden. Er war damals schon mehrere Jahre verheiratet gewesen. Ich kannte seine Frau nicht, von der man mit großer Achtung sprach. Nach wenigen Tage erhielt ich einen Brief von ihr, in dem sie mich zu sich bat. Sie eröffnete mir, ihr Mann habe oft von mir gesprochen, da er mich für eine Wandlung in seinem Leben zu innerlicher Besinnung verantwortlich gemacht habe. In den Tagen der verhängnisvollen Erkrankung habe er sie gebeten, mich von ihm zu grüßen. Sie gab mir sein Bild. Ich bin ihr nicht wieder begegnet. Da sowohl er als sie beträchtlich älter waren als ich und sein Tod schon etwa siebenundvierzig Jahre zurückliegt, dürfte sie wohl nicht mehr am Leben sein.

In den Jahren unserer Salzburger Zeit habe ich zwei schmerzliche Verluste erlitten. Beide Male wurde ich, während diese geliebten Wesen erkrankten, selbst von Krankheit befallen. 1924, eben vor Weihnachten, war es meine Mutter, das selbstloseste, reinste Frauenwesen, die ihr ganzes Leben lang im allerhöchsten Maße Mutter gewesen ist. Ich begab mich so rasch wie möglich zu ihr nach Wien und konnte bis zu ihrem letzten Atemzug bei ihr sein. Sie stand im gleichen Alter, in dem ich heute bin, und war bisher in guter Gesundheit gewesen, ihre frühe Invalidität heroisch bewältigend. Sie lebte bei meiner Schwester und deren liebevollem Sohn, in der Nähe dreier ihrer Söhne und in besonderer Obhut ihres Sohnes Arnold, des ausgezeichneten Arztes und gütigsten Menschen. Sie hatte einen Sommer bei mir verbracht, und ich hatte sie oft in Wien besucht. Dennoch ist jede Stunde, die ich hatte versäumen müssen, mit ihr zu sein, unverschmerzt.

Eine gleiche Beunruhigung und Erkrankung befiel mich, als mein Schwiegervater, von Winternitz, mein verehrter und verehrungswürdiger Freund und der Großvater meiner Kinder, zwecks einer Operation im Wiener Rudolfiner-Haus lag. Daß er mir seine Gedanken gesandt hatte, wurde mir klar, als ich bei meinem Besuch im Spital auf seinem Nachttisch meine Photographie stehen sah. Felix hatte sich noch vor mir verheiratet, und seine Frau lehnte, so lange er lebte, ein Zusammentreffen mit mir ab, so konnte ich nicht im Krankenzimmer des Vaters aus- und eingehen. Die Operation aber mußte dann unterbleiben, da eine Lungenentzündung eintrat, die diesem geliebten Leben ein Ende setzte. Durch seinen nächsten Freund erreichte mich in Salzburg sein letzter Wunsch: Ich sollte nach München fahren und dort seine sterblichen Reste der Verbrennung übergeben. Er hatte seit vielen Jahren der Feuerbestattungsbestrebung in Wien angehört, doch war bis dahin noch nicht erreicht worden, daß Verbrennungen in Öster-

reich gestattet waren. Dankbar und zutiefst bewegt erfüllte ich seinen Wunsch.
Um mich von meiner Trauer abzulenken, hatte Stefan veranlaßt, daß ich mich in dem noch manchmal unwirtlichen, weitläufigen Haus mit der Installation einer Zentralheizung beschäftigte, ein schwieriges und langwieriges Unternehmen. Wie oft, wenn ungeordnete Verhältnisse herrschten, war er begreiflicherweise abwesend. Doch wird es mir unvergeßlich bleiben, wie tief ihn mein Schmerz anläßlich des Todes meiner Mutter berührte. Mitfühlen und Mitleiden war sehr stark in ihm, doch wich er nicht selten, um sich nicht überwältigen zu lassen, Anlässen, die das bewirken konnten, aus. Damit soll nicht gesagt sein, daß er nicht an das Bett kranker Freunde eilte. An meiner sanften Mutter hatte er Eigenschaften geschätzt, die er bei der seinen entbehrt hatte. Ich konnte ihn zwar dieser gegenüber versöhnlicher stimmen, aber eine Revolte, die sie von frühester Kindheit an in ihm erzeugt hatte, blieb in ihm bestehen und äußerte sich in dauerndem leidenschaftlichen Verlangen nach Freiheit. Vor kurzem las ich in André Maurois' Biographie über Lord Byron Worte, die dessen Mutter galten. Nie wäre er ein so fanatischer Kämpfer der Freiheit geworden, wenn seine Mutter ihm dieselbe nicht so heftig und dauernd entzogen hätte.
Da zwischen der alten, seit frühen Jahren tauben Mutter Stefans und mir ein gutes Verhältnis bestand, konnte ich dazu beitragen, daß er ihr gegenüber schließlich nur mehr mit einer gewissen Ironie reagierte, doch blieb er ein Beispiel dafür, wie sehr frühe seelische Aufstände das spätere Leben beeinflussen können. Das Verstehen, das ich meinen eigenen Kindern entgegenzubringen trachtete, erzeugte in ihm Eifersucht in Erinnerung der eigenen Entbehrungen. Die Abwehr von Beengungen ging so weit, daß er nur ungern einen steifen Halskragen trug und Gelegenheiten auswich, wo dieser obligat war.
Das Wohnen im Salzburger Haus war zuerst nicht für die Dauer des ganzen Jahres gedacht gewesen, doch wurde durch die sommerlichen Störungen das Verbleiben im Winter betonter und nur von mehr oder minder langen Fahrten an wärmere Gestade und von Stefans häufigen Vortragsreisen unterbrochen. Diese unternahm er allein, damit die sich mehrende Post und nicht selten dringende Angelegenheiten in seiner Abwesenheit von mir erledigt werden konnten. Heimkehrend, brannte er schon darauf, sich wieder mit kreativer Arbeit beschäftigen zu können und nicht einen Arbeitstisch mit allzuviel Unerledigtem vorzufinden.
Das Haus war schließlich recht wohnlich geworden.

Ich hatte, da ich für meine eigene schöpferische Arbeit nicht über die notwendige Wahl freier Stunden verfügte, eine Art schriftstellerische Betätigung gefunden, die sich den Umständen besser anpassen ließ, nämlich das Übersetzen. Dies ist eine schöne Aufgabe, falls man wählen kann, was man überträgt und der Stoff einem nahe genug liegt, daß man sich in ihn hineinleben kann. Auf diese Weise lernt man den Autor meist näher kennen als durch die manchmal vor und nach der Arbeit erfolgten Begegnungen. Gespräche sind oft irreführend. Doch was die zwei Sprachen betrifft, zwischen denen man vermittelt, in meinem Falle waren es die deutsche und französische, entsteht eine große Vertrautheit, eine Einfühlungsfähigkeit, die über die gestellte Aufgabe hinaus fruchtbar wird und einen bereichert. Ich habe mehr als ein Dutzend Bücher, außerdem Gedichte und Essays übersetzt. Vier Bände sind mir besonders lieb durch die von Franz Masereel dazu angefertigten Holzschnitte. Sie bedeuten wahre Schätze für mich. Einer meiner Autoren war René Arcos, von den Freunden »le petit père« genannt, der trotz seiner Neigung zur Linken Romain Rollands Bücher in erlesenen Luxusausgaben druckte, die sich nur reiche Leute anschaffen konnten. In dem festlichen Liber Amicorum schrieb René Arcos: »Ich vergesse es nicht, daß Friderike Zweig mir zwei Bücher übersetzt hat und daß ich es teilweise ihr verdanke, in Deutschland ein wenig bekannt zu sein. Ich schätze mich glücklich, ihr hier meine warme Dankbarkeit zu bezeugen und bei dieser Gelegenheit öffentlich ihren schönen Charakter grüßen zu können und noch mehr ihre außerordentliche Generosität des Herzens und der Seele, von denen ich nicht wenige, mehr als bewegende Beweise empfing, und die sie so sehr in meiner Achtung erhöhen.« Schöner kann man wohl nicht für geleistete Hilfsarbeit entschädigt werden!

Ein traditioneller, fast mondäner Schriftsteller, von dem ich mehrere Bücher übersetzte, war Edmond Jaloux. Seine große Leidenschaft war Musik, besonders Wagner. Ich fand eine seiner Partituren auf dem Klavier aufgeschlagen, als ich ihn in Lausanne besuchte. Jaloux' harmonische Umgebung stand in grellem Kontrast zu dem großen, mit Exotica angefüllten Atelier Maurice Magres, in einer düsteren Pariser Vorstadt. Durch die Übersetzung seines Romans »Goa« lernte ich eine höchst fremde Welt kennen, die sich mir kürzlich wieder vergegenwärtigte, wie Goa oft in den Zeitungen erwähnt wurde, als Indien es an sich nahm.

Mein eigentliches Chef d'œuvre unter den Übertragungen war Anatole Frances Werk über Johanna von Orléans, in Deutschland noch

unbekannt, sosehr dort Schillers Drama die Heldin populär gemacht hatte. Anatole France, dessen Geist typisch französisch war, ist noch Nachkomme jener, die den Esprit, dessen Köstlichkeit die Zeiten überdauert, prickelnd in Flaschen gefüllt hatten. In diesem Werk aber war Anatole France zum objektiven Historiker geworden. Ihm selbst konnte ich nicht mehr begegnen (Stefan hat es noch erlebt), denn Pegasus hatte ihn bereits in den Olymp entführt, in den er wahrscheinlich nicht zu gelangen erwartet hatte; denn er lehnte das Himmlische ab.
Das wurde mir von dem Verleger Calman Levy zu Bewußtsein gebracht, als dieser erfuhr, daß ich meiner Übersetzung den Titel »Die heilige Johanna« gab. Er hielt mir vor, daß Anatole France seine Heldin nicht als Heilige betrachtet hatte. In der Einleitung hätte er ja das »Klinische« ihres »Falles« betont. Der große Schriftsteller würde es vielleicht auch mißbilligt haben, daß ich auf Wunsch des deutschen Verlages sein riesiges Werk, in dem zum ersten Mal die ganze Gerichtsverhandlung, der Hexenprozeß der Engländer, enthalten war, in einen Band zusammenschweißen mußte. Um ja nichts Wichtiges auszulassen, habe ich die ganze einschlägige Literatur gelesen, und es schien, daß die Kürzung für die deutsche Leserwelt nicht übel gelungen war, denn das Buch erschien dann bei zwei Verlagen und war leider bald vergriffen. Im Vorwort ließ ich keinen Zweifel, daß mir Friedensliebe über Heldenliebe ging.
Durch einen glücklichen Zufall hatte ich schon als ganz junges Mädchen Kenntnisse der englischen Literatur erworben. Der schöngeistige Bruder einer Schwägerin, der lange in England gelebt hatte, fand in mir ein williges Objekt, seine Liebe für Carlyle und die noch auf englischem Schrifttum fußenden Amerikaner Emerson und Thoreau zu teilen. Emersons »Repräsentanten der Menschheit« bestärkte mein schon in früheren Jahren durch Adalbert Stifter angeregtes Aufblicken zu höheren menschlichen Sphären. Viele Jahre später lernte ich in Frankreich die Gruppe der Schriftsteller kennen, deren Motto »Admirez vous les uns les autres« war. Léon Bazalgette war einer von ihnen, der hervorragende Übersetzer Walt Whitmans. Doch die Tendenz dieser Gruppe hinderte »Bazal« – wie man ihn nannte – nicht, gegen die Werke seiner Freunde strenge zu sein, wessen ihn Stefan Zweig fast rühmte. Er teilte mit Verhaeren und Romain Rolland die Wertschätzung für diesen gediegenen Mann. Bazalgette vertraute mir seine ausgezeichnete Biographie über Thoreau, den Philosophen und Dichter von »Walden«, zur Übersetzung an. Nachdem ich die Arbeit abgeliefert und von einem guten Schweizer Verlag honoriert erhalten hatte, hoffte ich auf baldi-

ges Erscheinen. Doch Bazal widersetzte sich energisch den verlangten Kürzungen, so daß die Veröffentlichung unterblieb. Das war bezeichnend für den Nichtkonformisten, dem Thoreau ein Vorbild war. Leider starb dieser rechtschaffendste und humane Mann bald darauf. Er hatte, wie George Duhamel, Jules Romain und andere Unkonservative, den »Copains« angehört, einer Gruppe, die sich von Zeit zu Zeit in Paris zu fröhlichen Gelagen vereinte.

Als die Arbeit Stefans an »Marie Antoinette« im Gange war, hielten wir uns vor dem geplanten längeren Aufenthalt auf den Balearen zuerst in Paris auf, wo Stefan Material und Eindrücke sammelte. Wir hatten in Versailles ausgezeichnete Führung. In der Bibliothèque Nationale waren uns der Generaladministrator Julien Cain und dessen Frau Lucienne nahe Freunde und sind es mir bis heute geblieben. Stefan waren Bibliotheken große Hilfsquellen, doch ließ er sich für größere Arbeiten kistenweise Bücher nach Salzburg kommen. Ich selbst habe in Bibliotheken oft ein wahres Heim gefunden und verdanke ihnen ein Zuhause in Zeiten, wo die persönliche Wohnstatt nur mehr ein unsicheres Obdach geworden war.

Voll Arbeitseifer, von Barcelona aus auf dem »Dom Jaime« – einem kleinen Luxusdampfer – zu den Inseln übersetzend, erlebte Stefan eine Enttäuschung. Dies war nun keineswegs mehr die Zufluchtsstätte, die einst George Sand und Chopin aufgesucht hatten, sondern ein Tummelplatz der britischen Arbeitslosen, die dort dank der niedrigen spanischen Valuta prinzlich leben konnten. Alle Hotels waren im Zustand des Anbauens, die Straßen aufgebrochen und der Lärm – dessen waren wir sicher – der Muse, die »Marie Antoinette« umschweben sollte, ganz und gar nicht zuträglich. Ich hatte zwar einige Monate zuvor Spanischstunden genommen, doch nun stellte sich heraus, daß die Bevölkerung auf den Balearen nur katalanisch sprach, so daß der Plan, privat und abseits zu wohnen, gleichfalls fallengelassen werden mußte, da dies allerlei Schwierigkeiten des Haushaltens ergeben hätte. Es war geplant gewesen, auf dem Rückweg Spanien zu bereisen, das Stefan zwar kannte, das mich aber nach den Schilderungen, die mir Rilke seinerzeit gegeben hatte, besonders reizte. Doch wir fuhren nun direkt nach Frankreich zurück; denn Stefan war äußerst ungeduldig, an die Arbeit zu gehen. An der französischen Küste entlangfahrend, hielten wir da und dort kurz Ausschau. Schließlich blieb Stefan schon recht ermüdet im Auto, als ich endlich mit dem Bescheid zu ihm zurückkam, es sei nun der ideale Ort – sowohl für unsere königliche Landsmännin als für uns selbst – gefunden. Es war Cap d'Antibes, zur Winterzeit ein stilles und landschaftlich begnadetes Stück Erde. Wir blieben dort viele Wochen. Hier hatten einst Maupassant und Jules Verne gelebt, Bernard Shaw verbrachte da Sommerwochen, wo es höchst mondän herging. In zahlreichen Photos konnte man Shaw zusammen mit Bühnenstars abgebildet sehen, wie er sich den Badefreuden in Eden Rock hingab, was wir gleichfalls taten, obwohl dies im Winter nicht an der Tagesordnung war. So hatte denn Stefan seine Depression bald überwunden, die sich anfangs recht hartnäckig angelassen hatte.

In den vorangegangenen Jahren hatte Stefan einen der begabtesten Schriftsteller unter seine Fittiche genommen, um ihn zumindest zeitweise der Zerstörung durch seinen Dämon, den Alkohol, zu entziehen. Er lud Joseph Roth ein, unseren Aufenthalt in Antibes mitzugenießen und dort seinen »Radetzkymarsch« zu vollenden. Ich werde später noch mehr von Roth berichten. Er verfiel immer mehr und mehr dem Alkohol, auf Cap d'Antibes war er noch in halbwegs guter Form. Stefan brachte es, wenn Roth sein Gast war, dazu, daß dieser sich zumindest anständig nährte, was Trinker oft zum Schaden ihres Organismus vernachlässigen. Vielleicht trank Roth aus Takt dann auch deshalb weniger, weil er es nicht selbst war, der die Zeche bezahlte und weil ihn das Leben mit uns etwas von seiner Sucht ablenkte. Die Freunde gaben einander wertvolle Anregungen für die Arbeiten, die sie eben bewältigten, die in beiderlei Œuvres eine hervorragende Rolle spielen sollten. Roth trug da und dort zu Formulierungen in Stefans Fassungen bei, während dieser die schöne Stelle mit den fliegenden Wildgänsen im »Radetzkymarsch« anregte. Nach getaner Arbeit verließen manchmal die beiden mit mir das gesittete Hotel, und wir begaben uns in ein Bistro auf dem Weg zur Stadt Antibes, welches meist von gutgelaunten Chauffeuren besucht war, die mich gelegentlich zum Tanz aufforderten. Fines und Calvados erfreuten »Rothis« Kehle und Stefan dampfte den Rauch seiner dicken Zigarre zufrieden vor sich hin. Gerne gingen die Freunde zusammen in die Stadt, um Papierläden aufzusuchen, die sie liebten. Roth und ich frequentierten Schießbuden. Trotz meiner Abneigung gegen Waffen vergnügte ich mich gerne mit Scheibenschießen und war darin recht erfolgreich. Wir hatten auch sonst allerlei Spaß. Roth war abergläubisch: Er schwor darauf, daß die Begegnung mit Schimmeln Glück brächte, was für ihn gleichbedeutend mit dem Eintreffen von Geld war. Mangels weißer Pferde begnügte er sich mit weißen Automobilen. Es war rührend, wie kindlich dieser Mensch sein konnte, dessen »Kick«, wie er seinen scharfen Blick nannte, so tief in das Leben und seine Abgründe eindringen konnte.

Eine große Schwierigkeit bei den Hilfsaktionen für Roth, ihm nämlich gute Abschlüsse für fremdsprachige Ausgaben seiner Bücher zu verschaffen, stellte sich Stefan entgegen, indem er mehrmals entdecken mußte, daß Roth bereits die betreffenden Rechte vergeben hatte. Zu seiner Entschuldigung muß man geltend machen, daß er dies wahrscheinlich in stark benebeltem Zustand getan und es vergessen oder die Abmachung nicht genügend ernst genommen hatte. Belege mochten manchmal während seines Wanderlebens verlorengegangen sein. Ich erinnere mich, daß Stefan einmal einen Advokaten zuziehen mußte, um eine derartige peinliche Angelegenheit zu entwirren. Mehrere Jahre später versuchte Stefan wieder, Roth über Wasser zu halten. Aus Ostende schrieb er mir im Jahre 1936: »Der Aufenthalt geht morgen hier zu Ende. Ich war so zufrieden wie selten, trotz zweifelhaften Wetters, und habe noch eine weitere Sternstunde fertiggemacht. Auch Roth habe ich sehr hinaufgebracht. Er ißt jetzt täglich – nur zum Spazierengehen und Baden kann ihn niemand zwingen. Ich habe auch für ihn für einige Zeit gesorgt, sehe aber für ihn – wie für alle Schriftsteller – sehr schwarz. Der Absatz geht rapid zurück und die Schwierigkeiten werden wachsen.« Ein andermal schreibt er: »Roth habe ich Geld geschickt, daß er sechs Wochen ruhig arbeiten kann. Aber es geht nicht mehr so weiter.« Es ging immerhin noch weiter, denn sowohl »Rothi« als auch Ernst Weiss verschaffte Stefan noch aus einem in den Vereinigten Staaten geschaffenen Fonds ansehnliche Summen, die, weil nach Paris gesandt, ich dort die Freude hatte zu vermitteln.

Die Musiker

Nun kehre ich wieder nach Salzburg zurück. Es war gefährlich demgegenüber, was sich später ereignete, daß die Stadt uns immer mehr ans Herz wuchs. Sie war so vielartig und hatte nichts vom Historischen eingebüßt. Plötzlich konnte sie ins Mittelalter zurücktauchen, denn die Kulisse war da und ganz unberührt. Man konnte Nonnen und Mönche auf den Straßen und Plätzen sehen, die zeitlos schienen – und der Anblick von geistlichen Schwestern, die auf einer friedlichen Wiese Kühe hüteten, wirkte wie eine Legende. Da viele Leute die alten Trachten trugen, die ein bodenständiger Maler, der Bruder des großen Sängers Richard Mayr, neu belebt hatte, war auch das Stadtbild, was Einwohner und Besucher betraf, nicht störend. Ausländische Damen, besonders die Amerikanerinnen, begaben sich sofort zu Lanz, dem Laden, der die schönen Trachten feilbot, um sich landesgerecht zu kostümieren. Selbst die Spielbank störte nicht, doch erfuhr Max Reinhardt, der diese mißbilligte, eine andere Enttäuschung. Salzburg war immer mehr zur Musikstadt geworden. Die Konzerte und die Opernaufführungen hatten die Überhand gewonnen, wenn auch »Jedermann« und etwa das »Große Welt-Theater«, unter anderem die Spiele von Goldoni und der »Faust« in der Felsenreitschule ihren Platz behaupten konnten. Schon durch die große Zahl der Orchestermitglieder und Sänger, doch ganz besonders durch die großen Maestri und ihre Familien, die oft viele Wochen über die Festspielzeit hinaus verblieben, waren die Musiker die Herren der Stadt. Viele von ihnen wurden uns vertraute Freunde. Nichts konnte meine Töchter stolzer machen, als wenn Signora Carla Toscanini sie anrief, sie sollten doch so rasch wie möglich für eines ihrer Enkelkinder ein Kinderbett verschaffen. Meine Tochter Suse hatte auf Stefans Betreiben, damit sie seine Aufnahmen vergrößern konnte, in unserem Badezimmer ihre Dunkelkammer aufgeschlagen und dann selbst zu photographieren begonnen. Ihr erstes in alle Welt gehendes Photo war das Bild, das Maestro Arturo Toscanini, Bruno Walter und »Stefzi«, wie ihn meine Töchter nannten, auf unserer Terrasse zeigte. Damit begann Suses Laufbahn als internationale Photographin. Den Beruf übte sie abwechselnd mit Säuglingspflege in Spitälern in Salzburg, Wien und Genf. In Wien, Paris und New York hatte sie dann Ateliers, und ihre Spezialität waren Kinder und Musiker.

Die Familien Toscanini und Walter waren ihr besonders gütig gesinnt. Sie gab zwei Bildbiographien Toscaninis heraus, und ein Bildnis Walters aus ihrer und ihres Gatten Studio hing lange Zeit in der Halle der Metropolitan Opera in New York. Meine andere Tochter, Elisabeth, Lix genannt, saß mehrere Sommer sozusagen im Herzen der Ereignisse, sowohl in einem Reisebüro und als Hilfskraft der Salzburg-London-Gesellschaft als auch im Festspielhaus selbst. Da gab es natürlich allerlei zu erleben, nicht nur die Sänger, Künstler, Regisseure und Philharmoniker, sondern auch königliche Besucher; der Prinz von Wales und die gekrönten Häupter Italiens kamen an ihr vorbei. »Wer zählt die Völker, nennt die Namen, die gastlich hier zusammenkamen!«

Ich habe von den illustren Besuchern während der Sommerschule der internationalen Frauenliga für Frieden und Freiheit erzählt, deren Haupt Jane Addams war, deren hundertster Geburtstag eben hier in Amerika gefeiert wurde. Immer wieder wird sie die größte Frau der Vereinigten Staaten genannt. Doch all die Jahre kamen Besucher mit bedeutenden Namen. Einmal erschien in Stefans Abwesenheit eine Gruppe von Söhnen und Töchtern berühmter Künstler, die mich und meine Tochter besuchten, Marina Schaljapin, Klaus und Erika Mann, Lotte Walter und der Sohn des großen französischen Schriftstellers Paul Valéry. Doch immer wieder geht mein dankbares Gedenken zurück zu dem Besuch des wunderbaren Menschen und Dichters Hans Carossa, mit dem ich weite Spaziergänge machte, während Stefan eben nicht von dringender Arbeit wegkonnte. Hier war so viel Reinheit, so viel Wohlklang der Seele, die vorbildliche Güte des Armenarztes! Nie werde ich mich jenen anschließen, die ihn so bitter verurteilten, weil er in allzu großer Naivität sich schuldig gemacht, dem Dritten Reich insofern dienstbar gewesen zu sein, daß er die Stelle eines Auslandsvertreters der deutschen Schriftsteller angenommen hatte. Auf diese Weise hatte er gehofft, Deutschland in der argen Zeit oft fern sein zu können und imstande zu sein, Vertriebenen zu helfen und an Ort und Stelle zu beweisen, daß es zwei Deutschland gab. Daß die Partei ihm eben deshalb nicht mehr freie Hand gelassen hatte, war ihm eine böse, allerdings zu erwartende Enttäuschung. Wie auch andere Dichter des Insel-Verlages hat Carossa nie die deutsche Sprache als das Vehikel geistigen Verrates mißbraucht. Tief ergriffen lauschte ich kürzlich, wie aus dem Geisterland kommend, seiner von ihm gesprochenen Dichtung auf einer Schallplatte, die seine mir teure Tochter sandte.

Daß Stefan auserwählten Freunden Gelegenheit zu bieten vermochte,

Maestro Toscanini und Bruno Walter in unserem Hause zu begegnen, war ihm, der ja Freunden nie genug Freuden bereiten konnte, besonders lieb. Aber auch diese beiden erlauchten Menschen selbst liebten es, Schriftstellern zu begegnen, denn sie waren belesen und allem Humanen zugeneigt, keineswegs aber nur ihrer Musik verschworen. Als dann Richard Strauss Stefan oftmals besuchte, nachdem dieser sein Librettist geworden, stand die gemeinsame Arbeit an erster Stelle und das Zusammensein war weniger mit anderweitiger Geselligkeit verbunden. Wer den Briefwechsel zwischen dem großen Komponisten und dem Dichter, der Hofmannsthal ersetzt hatte, gelesen hat, wird erkannt haben, daß auch Richard Strauss ein Mann von höchster Bildung war.

Da ich nun von Dirigenten spreche, ist es gewiß von Interesse, einen Großen der jüngeren Generation zu erwähnen, der geradewegs aus der Salzburger Atmosphäre emporwuchs, nämlich Herbert von Karajan, einen gebürtigen Salzburger. Bernhard Paumgartner, selbst ein feinsinniger Komponist und Dirigent, Leiter des Mozarteums und nun Präsident der Festspiele, war sein Lehrer. Daß Karajan heute internationalen Ruhm genießt, gereicht seiner Geburtsstadt zu hoher Ehre. Bedauerlicherweise war es nicht seine Heimat, sondern es waren die Nationalsozialisten des Nachbarlandes, die ihm die ersten Stufen seines Aufstieges boten, indem sie ihn nach Ulm einluden, wo seine Dirigentenlaufbahn begann. Wie naiv oft diese jungen Leute – von den Nazis verlockt, jenseits der Grenze ihr Fortkommen zu finden – den bedrohlichen politischen Zusammenhängen gegenüberstanden, beweist, daß dieser außerordentlich begabte junge Mann, der, von Ulm nach Hause kommend, meine Tochter besuchte, mit der er in die Tanzstunde gegangen war, seinen neuen Arbeitgebern Lob spenden konnte. Dies unter dem Dach Stefan Zweigs, der allerdings für das Verhalten junger Menschen die damalige Aussichtslosigkeit, ein Fortkommen zu finden, verantwortlich machte. Karajans Drang zur Musik war ihm von seinen Ahnen vererbt. Aus dem Besitz von Karajans Vorfahren hatte sich ein Porträt Beethovens erhalten – zu dessen Lebzeiten gemalt –, das Stefan nur zu gerne seinem Beethovenschreibtisch zugesellt hätte. Herberts Vater war ein angesehener Chirurg und Direktor des Salzburger Spitals. Sowohl der nun mit Recht so Berühmte als auch sein älterer Bruder zeigten schon im Gymnasium besondere Begabung, was einmal in einer Debatte über die Relativitätstheorie erkennbar wurde, zu einer Zeit, als sich ältere Leute in diesen schwierigen Belangen noch lange nicht zurechtfinden konnten. Ich bin persönlich davon überzeugt, daß Herbert von Karajan innerlich nichts mit den nationalsozialistischen Theorien zu tun hatte, daß er lediglich zu den vielen gehörte, denen die Ausübung ihrer Kunst über alles ging. Dies mag nicht wenigen, als die Zustände unmenschlich wurden, schlaflose Nächte eingetragen haben. Skrupellose mochten es mit Fafner gehalten haben: »Ich lieg und besitz.«

Nicht so reagierte ein in Deutschland schon lange angesehener Dirigent, der Leiter des Westdeutschen Rundfunks. Er kam heimlich zu mir, von einem gemeinsamen Freund gesandt, mich zu ersuchen, Maestro Toscanini auf ihn aufmerksam zu machen, damit ihm ermöglicht werde, ins Ausland zu gehen. Der gütige Maestro ließ mir sagen, er kenne durch das Radio die Leistungen jenes Musikers sehr genau und hätte sie in voller Anerkennung verfolgt. Er sei überzeugt, daß er überall Erfolg haben werde und ihm der Weg in die Freiheit offenstünde.

Unerfreulich waren meine Gespräche mit Frau Pauline Strauss. Ihr Gatte hatte mich gebeten, ihr während einer Grippeerkrankung im Hotel Gesellschaft zu leisten. Die Luft war dort in jeder Weise erstikkend. Es war August und die Fenster dicht geschlossen. Dicke Luft und Finsternis verdunkelten gleichsam auch Frau Paulines Aussprüche. Sie erklärte, daß Deutschland auf die jetzt in Ungnade gefallenen Dirigenten leicht verzichten könne, gäbe es doch genug »deutschstämmige« Talente. Auch sonst ließ ihr Takt zu wünschen übrig, denn bei einem ihrer Besuche riet sie mir, doch so rasch wie möglich »den alten Krempel« von einem Haus loszuwerden, womit sie unsere Behausung am Kapuzinerberg meinte, in der sich doch ihr Gatte recht wohl fühlte. Er war in ihrer Gegenwart ein anderer Mensch. Seine Aufgeschlossenheit und das wunderbare Strahlen seiner blauen Augen, das den Künstler in ihm verriet, schienen etwas zu verblassen, wenn sie anwesend war. In Strauss' wunderbaren Kompositionen ist nicht selten ein Kontrast zwischen Derbheit und göttlicher Grazie, die seiner hohen Kunst innewohnten, zu spüren, was sein Opus bereichert hat, wie auch die bayrische Verwurzelung und das Pschorrbräu, mit dem seine Familie Zusammenhänge gehabt hatte, einen kräftigen Nährboden gebildet hatten. Von so großer Nähe und häufigen Begegnungen konnte man unwillkürlich Einblicke in das Familienleben dieser Großen gewinnen. Wieviel Krisen auch vorhanden gewesen waren, so haben doch diese überlebensgroßen Gatten dann ihre Gemahlinnen tief betrauert und damit bewiesen, daß ihre Herzen »am rechten Fleck« gewesen sind.

Die Schauspieler

Obwohl die Musiker in Salzburg eine so große Rolle spielten, nahmen die Schauspieler doch keine geringere ein. Einige von ihnen wurden uns nahe Freunde. So waren Stefan und Alexander Moissi einander sehr verbunden. Moissi war kein Kainz, aber mit diesem hatte er gemeinsam, daß er ungewöhnlich war. Auch er, immer jugendlich schlank und biegsam, schien sowohl seinen Körper als auch seine Stimme ganz seinen Rollen einverleiben zu können und, wie Kainz, sich zu entpersönlichen – gleichzeitig seine Eigenart bewahrend. Moissis singendes Organ schwelgte oft in Höhepunkten, so wie Kainz in den berühmten Sprecharien. Die Schauspieler sind den Musikern gegenüber im Nachteil, was ihre über ihr Leben und über ihre Glanzzeit hinauswirkenden Leistungen betrifft, denn die besten Grammophonplatten können bei ihnen diese nicht voll vermitteln, da Spiel und Aussehen die volle Bühnenwirkung keineswegs wiedergeben können. Der Film, das Fernsehen kommen dem näher, sind aber doch ein schwacher Ersatz gegenüber der großen vollendeten Wirkung der Musikplatte, der Wiedergabe im Radio, die die Person des Musikers und seine unmittelbare Wirkung unvergleichlich lebensnäher machen können. Musik schwebt im Raum, sie ist nicht erdgebunden, nicht sprachgebunden, wie das Theater oder das Deklamationspult. Kennt man den Schauspieler, den Sprecher, ist ein Wiedererleben möglich. Moissi in Verhaerens von Stefan Zweig übertragenen Nachdichtungen zu lauschen, da man seine Stimme so oft gehört, als er noch unter den Lebenden weilte, ist für mich tief ergreifend, ja fast geisterhaft. Wie auch andere Schauspieler, lockte es Moissi, sich literarisch zu versuchen; er beabsichtigte, einen Roman zu schreiben. Dies bewirkte durch ein besonders Verhängnis, daß er uns in Salzburg, ja ich glaube überhaupt in Österreich als Schauspieler verlorenging. Eine seltsame und absurde Angelegenheit führte dazu. Moissi wollte in diesem Roman eine Geburt beschreiben. Der von vielen Frauen Angebetete stand zwar in dem Ruf, mehrere uneheliche Kinder zu haben, doch hatte er es bisher nicht erlebt, dem Akt der Geburt selbst beizuwohnen. Wenn ich nicht irre, so wollte er durch eine drastische Beschreibung an allzu Leichtfertige eine Warnung ergehen lassen. So erbat der angehende Schriftsteller und in der Stadt beliebte Mann durch die Vermittlung eines jungen

Arztes, in der Salzburger Gebärklinik bei einer Geburt anwesend sein zu können. Dem wurde allerdings nur heimlich stattgegeben. Im weißen Kittel und Gesichtsmaske, unter falschem Namen eines durchreisenden Arztes, konnte Moissi Zuschauer dieses so bedeutenden Lebensaktes sein. Die Gebärende war eine unverheiratete Mutter, ein unbemitteltes Mädchen. Doch nun führte Moissis warmes, mitfühlendes Herz ihn ins Verderben. Er ließ, wenn ich nicht irre, durch Frau Terwin, seine Frau, eine schöne Säuglingsausstattung in das Spital senden. Auf der Suche nach dem unbekannten Spender entdeckte der Bruder des Mädchens den Sachverhalt. Dieser Mann, ein Nazi, wertete seine sittliche Entrüstung als antisemitische Propaganda aus, obwohl es nicht erwiesen war, daß Moissi jüdisches Blut hatte, und er sah offensichtlich in einem Prozeß, oder in der Androhung eines solchen, reichlichen Gewinn. Moissi verließ sofort die Stadt auf Nimmerwiederkehr. Die peinliche Angelegenheit wurde unter der Hand, einer gewiß freigebigen Hand, beigelegt. Stefan und Moissi blieben, ungeachtet dessen Fernbleibens, in freundschaftlicher Verbindung. Heute aber gibt es eine Moissistraße.
Stefan hat in seinem Buch »Die Welt von Gestern« von einem tragischen, sich wiederholenden Begebnis in seiner eigenen dramatischen Laufbahn erzählt. Zweimal waren hochberühmte Schauspieler, zuerst Matkowsky, dann Kainz, unmittelbar vor Aufführungen dieses damals noch sehr jungen Dichters gestanden, als sie plötzlich starben. Als Moissi Stefan eindringlich bat, ein Stück seines Landsmannes Pirandello, in dem er eine interessante Rolle hatte, ins Deutsche zu übersetzen, lehnte Stefan abergläubisch ab. Schließlich aber gab er nach und übertrug das italienische Werk. Die Aufführung sollte in Zürich stattfinden. Moissi hatte zuvor in Rom unter gesundheitswidrigen Umständen gefilmt und mußte sich in Zürich sogleich in ein Sanatorium begeben. Er war von jeher, was die Lungen betraf, höchst anfällig gewesen. Nun erlag er einer Lungenentzündung.
Eine in jeder Beziehung viel robustere Natur war Emil Jannings. Er hatte keine Funktion bei den Festspielen; doch er und seine Frau, Gussi Holl, hatten sich im nahen St. Wolfgang in einem schönen Sitz am See angesiedelt. Dieser große Schauspieler war ein sehr herzlicher Freund, ein warmer, impulsiver Mensch überhaupt. Das Theater war ihm bis in den letzten Nerv notwendig, noch viel notwendiger als der Alkohol, der ihn manchmal aus dem Gleichgewicht brachte, wobei Unflätigkeiten nur so aus ihm heraussprudelten. Nachdem ich einmal einem solchen Ausbruch beigewohnt hatte, bewies er mir seine Achtung und

Liebe, indem er mich tatsächlich kniend um Verzeihung bat; denn er hatte ein zartes Herz. Reinhardts Regisseur Metzl erzählte, daß Jannings einmal behauptete, er hätte eine jüdische Großmutter gehabt. Später, als er unter den Nazis Staatsrat war, wurde jedem, der diese seine Behauptung verbreitete, mit Inhaftnahme gedroht. Jannings war freigebig und verbarg später Gefährdete unter seinem Dach. Als der ihm einigermaßen fachmäßig ähnliche Amerikaner Charles Laughton ihn in Hollywood ausgebootet hatte, wo schließlich sein deutscher Akzent unbeliebt geworden war, sah er sich ganz auf die deutsche Produktion angewiesen und war leider viel zu schwachen Charakters, um sich nicht von den Nazis alle Vorteile bieten zu lassen. Ein gemeinsamer junger Freund, den wir alle liebten, war der begabte Erich Ebermayer; in dessen Buch »Und heute gehört uns Deutschland« ist jene Zeit beschrieben. Darin erzählt er auch viel von seinem Vater, dem Oberreichsanwalt, einem der wunderbarsten Menschen des damaligen Deutschland, an dessen Besuch wir uns erfreuen konnten.

Nun will ich aber von einer großen Frau der deutschen Bühne sprechen, die uns eine sehr teure Freundin wurde, Frieda Richard. Als Alexander Moissi bei den Salzburger Festspielen den Jedermann verkörperte und Helene Thimig den Glauben, war sie Jedermanns Mutter in unvergleichlicher Darstellung. Hier war ein Höhepunkt der Theaterkunst erreicht. Frieda Richard war ursprünglich Lehrerin gewesen und hatte dann den recht guten Schauspieler Fritz Richard geheiratet. Sie hatten drei Töchter und sie alle waren nicht gerade auf Rosen gebettet. Frieda begleitete ihren Gatten auf Gastspielen und war mit dem Bühnenleben vertraut. Doch die kleine, zierliche Frau mit den großen, sehr klaren blauen Augen war selbst niemals auf den Brettern gestanden. Da erkrankte auf einer Tour eine der Hauptdarstellerinnen und es war weit und breit kein Ersatz zu verschaffen. Die Gefahr des Unterbleibens der Vorstellung bedeutete für die so sehr auf ihre Honorare Angewiesenen eine Katastrophe. Da überredete Fritz Richard seine Frau einzuspringen. Was für eine Zumutung, was für ein Wagnis! Er scheint ein ausgezeichneter Lehrer gewesen zu sein und hatte vielleicht bei seiner Frau eine Begabung gewittert, die er nun aus dem Dornröschenschlaf erweckte. Er paukte ihr die Rolle ein und sie erlernte sie rasch und bewältigte sie wie durch ein Wunder. Das Wunder war durch die aufopfernde, ja heroische Liebe für ihre Familie gekommen. Sie war über Nacht eine große Schauspielerin geworden. In Somerset Maughams »Die heilige Flamme« erntete sie Triumphe. Als ich in London dem großen Mann davon erzählte, wußte er nichts davon.

Nun stellte sich etwas Tragisches ein: Fritz Richard, bisher ein renommierter Charakterdarsteller, war durch sie in den Schatten gestellt. Er verwendete zwar seine Kräfte mit großer Befriedigung auf das Einstudieren von Friedas Rollen, doch wäre es übermenschlich gewesen, sich damit zufriedenzugeben, für sich selbst nur ab und zu einen Ruf zu erhalten. Endlich, nach langem Warten, wurde ihm eine gute Rolle zugewiesen. Als er sie eben mit bester Aussicht auf Erfolg probte, starb er plötzlich. Töchter und Frau hatten ihn vergöttert. Es war ihnen möglich geworden, oberhalb von Salzburg einen kleinen Bauernhof zu erwerben, und ehe der Kauf abgeschlossen wurde, bat mich die Freundin, Haus und Hof mit ihr zu besichtigen; um so mehr, als ich die bisherige Besitzerin kannte. Diese war eine russische Hochadelige. Sie war nicht, wie so viele ihrer Landsleute, heimatlos im Fremdland. Das hatte folgenden Grund: Ihr verstorbener Schwiegervater, Fürst Paschkof, war vor Jahren wegen Angehörigkeit zu einer Sekte vom Zaren landesverwiesen worden. Vielleicht hatte er sich einmal als Durchreisender in die Stadt Salzburg verliebt, jedenfalls hatte er sich auf dem Mönchsberg eine alte Burg gekauft und siedelte sich dort mit seiner Familie an. Die älteren Bürger erinnerten sich seiner als Wohltäter der Stadt. Als Zufahrt zu seiner Burg hatte er eine Straße bauen lassen. Wieder in Gnaden, war er nach einiger Zeit nach Rußland zurückgekehrt. Nun aber, da der gesamte Adel bei den Bolschewisten in Lebensgefahr war, wußten die Paschkofs, wo sie ein halbwegs standesgemäßes Haus erwartete. Es waren nun allerdings nur mehr die Schwiegertochter und ihre erwachsenen Söhne und die Enkel am Leben, die nun die Burg bezogen. Mittellos, wie sie waren, konnten sie aber den großen Bau nicht wohnlich machen. Einer der Söhne gab Sprachstunden und errichtete sich im Gasteiner Gebiet eine Blaufuchsfarm. Ein anderer übersiedelte mit seiner engeren Familie nach Paris, wo er als Chauffeur seinen Lebensunterhalt verdiente. Die Fürstin kam eines Tages zu mir, um mich zu ersuchen, ihr Übersetzungen zu verschaffen. Wie so viele ihrer adeligen Landsleute beherrschte sie mehrere Sprachen. Ich erwiderte ihren Besuch und wir wurden recht gut bekannt. Ich hatte die größte Achtung für die wahrhaft fürstlich-würdige Haltung dieser Frau. Mit einem alten Bruder und einer uralten Dienerin hatte sie schließlich die Burg verlassen und sich am Fuß des Gaisberges in einem kleinen, verfallenen Bauernhof angesiedelt. Doch auch diesen konnte sie sich nicht erhalten und hatte beschlossen, ihn zu verkaufen, um gleichfalls nach Paris zu übersiedeln. So begleitete ich denn meine ebenso heroische Freundin Frieda Richard zu dieser in jeder Weise hohen Frau. Als wir den Hügel erstiegen hatten, mußte die Fürstin aus dem Wäldchen geholt werden, wo sie Holz sammelte. Wir warteten in dem ärmlichen Wohnzimmer. An der Wand hing ein sehr alter farbiger Stich – einen Palast darstellend, der an das Wiener Schwarzenbergpalais erinnerte. Als Frau Paschkof hereinkam, fragte ich sie nach dem Bilde. Dies sei die ehemalige Paschkofsche Residenz; die umgebenden Ländereien seien größer gewesen als das Kronland Salzburg. Damals ahnte ich nicht, daß diese Frau in ihrer heiteren Resignation inmitten einer lawinenhaften Verschüttung ihres früheren Lebens mir einmal ein großes, heilendes Vorbild werden würde.

Die Richards machten aus dem zerfallenen Haus nicht ohne Opfer ein sehr wohnliches Heim. Fritz Richard hatte eine reizvolle Stube für sich, in der nach seinem Tode alles so verblieb, als bewohne er sie immer noch. Frieda hatte dann auch in Wien eine Wohnung und sie blieb nach dem Einbruch der Nazis in Österreich, um ihren einträglichen, erfolgreichen Beruf fortzusetzen, nicht zuletzt zugunsten einer kranken Tochter. Diese und ein Enkelsohn lebten anfangs bei ihr. Die beiden anderen Töchter wanderten aus. Sie alle erhofften baldige Wiedervereinigung. Doch die Ungeheuerlichkeit der Rassenverfolgung nahm zu und die Töchter hatten neben dem jüdischen Vater nun auch jüdische Ehegatten. Eine von ihnen, eine begabte Modezeichnerin, erwies ihrem Manne äußerste Treue. Als er nach Afrika einrückte, blieb sie in Frankreich bei seiner Familie. Mit dieser wurde sie nach Drancy verschleppt, einem der bösen Lager, von dem aus die Insassen in die noch furchtbareren Vergasungsstätten gebracht wurden. Ein Telegramm verständigte die Mutter in Wien. Hochangesehen, wie sie nun auch bei den Nazis war, wurde ihr die rascheste Reise zu der Tochter ermöglicht. Noch hoffte sie und hatte dafür Bürgschaft erhalten, diese retten zu können. Doch in dem höllischen Ort angelangt, teilte ihr der Lagerkommandant mit, daß sie um einen Tag zu spät gekommen sei. Tags zuvor hatte das grauenhafte Schicksal ihre Tochter ereilt. Nichts ist weniger erstaunlich, als daß diese wunderbare Frau diesen mörderischen Stoß in das liebevolle Mutterherz nicht lange überdauert hat.

Unter den anderen Schauspielern des genialen Reinhardt, den diese fürchteten und zugleich als überragenden Lehrer anerkannten und bewunderten, hatten wir als Freund noch einen – in jedem Jahr wiederkehrenden, Raoul Lange, den Argentinier. Riesengroß wie er war, hatte er zur Gefährtin ein sehr kleines Frauenwesen, eine gute Pianistin – Schillerle benannt –, und wie er, allgemein beliebt. Er und Moissi erhitzten die Backfische in Salzburg in nicht ungefährlicher Weise. Nur

verhältnismäßig ungefährlich war es, daß die halbwüchsigen Freundinnen meiner Tochter, wenn diese Mimen in unserem Garten den Tee eingenommen hatten, sich dann heranschlichen, um die gehandhabten Löffel zu küssen, als wären es Reliquien. Ich sage nur verhältnismäßig ungefährlich, denn Moissis Lungen waren ja nicht die besten. Raoul Lange sah nicht nur mächtig und gebieterisch aus, er hatte auch eine gewaltige Stimme, die bei den packenden Aufführungen des »Jedermann« von der nahen Felsenwand herab als die Gott Vaters ertönte. Der in Deutschland so beliebte Filmschauspieler Carlos Thompson und seine Frau Lili Palmer sind mir, durch ihre warme Verehrung für Stefan Zweig, sehr nahe gekommen. Carlos, in seinem Geburtsland Argentinien ein preisgekrönter Schriftsteller, einer der gütigsten und feinfühligsten Menschen, hatte in seiner Heimat noch als halbes Kind seine Laufbahn begonnen. In seinem Landsmann Raoul Lange sah er einen Apostel reiner Kunst. Seine beseelte Stimme riß ihn mit sich fort und bestärkte ihn in seinem Aufblicken zu hohen Werten. Carlo's Mutter schrieb mir kürzlich aus Buenos Aires, daß Raoul Lange sich gerne an Salzburg erinnere und heute in Argentinien noch als Vorleser aus der Bibel berühmt sei.
Die Festspiele waren zumindest in den ersten Jahren während der Sommermonate völlig verschmolzen mit der Stadt und mit einem Teil seiner aus ihnen Nutzen ziehenden und mitgenießenden Bevölkerung. Sie waren ein Jahrmarkt der Kunst, doch auch eine Apotheose für diese. Soviel und weitverbreitet sich nach dem Triumph der freien Welt Festspiele allenthalben einbürgerten, eine Art Patina ist für jene in Salzburg gesichert. Waren doch auch Arturo Toscanini und Bruno Walter das Höchste, was man als Dirigenten ausgezeichneter Orchester gewinnen konnte. Sie wurden geliebte Gestalten der Stadt, in der sie sich oft für viele Wochen ansiedelten. Sie waren als Menschen hochstehend in ihrer Ethik, aufopfernd und selbstlos in ihrem Dienste an der Kunst, Musikern und Künstlern gegenüber hilfreich. Toscanini konnte allerdings mit italienischem Furor gegen Musiker reagieren, die seinen hochgespannten Ansprüchen nicht gerecht wurden, und es war gut, daß nicht alle das Italienisch seines heiligen Zornes verstanden. Für mich selbst sind die Gespräche zwischen Stefan und den beiden Großen unvergessen und ich bin ihrer Güte auch persönlich tief verpflichtet. In Wien, im Hotel Bristol, führte mich der Maestro in sein Musikzimmer, um mir einen besonderen Schatz, eine Photographie mit Unterschrift von seinem angebeteten Verdi, zu zeigen. Seine und seiner Familie herzliche Gefühle erstreckten sich dann über den Ozean. Als er von

meinem siebzigsten Geburtstag erfuhr, sandte er mir durch seinen Sohn Walter sonst spärlich ausgegebene Karten zu einem seiner letzten New Yorker Radiokonzerte. Von Signora Carla werde ich noch zu berichten haben. Mit tiefer Ergriffenheit gedenke ich Bruno Walters, der eben dahingegangen ist. Als er von der Veränderung erfuhr, die sich zwischen Stefans und meinem Leben ereignet hatte, schrieb er mir spontan einen Brief tiefen Bedauerns. Das gleiche erfolgte nach Stefans Tod. Für das »Liber Amicorum« sandte er folgende Worte aus Kalifornien: »Ich freue mich über die Gelegenheit, zu den Stimmen, die Frau Friderike Maria Zweig an ihrem siebzigsten Geburtstag Grüße zurufen, die meine in herzlichem Gedenken hinzufügen zu können. Im Bewußtsein einer Fülle gleicher kultureller Bindungen und gemeinsamer großer Erinnerungen beglückwünsche ich Frau Friederike Zweig aufs herzlichste.« Doch noch tiefer berührten mich zwei Briefe, die ich von ihm – und dies erst vor wenigen Monaten – erhielt, der eine als Dank für meine Wünsche zu seinem fünfundachtzigsten Geburtstag, der andere, – als er die Bildbiographie über Stefan Zweig, die der Kindler-Verlag veröffentlichte, eingesehen und gelesen hatte. Ich setze sie hierher, weil sie sein Innenleben spiegeln:

Liebe verehrte gnädige Frau!
Ich danke Ihnen von Herzen für Ihre so gütigen Zeilen zu meinem fünfundachtzigsten Geburtstag. Seien Sie versichert, daß das, was uns verbindet, das Überpersönliche wie das Persönliche, in mir lebt und leben wird. Nehmen Sie meine wärmsten Wünsche für Ihr Wohlergehen und seien Sie vielmals gegrüßt von Ihrem herzlich ergebenen *Bruno Walter*

Dieser Brief war in seiner eigenen, schon ein wenig unsicheren Hand geschrieben, der vom 2. Mai 1962 in Schreibmaschine:

Liebe verehrte gnädige Frau!
Es wäre ein »understatement«, Sie haben mir eine Freude mit der Bildbiographie Stefan Zweigs gemacht. Innigste Güte und tiefe Humanität haben dieses Buch geschaffen und unter diesem Eindruck bedeutet mir die Fülle wertvoller Erinnerungen, die es mir aufgerufen hat, ein wahrhaft ergreifendes Erlebnis. Nehmen Sie meinen Dank und die Versicherung wahrer Verehrung mit meinen wärmsten Wünschen für Ihr Wohlergehen. Ihr herzlich ergebener
Bruno Walter

Und vor wenigen Tagen las ich, was mein großer Freund, von dem ich noch erzählen werde, Dr. George N. Shuster, in seinem kürzlich erschienenen autobiographischen Buch über Bruno Walter schreibt. Dr. Georg N. Shuster war einundzwanzig Jahre lang der Präsident des großen Hunter College in New York und vertraute dem österreichischen Impresario Benno Lie die Leitung von Konzerten in dem Auditorium des College an. Lotte Lehmann hatte ihn dort eingeführt. Auf diese Weise lernte der Präsident eine Reihe großer Musiker kennen, die, als die Konzerte noch nicht auf festen Füßen standen, bereit waren, Opfer ihrer Einkünfte zu bringen. In diesem dankbaren Gefühl für die Uneigennützigkeit schreibt George N. Shuster: *»So habe ich seit langem die Meinung gewonnen, daß Bruno Walter ein Liebling Gottes ist. Hier denke ich nicht nur an die vollständige Offenheit und das Nichtvorhandensein feindseliger Gefühle oder an die kaum faßbare Gabe, das innerste Geheimnis der Komponisten einzig dadurch zu ergründen, daß er das liebte, was sie geschrieben. Wir hatten auch an einigen Abenden den Vorzug, ihn aus seiner Autobiographie vorlesen zu hören. Da der Krieg noch wütete, waren die Leidenschaften lebhaft erregt. Doch der große Maestro war immer irgendwo, wo es keinen Krieg geben konnte, wo der menschliche Geist voll Licht und Empfindungskraft ist und die Menschen dennoch sehr lebendig sind.«*

Unvergeßlich wird auch sein Klavierspiel in den Konzerten sein, die er dirigierte, und man sah es schon geradezu als ein Gewohnheitsrecht an, wenn er die wunderbare Lotte Lehmann an ihren Gesangsabenden begleitete. Da war so ein tiefes Einverständnis, ein ganz ineinander aufgehendes Jasagen zwischen ihnen, daß man vor einer kostbaren Einmaligkeit stand.

Arturo Toscanini in der schlackenlosen Reinheit zwischen sich selbst und der interpretierten Tondichtung hielt uns deren klarste Spiegelung vor: Walter, der schon mit siebzehn Jahren zu Gustav Mahler gekommen war, ließ noch warme Nachklänge der Romantik spüren.

Mahler, als dämonenhafte Erscheinung, hatte schon früh Funken in mir entzündet. Von den Fenstern der Vorbereitungschule für meine Staatsprüfung aus konnte ich ihn im Probesaal der Oper erblicken und sah ihn dann noch überdies am Nachhauseweg, sehr oft mit sich selbst sprechend. Wie einem Waldgeist begegnete ich ihm während eines Sommeraufenthaltes in den Höhen über Reichenau, wo er, von seinem Besitz in Breitenstein kommend, umherwandelte. Am Dirigentenpult erschien er mir dann ganz weltentrückt. Brautzeit und Musik verschmolzen damals für mich zu besonderen Erlebnissen, Musik blieb fortan in meinem Leben. Mein begeisterungsfähiger Schwiegervater, Hofrat von Winternitz, der über Opernpremieren für das Hamburger Fremdenblatt berichtete, nahm mich zu der Erstaufführung des nun von Bayreuth freigegeben »Parsifal« mit und später zu der des »Rosenkavalier«. Doch auch bei erlesenen Konzerten wußte er mich gerne an seiner Seite. Als dann Stefan in mein Leben trat, lehrte mich seine Lieblingsoper »Fidelio«, daß Musik zu einer Mission werden kann, wie wir es auch in einem anderen Wunderwerke, in der Neunten Symphonie Beethovens, erleben, dem Musik höhere Offenbarung gewesen ist als alle Weisheit und Philosophie. Unwillkürlich verbleiben einem vollendete Darsteller als ein unzertrennlicher Teil eines hohen Genusses. So ist Lotte Lehmann als »Fidelio« in das Zauberreich meines Erlebens eingeschlossen.

Eine andere, frühere Lehmann, Lili Lehmann, damals als Sängerin schon so gut wie erloschen, gab in Salzburg am Mozarteum Gesangunterricht. Meine Freundin Therese Rie, die Musikschriftstellerin, nahm mich zu einigen der bemerkenswerten Lektionen mit und ich habe diese in mehr als einer Hinsicht königliche Frau als einen bösen General alten Stiles in Erinnerung. Sie behandelte ihre Schülerinnen und Schüler als Sklaven, allerdings für ein hohes Ziel. Wir beherbergten damals nicht lange nach dem Ersten Weltkrieg im Rahmen der Reparationskommission die wunderschönsten italienischen Offiziere. Grausamerweise verbot die gestrenge Frau ihren Schülerinnen, mit diesen zu tanzen; sie sollten doch Vestalinnen sein. Therese Rie hatte die Aufgabe, die völlig Gebrochenen zu trösten und wieder aufzurichten, wenn die große Lili ihnen künftige Mißerfolge allzu kraß vorausgesagt hatte.

Eine ähnliche Strenge wurde dann einer anderen bedeutenden Künstlerin nachgesagt, die ihren großen Maestro Toscanini oft an der Arbeit gesehen hatte, Margarete Wallmann, der Choreographin. Sie war eine Neuerin auf ihrem Gebiet und erschloß dem Tanz in der Oper bisher ungeahnte Möglichkeiten. Das Ballett, das jedem Opernhaus bisher teuer zu stehen kam, war erstarrt und fast nur für die befrackten, einflußreichen alten Herren in den ersten Parkettreihen aufrechterhalten worden, um ihnen den Anblick tadelloser Beine zu gewähren. Tanzeinlagen waren oft nur an den Haaren herbeigezogen. Margarete Wallmann hatte das steife Agieren des Ensembles und der Koryphäen in etwas Lebendiges verwandelt. Das Geschehen der Oper selbst brach bei ihr nicht jäh ab, um von steifem Tanz abgelöst zu werden, als wäre an einem Schnürchen gezogen worden; es lösten sich nun die Tanzenden organisch aus dem Ensemble und der Tanz oder die Mimik verschmolz mit der gesamten Handlung. Margarete Wallmann, mit der uns herzliche Freundschaft verband, war selbst Tänzerin gewesen, bevor sie ein Gebrechen hinderte, sich ganz dieser Berufung hinzugeben.

Die Intensität ihrer Absichten war vielleicht aus diesem Umstand zu erklären. Jedenfalls gehörte sie zu jenen, die durch ihre Forderung von Höchstleistungen die interpretierende Kunst auf ein sehr hohes Niveau gebracht haben. Der Glaube an hohe Kunst brachte in dem kleingewordenen Österreich Außerordentliches zustande und machte es groß. Das war zu schön, um wahr zu bleiben, so kam denn auch der Abstieg von klassischer Höhe in das Sumpfland der Politik. Wieder war es ein katastrophales Feuer, das die Zustände grell beleuchtete. Der Wiener Justizpalast wurde in Brand gesteckt.

Im Burgenland war bei einer Schießerei zwischen Sozialdemokraten und Faschisten ein Arbeiterkind tödlich getroffen worden. Die Flammen wurden zu greller Rache und vereitelten verhängnisvoll jede Verständigung. Sie schreckten die gesamte Arbeiterschaft aus dem Schlaf, dem sich noch mancher in seinem Schrebergarten hingegeben hatte.
Die Parteien stritten so lange, bis ein Dritter sich freute und das Unheil über die Grenze in das schon unterminierte Österreich brachte. Stefan ahnte es, bevor andere es wahrhaben wollten: »Meine Witterung für politisches Unheil«, sagte er, »quält mich wie ein entzündeter Nerv.«
Immer wieder werde ich gefragt, wieso es möglich war, daß Stefan Zweig sich in den Krisenzeiten nicht kraftvoller verhielt, wo ihm, dem von täglichen Sorgen Verschonten und weltweit Anerkannten, ein besseres Los beschieden schien als so vielen seiner Kollegen. In einem gütigen Brief, den ich im September 1942 von Thomas Mann erhielt, ist darüber ein Vorwurf enthalten, obwohl er Stefan Zweig später anders beurteilte. Ich kann diese Frage nicht kurzerhand beantworten. Sie hat eine Vorgeschichte, die zugleich die der Zeit ist, in der Stefan Zweig aufgewachsen ist. Mein junger Freund Professor Harry Zohn, der seinen Doktor der Harvard Universität in einer Dissertation über Zweig machte, hat kürzlich das umfangreiche Tagebuch Theodor Herzls ins Englische übertragen. Es genügt, dasselbe durchzublättern, um hier eines der bedeutendsten Quellenwerke der neueren Geschichte zu entdecken. Wie nie zuvor hat sich mir hier in einer Überschau der Boden gezeigt, aus dem Stefan Zweig hervorwuchs. Es war der jenes Mitteleuropa, das sich unter schwierigen Prozessen zu organisieren begann, was nicht ohne folgenschwere Irrtümer vor sich gehen konnte. Die Juden Mitteleuropas waren noch zu nahe dem Zeitalter ihrer Emanzipation, um in den Gesellschaftskörper völlig einverleibt zu sein. Ihre Fähigkeiten und Talente, ihr Reichtum hinderte sie daran.

Dort, wo allgemeine Berechtigung verweigert wurde, setzte Trotz ein, den man in Wien Arroganz zu nennen pflegte, obwohl er Selbstbehauptung war. In Italien und Frankreich war dieser Trotz nicht nötig, wo schon rein äußerlich wenig Unterschiedlichkeit bestand. Im österreichischen Osten, den Gebieten der Pogrome, wo die Juden ihre Fenster verhängen mußten, wenn christliche Prozessionen vorüberzogen, waren Fremdsein, Furcht und Flucht an der Tagesordnung.
Im Wiener zweiten Bezirk war ein Ghetto entstanden. Nahe dem herrschaftlichen Prater, dem Wiener Bois de Boulogne, waren unter den Equipageninsassen wohlhabende Juden, die kaum etwas von diesem nahen Ghetto wußten, in dem sich Menschen absperrten, die als eine andere Menschenart betrachtet wurden. Fürchteten sich diese Unglücklichen immer noch? Selbst in dem freien Amerika, in der ersten, von Präsident Washington willkommen geheißenen Synagoge in Newport ist heute noch ein unterirdischer Gang zu sehen, der von der Kanzel des Gotteshauses ins Freie führt, obwohl dessen Vorhandensein nie lokale Berechtigung hatte. Es war ein Tempel portugiesischer Juden, die aus Jamaika vertrieben worden waren.
Die ansässigen Wiener Juden fühlten sich allerdings nicht als Fremde. Der Antisemitismus war zwar nicht nur politischer Natur, doch keineswegs in wesentlichsten Dingen fühlbar, und es gab unzählige Mischehen. Die Taufe machte Herkunft vergessen. In Deutschland hatte es anfänglich weniger Judenfeindlichkeit gegeben als in Österreich. Kaiser Wilhelm II., der in der aufwühlenden Affäre Dreyfus diesen für unschuldig hielt, hatte Theodor Herzl aufs freundlichste empfangen. Rathenau war ein führender Staatsmann, Liebermann ein hochgeachteter Maler und in hoher Stellung. Einstein konnte seine einzigartige Begabung auf deutschem Boden entwickeln. Doch in den frühen dreißiger Jahren ward dieser Boden neu aufgewühlt. Es war, als hätten sich Gräber geöffnet, aus denen die Arme früher Verfolgter sich warnend reckten. Stefans Vorfahren und Verwandte waren nie unter verfolgten Juden gewesen. Die Verwandten mütterlicherseits lebten als große Bankleute in Paris, Warschau, Triest und in der Schweiz. Seinem Großvater waren in Ancona päpstliche Geldgeschäfte anvertraut gewesen. Doch nun, wo in bayrischen Bierkellern so nahe von Österreichs Grenze eine teuflische Stimme Haß über die Länder schrie, begann Stefan sich nicht mehr assimiliert zu fühlen. Der Insel-Verlag, die Heimat seiner Bücher, in der er sich durch Jahrzehnte geborgen gefühlt hatte, zitterte unter den Ereignissen. Man hielt ihm dort die Treue, solange es ohne äußerste Selbstgefährdung ging, doch bald war

diese Heimat unrettbar verloren. Katastrophen waren hereingebrochen. Sein Freund Rathenau war ermordet worden; der Meuchelmord an Dollfuß zeigte an, daß auch für Österreich die Stunde geschlagen hatte. Stefan Zweig begann in einem Zwischenstadium zu leben, einer noch freiwilligen Beengung, die er, der Freiesten einer, an sich nie erfahren hatte. Und hier ist ein Teil der Antwort: er war der Freiesten einer und ein Fanatiker der Freiheit, er war ein Unbehinderter in jeder Weise, zu jeder Stunde, soweit es seine Arbeit, deren Diener er war, erlaubte. Doch auch die Arbeit, die von einem Wall der Ungestörtheit umgeben sein mußte, die Arbeit, die ihm nottat wie seine tägliche Nahrung, war innerlich und äußerlich in hohem Maße gestört. Es klingt paradox, daß in diesen Zeiten reiche Leute durch die Grenzabsperrungen und aus anderen Belangen mehr Sorgen hatten als Unbemittelte und schon gar solche, die materiell nichts zu verlieren hatten. Für gutverdienende Schriftsteller bestand eine Art Zwickmühle; die Verleger der verschiedenen Länder verlangten gesetzmäßig, daß die jeweiligen Einkünfte im Lande verblieben. Österreich forderte die ausländischen Einkünfte, Deutschland gab sie nicht heraus. Geld, das sich außerhalb des Domizillandes befand, sollte in dieses zurückbeordert und in die heimische, oft viel schlechtere Valuta eingetauscht werden. Dasselbe galt für Wertpapiere. Aus diesen Gegensätzen, wo immer sie vorhanden waren, kam Stefan bis an sein Lebensende nicht mehr heraus. Er, der an »Bürophobie« litt, wie er seine Antipathie gegenüber behördlichen Büros nannte, wollte, um diese zu vermeiden, immer so korrekt wie möglich bleiben, was immer mehr und mehr nur auf der einen oder der anderen Seite möglich war. Es ging ihm in viel geringerem Maß um Geldverluste als um das Unbehelligtsein, das Vermeiden, wissentlich oder unwissentlich gegen Verbote zu verstoßen und Unannehmlichkeiten ausgesetzt zu sein. Verordnungen wechselten von einem Tag zum anderen. Ich selbst habe einen nicht unerheblichen Teil meiner Versorgung während der Flucht durch Frankreich dadurch verloren, daß englische Pfunde nur wenige Tage in Nationalbanken stark abgewertet behandelt werden konnten und nach diesen Tagen selbst diesen geringen Wert vollständig verloren. Keine Nationalbank war geöffnet, wo mir diese Transaktion noch möglich gewesen wäre.
In Österreich setzte sich keine der politischen Parteien für die Herstellung normaler Zustände ein. Die innerhalb des Volkskörpers noch stark vertretenen Sozialdemokraten hatten zwar allmählich weniger öffentliche Ämter inne, genossen aber dadurch den Vorteil, keine wesentliche Verantwortung mehr an den Geschehnissen im Lande zu tra-

gen. Ihre Verbitterung wurde jedoch immer stärker, und unglücklicherweise ergab es sich, daß ein Mann aus ihren Reihen zum fast täglichen Gefährten Stefan Zweigs wurde und ihm immer wieder über die Unzulänglichkeit und den häufigen Verrat an der sozialen Idee in den eigenen Kreisen berichtete. Stefan zog aus diesen Mitteilungen die pessimistische Folgerung, daß das Streben nach ethischer Gerechtigkeit, nach humaner Gestaltung der Zukunft im öffentlichen Leben zum Scheitern verurteilt sei. Er selbst war aber mit der Hoffnung auf Vervollkommnung der menschlichen Verhältnisse angetreten, und dieser schöne, wenn auch tragische Glaube beherrschte sein ganzes Leben. Trotz seines wachsenden Pessimismus blieb in seiner Seele und seinem Werk immer die Sehnsucht nach Erfüllung von Idealen der Menschlichkeit lebendig, die bei ihm geradezu einem konventionellen Glaubensbekenntnis gleichkam.

Es gibt eine große Gemeinschaft unter den Menschen, die der Gläubigen. Müßte man nicht erwarten, daß diese alle Friedensliebende seien und sich unter Hintansetzung von Gewinnsucht und Rivalitätsgefühlen, kraft der Brüderlichkeit unter den Kindern Gottes für die Erhaltung des Friedens einsetzen? Warum sind selbst die Gläubigen Tatenlose gegenüber dem Grauen der Kriege und der Exzesse ruchloser Machthaber? Sind sie in so großer Zahl Träge des Herzens, Phantasielose und Vergeßliche? Politischer Unfriede bedeutet ihnen noch lange nicht Gefahr. Es gibt ein Erbe des Übels, von dem sich die Menschheit noch nicht befreit hat und das die Grundfeste ihres Daseins stetig bedroht. Das Gebäude der Zivilisation, so solide es sich in vieler Hinsicht von außen ausnimmt, so viele gute Architekten auch es auszubauen tätig sind, hat viele wurmstichige Pfeiler. Was in unserer Zeit geschah und zu geschehen droht, sind keine isolierten Fakta. Die Katastrophen von Pearl Harbour, von Hiroshima, wären kaum möglich gewesen ohne eine Ahnenschaft des Bösen, ohne die Sankt-Bartholomäus-Nacht, die Inquisition und manchem anderen Ereignis von Verrat an der Heiligkeit der Menschheit. Das furchtbare Abenteuer des Nationalsozialismus wäre nicht denkbar gewesen ohne die schamloseste Verachtung der Menschenrechte, der Völkerrechte, die durch die Jahrhunderte in allen Arten und Formen geübt worden, und dies, ohne einen so gewaltigen Protest der Menschen hervorgerufen zu haben, daß er als Posaunenruf der Warnung durch die Zeiten weitergetönt hätte. Die Ungeheuerlichkeiten der Vergangenheit wurden als historische Ereignisse rein sachlich überliefert, obwohl sie aus den unterirdischen Gefühlen, aus dem menschlichen Urstoff noch nicht ausgerottet sind. Die Freudianer graben solche Keime aus den Tiefen der seelischen Mißgestaltungen im Innern der Menschen aus, die besten unter ihnen zum Zweck, Unzulänglichkeiten der Hilfesuchenden zu glätten. Sind sie aber mit all ihren Ausgrabungen Warner geworden, zugunsten der Menschheit überhaupt? Und die Gelehrten, die Physiker – zu wenige haben das Gewissen Bertrand Russells, Paulings, Niels Bohrs gegenüber der Maschine der Vernichtung.

Ist Sklavenbefreiung etwa eine allgemeine Tatsache geworden? Nicht nur, daß man Kriegsgefangene und politisch Verfolgte zu Sklavenarbeitern machte, selbst die uralte Form des Sklavenan- und -verkaufs existiert noch. Es heißt, daß er mit dem Ölreichtum arabischer Länder, wo die Neureichen sich Sklaven leisten können, wieder erheblich gestiegen ist, wie ja auch die Vielweiberei unter den Mohammedanern eine Sache des Geldsackes war. All das ist nicht mehr so trefflich organisiert wie zur Zeit der Kinderkreuzzüge, des großen Halleluja der europäischen Kinderverschleppung nach Afrika. Dieser kommerzielle Betrieb hat andere Formen angenommen. Politische Unterdrückungen erzeugen gleichfalls Sklaverei, und Diderots Wort ist noch wahr: »Einen Sklaven zu besitzen bedeutet nicht viel, doch ist es untragbar, Sklaven zu haben und sie Bürger zu nennen.«

Die heutige Katastrophe der Süchtigen narkotischer Gifte hätte sich nicht so üppig entwickelt ohne die Vorgänge im Fernen Osten, der Opiummärkte, der politisch abgezielten Einfuhr betäubender, verblödender und einträglicher Vergiftungen. Der Völkerbund hatte kleine Kommissionen eingesetzt, hinter die Kulissen dieses Handels zu schauen, als die Kuh schon aus dem Stall war. Diese Abteilung des ersten offiziellen Versuches der Völkervereinigung arbeitet damals mit jener zur Bekämpfung des Mädchenhandels zusammen. Die Vereinten Nationen haben nun allerbrennendste Probleme zu lösen. Noch sind die Nutznießer, die Kriegsgewinner stärker als die Beschützer der Opfer. Übel gedeiht hinter dem Vorhang sichtbarer Gefährlichkeiten: die millionenmäßige Vernichtung der Armenier spielte sich hinter der Rauchkulisse des Ersten Weltkrieges ab. Der Anblick der Skelette der Verhungerten auf den Straßen Rußlands erzeugte Aufruhr gegenüber den Ansätzen der vorhandenen Bewegungen unblutiger Reformen, die bereits unter den Zaren sich erhoben hatten, und half nun dem Terror des Bolschewismus.

Und wie steht es mit der Tortur? Die Besichtigung ihrer Werkzeuge in Verliesen von Festungen und Burgen wurde selten von Touristen versäumt. Die »Eiserne Jungfrau« in Nürnberg hatte in ihrer Umarmung

die Zungen Unschuldiger gelockert; war sie ein Gespenst der Vergangenheit geworden oder tauchte sie nicht etwa wieder in unserer Zeit auf, in den Kellern der Gestapo, in den Widerstandsbewegungen, im kaum erloschenen Krieg in Nordafrika? Sind wir dessen sicher, daß wir nicht etwa täglich an Polizeigebäuden vorübergehen, wo irgendwelche Formen der Tortur zur Erreichung von Bekenntnissen am Werke sind? Kann es nicht jedem von uns geschehen, daß er ein Opfer irgendwelcher gewaltsamen Absichten der unheimlichen, unsichtbaren Maschinerie der Beeinflussung des Gehirns wird? Der menschliche Körper ist nur in den Fällen äußerster Märtyrerkräfte imstande, das zu bewahren, was der Geist, das Herz, der Verstand für sich behalten will. Wir sind nahe daran, auf dem Mond zu landen, doch wir vergiften bereits die Himmelsstraßen zu diesen Aufstiegen durch die Radioaktivität der Bombenexplosionen, deren Wetteifer wir noch nicht überwinden konnten. Wir sind inmitten des Übels.
Stefan Zweig ist, nachdem sein reiner Glaube an die Vervollkommnungsmöglichkeit der Menschheit nach dem Ersten Weltkrieg zutiefst erschüttert wurde, ein Pessimist und ein Warner geworden, im Leben und Werk. Da er ein Historiker war, nährte er seinen Pessimismus überdies durch die Vorkommnisse vergangener Zeiten. Er erkannte im Keim das Heraufkommen jedweden Übels. Das war die Tragik, die das letzte Dezennium seines Lebens vergiftete.
Es gab noch lichte Momente in der Verdüsterung, besonders, wenn die südliche Sonne sie bewirken konnte. Dies geschah in wohltuender Weise am Comosee, wo vom nahen Mailand Stefans italienische Freunde zu Hilfe kamen, Luigi Rusca, sein Verleger Mondadori und vor allem die ausgezeichnete Freundin und nicht zu übertreffende Übersetzerin Lavinia Mazzucchetti. Fast alljährlich fuhren wir an die französische Riviera, wo die Arbeit besser vor sich ging und Verstörungen der Politik nur wie ein fernes Donnern wirkten. Das empfanden auch andere Schriftsteller. Schalom Asch hatte sich mit Frau und Sohn, der dort Mandarinen pflanzte, in den Höhen von Nizza in einem Steinhaus angesiedelt, das ihm die Atmosphäre Palästinas vortäuschen konnte und an dessen Eintrittspforte ein hebräisches Wort des Willkommens stand. Joseph Roth mit der schönen Manga Bell, Hermann Kesten mit seiner prächtigen Frau Toni waren da. René Schickele mit seiner Familie wohnte gleichfalls auf den Höhen mit der herrlichen Fernsicht über das Mittelmeer, umringt von Nelkenfeldern. Ich benutzte sie dann als landschaftlichen Hintergrund in meinem Roman »Erik Neergard und die Schwestern«. Franz Werfel, der in mensch-

licher Hinsicht vollkommenste unter ihnen, kam mit seiner ungewöhnlichen Frau, der Egeria großer Künstler, deren Schönheit noch auffallend war. Mit seinem Roman »Musa Dagh« hatte er das packende Epos der Vertreibung der Armenier aus tiefstem Mitempfinden vor das Forum der Weltgeschichte gebracht. Er und Schalom Asch hatten es gemein, an Tröstungen ihres Judentums nicht mehr Genügen zu finden, was in ihren Gemütern Zwiespalt erzeugte. Dankbar erinnere ich mich Schaloms jahrelangem Vertrauen, mit mir seine Zweifel zu besprechen, an seine Hingezogenheit zum Christentum, die im Werk dieses eminenten Erzählers dann in vier oder fünf großen Büchern zu vollem Ausdruck kam. Sie brachten ihm die quälende Feindschaft seiner amerikanischen Arbeitgeber, den Leitern einer jüdischen Zeitung, von denen er eine ansehnliche Jahresrente bezog. Sie ging ihm verloren, als er ihre Bedingung, in Hinkunft nicht mehr die großen christlichen Gestalten zu verherrlichen, nicht annahm. Auch sein Gemüt verdüsterte sich bis zur Unerträglichkeit für ihn selbst und die Seinen. Doch hatte er zum Unterschied von Stefans Verzweifeln nun den Aufblick in eine religiöse Welt, die ihm zuvor fremd gewesen war. Diese war so stark in ihm geworden, daß er Christen und Juden mit sich fortreißen konnte. Er gewann auch seinen Freund Stefan Zweig mit seinem Buch »Der Apostel«. Stefan, den das Alte Testament immer wieder inspirierte, blieben christliche Eindrücke nicht fremd. Er teilte mit mir die Ergriffenheit beim Anblick gotischer Kathedralen. In diesem Zusammenhang erinnere ich mich an eine besondere Kunstwanderung in der Provence.

Als wir von einem Besuch bei André Maurois in Valloris nach Cannes zurückkehrten, sprach uns im Zug ein Herr in deutscher Sprache an. Er war der bekannte, große österreichische Kunstsammler Stefan von Auspitz. Im Laufe des Gespräches lud er uns ein, in den kommenden Wochen mit ihm die frühchristlichen Kunstschätze der Provence, die zum Teil abseits touristischer Kenntnis lagen, unter seiner Führung zu besuchen. Wir nahmen gerne an. Es war das Land Mistrals, das wir befuhren, des provençalischen Dichters. Landschaften, die Van Gogh verewigte, streiften an uns vorbei. Sakristeien, etwas in Nîmes oder Narbonne, mit wundervollen Elfenbeinschnitzereien öffneten sich uns als eingesprengte Bijoux zwischen den ernsten Kirchen. Kartausen gaben Einblicke in das Leben der Eremiten, die Stefan um ihrer seelischen Abgeschiedenheit und Sammlung willen beneidete. In kleinen Museen verbargen sich unphotographierte, köstliche Funde. Hier war noch das Romanische erhalten und die gallorömischen Sarkophage. Es vermengten sich Erinnerungen an den Durchzug von Vandalen, Goten und Burgundern. Symbole des Orients enthüllten sich uns durch die Erklärungen unseres eminenten Kunstgelehrten. Der Kampf der Menschen mit der Unterwelt der Beängstigung, wie gut konnte sie Stefan aus den alten, steinernen Darstellungen herauslesen! Die Midgardschlange tauchte hier aus fremder Welt auf und züngelte, der Weltuntergang bekam symbolische Gestalt und ein Fuß setzte sich auf ihr steinernes Haupt. Unzählige Sinnbilder wurden in dieser Plastik wach, die wir hier erlebten. Landschaftlich wechselten Pinienhaine mit Rhônekanälen und Salzsümpfen, als wir uns der Mauer mit den vielen befestigten Türmen von Aigues-Mortes näherten. Diese seltsame Stadt, gegründet von einem heiliggesprochenen König, als sein Ausfahrtshafen zu seinen zwei Kreuzzügen, wurde später ein gewaltiges Gefängnis für politisch-religiöse Feinde und aufrührerische Tempelritter, ein Hort früher Resistenz, denn das Wort Recister findet sich noch am Steinrand eines Guckloches eingeritzt; es stammt angeblich von einer Frau, die hier siebenunddreißig Jahre mit ungebrochenem Willen Gefangene war. Das nahe St. Gilles du Gard ist uns durch seine einzigartige Abteikirche und der in Religionskriegen nicht völlig verheerten Kirchenkunst ein großes Erlebnis gewesen. In der Krypta einer riesigen Unterkirche liegt St. Gilles, der aus Griechenland stammende Ägidius, begraben. Er war ein Eremit und Wundertäter, zu den Vierzehn Nothelfern erhoben. Riesige steinerne Engel sahen auf uns herab. Andächtig stiegen wir die breiten Stiegen zu dem Eingang empor. Herrlich ist die dreitorige Mamorfassade, Christus in dreifacher Weise darstellend. Im Fries ist die Passionsgeschichte erzählt. In unübersehbarer Fülle reiht sich da Motiv an Motiv aus Lebens- und Leidensgeschichte des Heilands; Legende und Mythologie verschmelzen ineinander. Jede Darstellung aus der Menschen- und Tierwelt ist in gläubiger Ergriffenheit wiedergegeben. Über Stefans Eindrücke in der Kathedrale von Chartres kann man in seinen gesammelten Aufsätzen und Vorträgen lesen. Leider hat er diese über St. Gilles nicht niedergelegt. »Ehrfürchtig spürt man hier den Geist der Gotik, das Jahrhundert des Glaubens und der Geduld«, schrieb er über Chartres. In St. Gilles blättern sich Jahrhunderte auf und es ist nicht sosehr die Gotik, die einen berührt, sondern das fast Zeitlose, das Ineinandergreifen der Zeiten, das große Epos des Glaubens.

Nach der Lektüre eines amüsanten Buches von Morand über London, in dem diese Stadt allerdings nicht als verlockender Aufenthalt für Parisgewohnte beschrieben war, erriet ich, daß sie für Stefan eben deshalb viele Vorteile bieten würde. Der Mangel an nahen Freunden, die Diskretion der Engländer, die großartige Bibliothek des Britischen Museums verbürgten das richtige Klima für seine Arbeit. Es wurde vorläufig für zeitweiligen Aufenthalt ein Stützpunkt in London gewonnen.

Trotz der drohend werdenden Lage gab es in den frühen dreißiger Jahren für ihn noch Erfolg. So gelang ihm, nachdem wir eine halbe Nacht mit der zögernden Abfassung eines Briefes an Mussolini verbracht hatten, die Rettung eines Professors, um die Stefan von dessen Frau angefleht worden war. Nach einem Vortrag in Florenz schrieb er mir im Mai des Jahres 1932: »Also, es ist überstanden und ich muß wirklich selber sagen, es war erstaunlich. Der göttliche Saal der Signoria, ein Traum di bon dio und überdies gefüllt zum Bersten, über tausend Personen und dabei gar keine Deutschen, nur Italiener, und was für fabelhafte Frauen – grand évenement artistique, ich mußte dann etwa zweihundert Bücher unterzeichnen, dem Podestà und allen denkbaren Marchesen und Principessen Einladungen ablehnen und habe, glaube ich, wirklich gut gesprochen. Wahrscheinlich besser als andere. Das Ganze hat ein unglaubliches Cachet gehabt, ich kann mir nicht denken, daß an irgendeinem Ort der Welt dies zu überbieten gewesen wäre. Schade, daß Du nicht dabei warst – mit dem Operntheater in Moskau war es doch das Eindrucksvollste meiner alternden Existenz.«

Besonders schön waren unsere sommerlichen Aufenthalte in dem böhmischen Marienbad, dessen herrliche Wälder Stefan sosehr liebte und wo seine Mutter als der treueste Kurgast immer wieder gefeiert wurde. Es war zum Unterschied zu dem nahen Karlsbad, das für die Heilung ernster Krankheiten aufgesucht wurde, das Mekka der Dicken oder nur Eitlen, die Gewicht verlieren wollten, wo jedoch seltsamerweise die besten Konditoreien sündhafte Versuchungen boten. Die Moorbäder, wie Stefan es wünschte, gemeinsam zu gebrauchen, konnte sich nur ein schon erprobtes Ehepaar erlauben, denn man verwandelte sich in ihnen zu einer triefenden Masse pechschwarzen Schlammes, von dem befreit man dem Prozeß des Dünstens zugeführt wurde. Es war für Stefan die Zeit, wo er seine Fünfzig als Warnung verspürte, seine Schlankheit und Elastizität nicht zu verlieren. In hahnenkrähender Frühe machte er sich auf, um durch die wunderbaren Tannenwälder nach Schloß Königswart zu wandern, um mir dann stolz von der Begegnung mit Herden mächtiger Hirsche zu berichten. Das darauffolgende Frühstück war ein kulinarisches Erlebnis, währenddessen man bereits interessanten Menschen begegnete. Es gab Gespräche mit dem russischen Kultusminister Litwinow, der eine englische Frau hatte, und mit einem Ehepaar aus England von beginnendem Weltruhm: Professor Chaim Weizmann und seiner Frau Vera. Mit ihnen waren wir auch im nahen Karlsbad zusammengetroffen. Der hochgewachsene Mann mit dem syrischen, exotisch wirkenden Kopf war mir einmal, ohne daß ich ahnte, wer er war, in einem Londoner Restaurant aufgefallen. Unwillkürlich stellte man sich ihn in Burnus und Turban vor. Sein Aussehen ließ keinen Augenblick einen Zweifel darüber, daß man es mit einem außerordentlichen Menschen zu tun hatte. Obwohl nicht im Morgenland geboren, schien er die Zugehörigkeit der Juden zu Palästina bezeugen zu können, er, der dazu bestimmt war, Israels erster Präsident zu werden. Als er mich auf der Promenade in Karlsbad fragte, was mich bestimmte, über Pasteur eine Biographie zu schreiben, antwortete ich ebenso ahnungslos als taktlos, ich hätte im Sinne gehabt, einen Helden der Wissenschaft zu feiern, der für das Heil, nicht für die Zerstörung der Menschen gewirkt hätte. Ich dachte dabei an Haber, der für Deutschlands Giftgase verantwortlich gewesen war. Ich wußte damals nicht, daß Professor Weizmann durch seine bakteriologischen Forschungen der englischen Kriegsindustrie außerordentliche Dienste geleistet hatte, und die Balfour-Deklaration, die für das spätere Israel entscheidend gewesen ist, die diesbezügliche Dankbarkeitsbezeugung war. Obwohl Pasteur vor ihm bewiesen hatte, daß Butylalkohol das direkte Produkt von Zuckerstoffgärung ist, machte Weizmann erst die praktische Seite bekannt. Es bestand also zwischen diesen beiden eine enge wissenschaftliche Bindung, und Weizmanns freundliche Erkundigung über meine Biographie war begreiflich. Bei einem unserer Londoner Aufenthalte waren wir dann in Professor Weizmanns und seiner liebenswürdigen Frau vornehmem Heim zum Abendessen eingeladen. Ein Gast, ein Schriftsteller, der eben an einer Biographie Lord Readings, des britischen Vizekönigs Indiens, eines Juden, schrieb, brachte die Frage auf die Stellung der Juden in England. Weizmann beantwortete sie dahin, daß ihnen gegenüber keinerlei Schmälerung in der englischen Gesellschaft vorhanden sei, es wäre denn, daß man nie einen Juden zum »Master of Hunt« ernenne, zum Meister der Perforcejagden.

Schöne Tage verbrachten wir, als schon unsere Wohnorte sich zu teilen begannen, in Klosters und im folgenden Jahr in Luzern. Dort wohnten wir in einem schönen Hotel, das den See überblickte. Mehrmals hörten wir in den Zimmern über den unsrigen Klavierspiel. Es war zuerst höchst geläufiges Üben, das allmählich in geformtes Spiel überging und zur wunderbarsten Meisterhaftigkeit sich steigerte. Eines Tages sahen wir einen schlanken Mann an uns vorüberhuschen und erkannten Wladimir Horowitz. Da er die Mahlzeiten in seinem Zimmer einnahm, vermuteten wir, daß er sein Inkognito gewahrt wissen wollte. Wir sandten ihm erst vor unserer Abfahrt einen Gruß, für ihn und den Maestro und Carla Toscanini, seine Schwiegereltern.

Ein anderes mit großer Musik verknüpftes Begebnis ereignete sich gleichfalls während dieses Luzerner Aufenthaltes. Wir entdeckten bei einem Ausflug nach Triebschen, dem Entstehungsort von Wagners Tristan, einen idealen Platz für musikalische Festspiele. Hier stand das Haus, das einen Schrein der hohen Gegenwart Richard und Cosima Wagners vorstellte. Von dem würdigen Bau senkte sich ein weiter Rasen zum See hinab, man konnte sich für Konzerte im Freien keinen schöneren Ort denken. Als Stefan am selben Nachmittag den Besuch eines angesehenen Journalisten der Stadt erhielt, teilte er ihm seine Idee mit. Schon am darauffolgenden Tage meldete sich der Stadtpräsident, Dr. Zimmerle, so glaube ich war sein Name. Er war ein sehr hochgewachsener ernster Herr, in feierliches Schwarz gekleidet. Er dankte Stefan für den ihm ausgezeichnet dünkenden Vorschlag, doch bat er ihn, sich aktiv an der Ausführung desselben zu beteiligen. Dies lehnte Stefan ab, verwies aber auf Dr. Josef Gregor von der Wiener Nationalbibiliothek, der zu solcher Mitarbeiterschaft ihm besonders geeignet schien. So entstanden die Luzerner Festspiele, die bald darauf mit Bruno Walter und Arturo Toscanini zelebriert und zu einer dauernden Einrichtung wurden.

Stefan hatte Richard Strauss als seinen Nachfolger Josef Gregor vorgeschlagen, oder als Ausführer weiterer von ihm inspirierter Libretti, die er trotz dringlicher Vorstellungen des Meisters nicht mehr unter seinem Namen für ihn durchführen wollte. Wäre es nicht zu dem bitteren politischen Ausklang der Zusammenarbeit der beiden einander so wohlgeneigten Künstler gekommen, diese wäre eines der schönsten Erlebnisse in Stefan Zweigs Schaffen gewesen. Schrieb doch Strauss nach der ersten Durchsicht des Librettos an Professor Anton Kippenberg, der ihm Zweig als Librettisten empfohlen, es hätte seit Beaumarchais' Figaro kein besseres Libretto gegeben als das der »Schweigsamen Frau«. Stefan selbst sandte er samt einem von ihm geschriebenen Notenspiel die Worte des schönen Liedes nach Karl Henckells Worten:

»Ja, daß ich dich gefunden, du liebes Kind,
Das freut mich alle Tage, die mir beschieden sind.«

Durch das Vorwissen der Ereignisse getrieben und gehetzt, konnte sich Stefan den Persönlichkeiten in Österreich nicht anschließen, die, sei es aus Optimismus oder taktischen Gründen, ein Ausharren daselbst anrieten. Er selbst hatte innerlich schon den schwankenden Grund aufgegeben, als ein Ereignis ihm die logische Begründung dazu in die Hände spielte. Es fand in unserem Haus eine behördliche Suche nach Waffen statt, die in mehr als zweihundert Häusern durchgeführt worden war. Nach längerer Abwesenheit, in diesen Tagen eben zu kurzem Aufenthalt zurückgekehrt, betrachtete Stefan das als eine persönlich gegen ihn gerichtete Handlung, was ganz und gar nicht der Fall war. Das Polizeiamt, das die Auswahl getroffen hatte, handelte nach mehr oder minder begründeten Vermutungen, die sich in vielen Fällen dann bewahrheitet hatten, da der sozialistische Schutzbund – wo immer es möglich war – Waffen gegen seine Angreifer, die Heimwehr, verborgen hielt. Daß dies in unserem weitläufigen und recht unüberblickbaren Hause nicht ausgeschlossen schien, hatte auch mit dem häufigen Kommen und Gehen eines Stefan herzlich ergebenen Mannes zu tun, eines sozialistischen Funktionärs, der ihm bei den Korrekturen der Druckbögen seiner Bücher half und sich bei dieser Gelegenheit Bücher unserer Bibliothek entlieh, die er in einem Rucksack hin- und herbrachte. Überdies hatte unser langjähriger Diener seinen Stammtisch unter Angehörigen des Schutzbundes. Nichts wäre erklärlicher gewesen, als daß dieser Bund das Haus, dessen Bewohner oft recht lange abwesend waren, für seine Zwecke hinter dem Rücken des Besitzers benützten. Daß es sich um den Ansitz eines Waffenfeindes, eines weltweit bekannten Pazifisten handelte, hatte die höchst provinzielle Polizeibehörde, die kein reflektierendes Gehirn besaß, nicht in Betracht gezogen. Die Funktionäre waren indes höflich und sachlich. Stefan aber reagierte wie gegen einen beabsichtigten Affront. Er beschleunigte seine eben geplante Abreise und meldete sich zuvor behördlich als Einwohner einer Stadt ab, in der er seit zwanzig Jahren einer der größten Steuerzahler gewesen war. Dies hatte unangenehme materielle Folgen, die er mir, die ich ihn vor diesem Schritt gewarnt hatte, verschwieg und von denen ich erst nach seinem Tod erfuhr.

Da ich keinen Vorwurf sowohl gegen uns selbst als auch gegen unsere Angestellten bestehen lassen wollte, veranlaßte ich unmittelbar nach Stefans Abreise, daß der Polizeichef schriftlich erkläre, es hätte sich um keinerlei Verdächtigungen gegen irgendwelche Insassen des Hauses gehandelt. Bei Stefans nächstem Aufenthalt in Wien stattete der Salzburger Landeshauptmann ihm im Hotel Regina einen Besuch ab, um eine Entschuldigung vorzubringen. Daß ich diesen Besuch in die Wege geleitet hatte, war Stefan unerfreulich und veränderte seine Haltung nicht, noch gab er den gefaßten Entschluß auf, alle Brücken hinter sich abzubrechen. Mir ward aufgetragen, das Haus unter allen Umständen so rasch wie möglich zu verkaufen, und ich muß hinzufügen, so rasch wie *unmöglich*. Heute sage ich mir, daß ich es hätte ablehnen sollen, dies auf meine sonst so willigen Schultern zu laden. Klüger wäre es gewesen, einen Häusermakler damit zu beauftragen. Es hätte mir Stefans Vorwurf, ja Verdächtigungen erspart, mich seinem Wunsch und Willen absichtlich zu widersetzen. Das anzunehmen war einerseits von seiner Seite begreiflich, wußte er doch, daß ich selbst und meine Kinder dieses uns noch heimatliche Haus liebten. Aber was sollte uns das große, kostspielige Heim ohne ihn? Doch es war in dieser politisch ungewissen Zeit ein fast unverkäufliches Haus, um so mehr, als wohlhabende Anwärter ihre Automobile auf dem historischen Knüppelweg nicht benützen konnten, der seit Jahrhunderten die Zufahrt bildete. Da Stefan meine materielle Lage so gestaltete, daß es mir immer schwieriger wurde, das Haus zu heizen und seinen hochbezahlten Diener weiterzubehalten, ersuchte ich ihn um eine Festsetzung meiner Bezüge, um das weiterhin imstande zu sein und auch sonst materiell disponieren zu können. Er ergriff jedoch die Gelegenheit, eine notarielle Angelegenheit daraus zu machen, in der er weitläufige Abmachungen festlegen ließ, die die Zukunft betrafen. Obwohl in diesen vertragsartigen Papieren nichts von etwaiger Scheidung besprochen war, befremdete mich der Vorgang, ohne daß er mich alarmiert hätte. Als wir in Wien, vom Notar kommend, ins Hotel zurückkehrten, warf sich Stefan tief erschöpft auf sein Bett und äußerte Verwunderung, daß ich so ruhig geblieben sei. Wenn ich das Vorangegangene eingehend beschrieben habe, so geschah es, um durch das, was sich in den nächsten Tagen ereignete, zu zeigen, wie Stefan völlig das Gleichgewicht verloren hatte. Ich reiste wie geplant am selben Tage nach Salzburg zurück, wo ich ihn zwei oder drei Tage später auf der Durchreise nach der Schweiz am Bahnhof sehen sollte. Zu meinem Erstaunen erhielt ich einen nach meiner Abfahrt in Wien geschriebenen Brief, der bewies, daß Stefan in den getroffenen Abmachungen bereits die Grundlage einer Trennung vorgesehen hatte. Ich lasse den Brief, der bereits in »Ein Briefwechsel – Stefan Zweig – Friderike Zweig, 1912 bis 1942« abgedruckt war, hier folgen:

Hotel Regina, 12. Mai 1937,
Liebe Fritzi, *nach Salzburg, Kapuzinerberg*

ich möchte nicht, daß Du glaubst, es sei dies eine frohe Stunde für mich gewesen – im Gegenteil, ich schreibe Dir das in der Nacht, schlaflos und voll Gedanken an die vergangene gute Zeit. Wir haben beide Fehler gemacht und ich wollte, es wäre anders gekommen – bei Gott, ich spüre im Herzen nichts als Traurigkeit über diesen äußeren Abschied, der innerlich keiner für mich ist, vielleicht nur wieder ein Näherkommen, weil wir nicht mehr so nahe sind mit all den Kleinlichkeiten und Peinlichkeiten. Ich weiß, ohne eitel zu sein, daß es Dir bitter schwer sein wird, ohne mich zu sein – aber Du verlierst nicht viel. Ich bin nicht mehr derselbe, ein menschenscheuer, ganz in sich zurückgezogener Mensch geworden, den eigentlich nur mehr die Arbeit freut. Du siehst, von wie viel ich Abschied genommen habe und ich weiß auch, daß es an mir liegt, wenn es um mich stiller und leerer wird; jener Schlag von Deutschland her hat uns alle tiefer getroffen als Du vermutest, und alles Festliche, Vergnügliche ist mir gespenstisch fremd geworden. Nein, Du verlierst nicht viel, und innerlich bin ich Dir gewiß nicht verloren – ich weiß genau, wer Du bist. – Ich bitte Dich, glaube mir, daß ich nichts anderes wünsche, als Dich zufrieden zu wissen – auch Deinen Kindern wünsche ich alles Glück. Wenn ich unzufrieden mit ihnen war, so doch nur, weil sie nichts von jenem brennenden Eifer des Lernens hatten, von dem wir doch beide wissen, daß er der Sinn und die Schönheit unserer Jugend war. – Aber ich wiederhole Dir, es ist kein Tropfen Bitternis in mir gegen Dich, nur ein großes Bedauern. – Ich fühle diese Zeit als grausamsten Druck. Verzeih mir jedenfalls, wenn ich durch diese Art von Pessimismus Dir manche Stunde verstörte, aber Du weißt, ich habe es mir nie leicht gemacht und mache es andern schwer, mit mir – außer in einzelnen glücklichen Intervallen – fröhlich zu sein. Ich bitte Dich nun herzlich, habe kein Mißtrauen zu mir. Ich bin voll Fehler und Unzulänglichkeiten, aber eines weißt Du, daß ich nie einen Menschen vergessen habe, den ich jemals gerne gehabt und wie sollte ich Dir fremd werden können, Dir, die mir am nächsten stand. Du weißt es, wie ich Freundschaft halte, wie ich nie mich dieser innern Pflicht entziehe, selbst wenn Freunde mir Schweres antun (wie jetzt Roth) – bitte gib nie dem Gedanken Raum, Du hättest mich irgendwie »verloren« und kümmere Dich nicht um die Leute. Wenn sie mich verurteilen, haben sie zum Teile recht, zum anderen Teil wissen sie nicht, was ich in den letzten Jahren durch den Komplex Salzburg gelitten habe. – Dich aber wird niemand verurteilen, und wer zu Dir hält, wird mir nur lieb und teuer sein (während ich jetzt alle verabscheute, die zwischen uns die Lage spannten). Ich glaube selbst, es ist besser so, wie es jetzt geworden ist und doch mir ein tiefer Schmerz; aber was gilt denn all das noch, was wir jetzt noch zu erleben und durchzuleben haben? Die beste Zeit ist unwiederkehrbar vorbei und wir haben sie gemeinsam gelebt, viel davon in wirklichem Glück und ich auch in gesegneter Arbeit. Denken wir an dies, wenn wir bedrückt sind, und glaube mir, daß ich Dir für alles Gute dankbar bin und daran gerade jetzt denke, während das Schlimme, das uns so oft verwirrt, nun vergessen ist. Vergiß auch Du, wenn ich oft zu Dir ungerecht war. Glaube nicht einen Augenblick, daß ich Dir verloren bin, und denke an mich wie an Deinen besten Freund – möge mir oft Gelegenheit gegeben sein, Dir dies zu beweisen und verzeih mir allen Schmerz, den diese Trennung Dir angetan. Es ist meine eigene Trauer, die Du fühlst und wenn ich irgend zu einer Stunde mit Dir oder für Dich sein kann, wird es trotz aller melancholischer Beschattung eine gute Stunde sein. Ich danke Dir für alles und vergesse nichts von dem Guten und Gemeinsamen dieser Jahre und werde es nie vergessen.

Immer Dein Stefan

Meine Töchter und Stefans eben in Salzburg weilender Freund Joseph Roth hatten mich auf den Bahnhof begleitet, um Stefan zu begrüßen und hatten sich, da der Zug einen beträchtlichen Aufenthalt hatte, dann zurückgezogen, um uns noch einige Zeit allein zu lassen. Da wenige Zeit zuvor seine Londoner Sekretärin, die er enge in sein Leben gezogen hatte, ihm eine Art Ultimatum gestellt hatte, sich zu entscheiden, ob er sie für dauernd engagieren oder auf sie verzichten wolle, kam er nun darauf zurück und mahnte mich, doch ja nicht zu glauben, daß ihn ein Gefühl an sie binde, und von Angst erfaßt bat er mich, einzuwilligen, den eben aufgestellten Notariatsakt zu annullieren. Ich willigte ein, und er beschwor mich fast, bis zur nächsten größeren Stadt – Zell am See – mit ihm zu fahren und dort ein Telegramm an den Notar aufzugeben, den Akt nicht zu intabulieren, ja er machte mir das Aussteigen aus dem Zug unmöglich. Ich kam erst um Mitternacht zur größten Sorge meiner Kinder und auch Freund Roths nach Salzburg zurück. Sie waren daran gewesen, die Polizei zu alarmieren.

Stefan hatte mich gebeten, was nicht vorgesehen gewesen war, ihm in den allernächsten Tagen nach Zürich zu folgen. Es kam anders. Der Notariatsakt war bereits intabuliert, mein Advokat in der Angelegenheit – ein Freund Stefans – war auf Urlaub gefahren und konnte nicht die Nichtigkeitserklärung des Vertrages in die Wege leiten. Trotz allen Überlegens konnte ich Stefans Verhalten nicht erfassen. Der Akt war doch schließlich nur ein Stück Papier, die geldlichen Abmachungen entsprachen keineswegs einer etwaigen dauernden Versorgung, die seinem Vermögen angepaßt gewesen wäre. Doch daß er die Aufforderung, ihm nach Zürich zu folgen, annullierte, verstand ich. Lotte war dort angekommen, und wie er mir am Salzburger Bahnhof versichert hatte, war er Szenen von ihrer Seite nicht gewachsen. Diese steigerten sich bei dem um seine verbürgte Gegenwart zitternden Mädchen immer mehr und waren von bösen Anfällen ihres alten Asthmaleidens begleitet. Wer Stefans »Ungeduld des Herzens« – in England heißt das Buch: »Warnung vor Mitleid« – las, wird die weiteren Entwicklungen und Verstrickungen begreifen. Die vielen quälenden Einzelheiten in diesem Unterminieren unseres Zusammenhalts waren mehr als Fragmente meines Lebens; für meine Leser mögen nur die schließlichen Auswirkungen wissenwert sein. Diese chronologisch zu schildern ist nicht möglich, weil sie sich in Zickzackbewegungen vollzogen. So sehr man im engeren Familienkreise gewohnt war, sich nach Stefans Wünschen zu richten, wurden diese nun zu unabsehbar, sich ihnen anzupassen. Er überrannte die Ereignisse, was bei dem so Klugen zu Unklugheiten führte und das Gegenteil des Beabsichtigten erzeugte. Man konnte widerraten, aber nicht widersprechen, da er ja Zuspruch erwartete. Die Bücherverbrennung, dieser mittelalterliche, hexenprozeßhafte Akt Geisteskranker im Herzen des Landes der Dichter und Denker war ihm ein schwerer Schock gewesen, ohne die Milderung, daß dies ihn mit so vielen anderen wertvollen Menschen zum Feind eines Regimes stempelte, gegen das er sich bisher nur indirekt mit seinen Biographien »Erasmus« und »Castellio gegen Calvin, ein Gewissen gegen die Gewalt« hatte ausdrücken können. Daß seinem Wort als internationalem Schriftsteller die Welt offenstand – er galt als der meistübersetzte Schriftsteller – entschädigte ihn zum Erstaunen anderer nicht, so wichtig ihm sonst internationale Verständigung war. Ja, er interessierte sich nicht für die Qualität der Übersetzungen, ließ es in einem besonderen Fall sogar jahrelang hingehen, daß sie schlecht waren, um dem, der sie verfertigte, nicht diesen Erwerb zu entziehen. Die ursprüngliche Abfassung, das deutsche Wort, das Blut von seinem Blute war, von seinem Herzschlag bewegt, das war es, worauf es ihm ankam. Er sprach zum deutschen Leser, die anderen horchten mit. So war denn durch die Abtrennung eines ganz großen Teiles seiner ihm vertrauten Leserwelt eine tiefe Kluft entstanden, in die er hinabsah, wie in einen unüberbrückbaren Hades. Als der unermüdliche Arbeiter, der er für jene eben noch Begeisterten gewesen, hatte er seine beste Kraft gegeben, nun fehlte sie ihm, sich selbst aufrechtzuerhalten. Noch war die Schweiz ihm offen, doch Österreich für ihn durch Intrigen unterminiert. Er litt so sehr, daß ich ihm für das mir von ihm Auferlegte nicht böse werden konnte, hatte er mich doch in dem angeführten Brief als jene bezeichnet, die ihm am nächsten stand. Den Abschied in diesem Brief hatte er widerrufen, so unsicher war er in seinem Verhalten geworden.

Er war immer kindlich leichtgläubig gewesen, nun aber war er es gegenüber von Einflüsterungen, die ihm manchmal nicht unwillkommen waren, sein eigenes Verhalten zu stützen. In seiner Familie hatte es schon immer Quertreibereien gegeben, da die Neigung, die mir seine Mutter entgegenbrachte, Eifersucht erregte. Auch andere versuchten, mich aus meiner Vorzugsstellung zu verdrängen, anfangs nur kleinen Nutzen aus dem Schaden ziehend, den ihr Manövrieren anrichtete. Dem stand freilich die so herzliche Freundschaft gegenüber, die mir so viele der gemeinsamen Freunde erwiesen. Stefans eigene Dementi dieser Intrigen brachten jedoch nicht mehr die Verbürgtheit unserer Verbundenheit zurück. Und steter Tropfen höhlt den Stein. Ich bin heute nach so vielen Jahren ehelicher Alleinsamkeit nicht sicher, ob ich mir mit meinem Festhalten nicht bitteres Unrecht zufügte, um so mehr, als ich einem durch viele Jahre getreuen Freund durch eine Verbindung mit ihm und gemeinsame Auswanderung den Tod durch Verschüttung in einem der furchtbarsten Bombardements in Deutschland erspart hätte. Als dieser meine gefährdete Lage erkannte, bat er mich, nun Witwer geworden, mit ihm eine Ehe einzugehen, die er sich vom Anbeginn unserer Freundschaft gewünscht hatte. Körperlich als Flieger heldenhaft, als der beste Korrespondent im Ersten Weltkrieg allen Gefahren trotzend, hatte er die zarteste swedenborgsche Seele, in der er sich eine andere Welt gebaut, in der er, wie er mir oft versicherte, alle die Jahre mit mir gehaust hatte. Nur wenige irdische Unterbrechungen hatten stattgefunden, nun sollte es keinerlei mehr geben. Stefan hätte nicht nur aus Stolz und Trotz, sondern seines Verhaltens eingedenk und gewiß auch, um mir und diesem seinem alten Freund nicht hinderlich zu sein, den neuen Lebensweg begünstigt. Ablehnend verschwieg ich Stefan das Angebot, denn schon das Wissen darum hätte seinen Boden noch schwankender gemacht. So konnte ich ihn in London, als er den Verrat eines jungen Freundes erfuhr und, in fassungslose Verzweiflung geraten, mir vorschlug, mit ihm Selbstmord zu begehen, vom Abgrund wegziehen, denn ich war ja bei ihm. Es war das zweite Mal, daß es mit ihm so weit gekommen war, die dritte Rettung blieb mir versagt, da ich nicht mehr bei ihm war.

Wie vorausgesehen, befriedigten uns beide die Londoner Aufenthalte

nicht nur der guten Arbeitsatmosphäre wegen, sondern auch der Möglichkeit wegen, kleine Wohnungen mit guter Bedienung zu finden. Nachdem diese anfangs provisorischer Art gewesen, die ein Kommen und Gehen leichtmachten, dachten wir bald an etwas Stabiles. So schrieb er mir im Oktober 1935 von London, Portland Place: »Ich habe einen ganzen Pack Vorschläge von Wohnungsagenten bekommen, doch will ich unbedingt in der inneren Stadt bleiben. Ich sah zum erstenmal etwas, was vielleicht passend sein könnte, in einem eben fertigwerdenden Hause, gerade um die Ecke, in der Hallam Street. Meine Absicht wäre, Ende November oder Dezember zurückzukommen und dabei alles zu übersiedelnde zu inspizieren. Ich wäre Dir nun sehr dankbar, wenn Du Dich ungefähr über die Modalität einer solchen Übersiedlung erkundigen würdest. Vielleicht machst Du Dir eine Liste über das, was brauchbar wäre. Es sind ja im Hause soviel Sachen, daß es deshalb dennoch völlig intakt wirken würde. Ich sehe, wie alle sich hier einrichten, Frischauer, Kortner, Toller, und jeder findet hier eigentlich gute Verdienste. Dabei ist die Atmosphäre durchaus angenehm und ruhig und nicht die geringste Nervosität zu spüren. – Kein Mensch denkt hier an Krieg, nur an mögliche Entwicklungen in Binneneuropa. Aber sie zielen nur auf eines: to keep out – und das tue ich in meinem Sinn als Schriftsteller ja auch.«
Ich fuhr für wenige Tage nach London, um die Wohnung zu besichtigen und wir mieteten sie. Im darauffolgenden Januar waren die Bücher, Möbel, Bilder, die er um sich haben wollte, von Salzburg unterwegs nach London. Unendlich viel hatte Stefan an Briefschaften verbrannt. Entwürfe und Rohabschriften seiner Arbeiten rettete ich und übersiedelte sie dann kistenweise in das 1937 gemietete Haus im Nonntal, wo die Gestapo sie drei Jahre später raubte. Aus Hunderten von Widmungsexemplaren in allen Sprachen, die er in seiner ikonoklastischen Anwandlung gleichfalls verbrennen wollte (mancher der Autoren ist heute berühmt geworden), riß ich die Widmungsseite heraus, um zumindest diese zu bewahren. Sie erlitten unter anderem, genau wie die Entwürfe und meine Sammlung seiner Bücher in den verschiedenen Sprachen, etwa sechshundert an der Zahl, dasselbe Los, wogegen meine Tochter Lix, die sich damals angeschickt hatte, alles zu verpacken und zu einer Übersiedlung bereitzuhalten, machtlos war.
Nun aber, wo es in Salzburg sogar noch Festspiele gab, machte ich mich daran, uns in London eine Wohnung einzurichten, in der Stefan sich zu Hause fühlen konnte. Nach kurzem Aufenthalt mit ihm in Nizza fuhr ich nach London voraus, dies zu veranstalten. Ich unter-

brach die Reise, um Avignon zu besichtigen, das Schloß der Päpste, das, wie so viele historische Denkmäler Frankreichs, durch Violet Le Duc allzu merkbar restauriert worden war. Auf dem riesigen Aquädukt, berühmt durch den Kinderreim, tanzte niemand einen fröhlichen Reigen, denn die ganze Rhônegegend war weithin von einer großen Überschwemmung heimgesucht, sie war zu einem unübersehbaren Meer geworden, aus dem ab und zu die Spitze eines Kirchturmes hervorsah. In Paris sah ich, nur wenige Stunden verbleibend, einige Freunde, was dann auf dem Dampfer von Calais nach Dover ein Nachspiel hatte. Es umkreiste mich da nämlich ein jüngerer Mann, eigentlich einem Handwerker mit einem unverkennbaren Künstlerkopf gleichend. Ich war wie immer unauffällig gekleidet und, obwohl viel jünger aussehend als ich war, doch nicht das Objekt eines Flirts. So wich ich denn aus, und erst im Zug von Dover nach London, im Speisewagen, ergab sich für den Fremden die Gelegenheit, mich anzusprechen und mich zu fragen, ob er an meinem Tisch Platz nehmen dürfe. Er stellte sich vor und nannte nebstbei den Namen Joseph Roths, dessen Freundin ihn in Paris darauf aufmerksam gemacht hatte, daß ich zugleich mit ihm die Überfahrt unternehmen werde, er möge sich, wenn möglich, mir nützlich erweisen, weshalb er mich denn nicht aus dem Auge gelassen habe. Doch nun begannen seine ausdrucksvollen schwarzen Augen mir mehr als diese Art von Aufmerksamkeit zu bezeugen. Er war der Neigung nach Maler, hatte schon mit Erfolg Bilder ausgestellt, sei aber in London auf handwerklichen Broterwerb angewiesen und nenne sich einen modernen Beleuchtungsingenieur. Als solcher war er mir dann aufs beste bei der Einrichtung der neuen Wohnung behilflich. Er vertrieb mir außerdem die Zeit als ein mir bisher unbekannter neuer Künstler, der in jeder Weise vom Traditionellen abwich. Doch durch den Broterwerb für seine alte Mutter und als geschiedener Mann und Vater lasteten die finanziellen Pflichten zu schwer auf der künstlerischen Inspiration, zu deren Zeugin er mich in seinem Atelier durch seine recht außerordentlichen Skizzen machte. Wie ich das schon einmal bei einem jungen Maler erlebt hatte, suchte er bei mir neue Ermutigung und stürzte sich nun in einen von ihm zuvor nicht gekannten Arbeitseifer. Diese Begegnungen, die er geradezu leidenschaftlich forderte, wirkten als ein leichter Balsam auf mich, hatte ich doch Stefan in Nizza mit der nicht mehr weichenden, ihn anbetenden Sekretärin zurücklassen müssen.

In diesen Tagen spielte sich in London ein großes Ereignis ab. Der noch junge König Georg VI. war schwer erkrankt. Ich wohnte in dem schonen, altmodischen Langham Hotel gegenüber der großen BBC, des British-Broadcasting-Gebäudes. Es war nahe vor dem dann zerbombten alten Konzerthaus, in dem ich herrliche Abende genossen hatte. Nun aber widerhallte die große Lobby des Langham Hotels vom Schluchzen der teilweise sehr alten Engländer, die hier zu wohnen pflegten und jene einzigartige Liebe zum Königshause bezeugten. Denn das Radio verkündete während der ganzen Nacht die traurigen Phasen des sterbenden, geliebten Monarchen. In der Früh sah ich von meinem Fenster an einem nahen Gebäude die Landesflagge auf Halbmast.

Ich war Zeuge des Leichenzuges, eines eindrucksvollen Ereignisses, das mich an jenes anläßlich des Todes des uralten Kaisers Franz Joseph erinnerte, den ich mit dem geliebten Schwiegervater und meinen Kindern von einem Fenster aus zwanzig Jahre zuvor gesehen hatte. Auch dieses britischen Monarchen Sarg zog mit absichtsvoller Prunklosigkeit vorbei, doch erblickte ich in den großen Kaleschen die Fürstlichkeiten der Welt. Wenige Tage zuvor hatte ich den neuen widerspruchsvollen Anwärter des Thrones gesehen, als er im BBC-Gebäude zu einer Ansprache erwartet wurde, wobei am Eingang die so sympathischen Tommies, die Londoner Polizeileute, den Kindern und besonders den Krüppeln erlaubt hatten, in den ersten Reihen zu verweilen. Diesen königlichen Helden der Arbeiterfrauen Englands, der in Indien einem Unberührbaren die Hand gedrückt hatte, sah ich zuvor in Österreich während seines Brautstandes. Er mußte ein Jahr seiner Zukünftigen fernbleiben, um, gemäß einem englischen Gesetz, kein etwaiges Ehehindernis herauszufordern. Es war im Südbahn-Hotel am Semmering bei Wien, als er Gast des Baron Rothschild war. Er sah damals wie auch 1936 so aus, als wäre er eben erst als Schüler von Eton entlassen worden. Ein Wiener Detektiv, der ihn bei einem Ausflug nach Budapest zu beschützen hatte, erzählte mir, es wäre das, wegen des Herzogs besonderem Interesse, Nachtlokale aufzusuchen und sich schlau aller Kontrolle zu entziehen, eine peinliche Aufgabe gewesen. Das Symbol der königlichen Würde ist nun besser ausgedrückt, als durch die romantische Erscheinung eines Mannes, der einer Krone Liebestreue vorangestellt hatte. Oder war es menschliche Schwäche gewesen?

Nun, ich selbst – unwichtiges Individuum – hatte gegen menschliche Schwäche bald erfolglos um eigene Rechte in jener Londoner Wohnung zu kämpfen, die ich nun auf das hübscheste eingerichtet hatte.

Stefan kam und konnte sich sogleich an seinen Salzburger Schreibtisch setzen, der mit allem anderen Übersiedlungsgut eingetroffen war. Sein

Zimmer hatte die gleiche Sandringhamtapete in jenem Rot, das er liebte, wie in seiner nun am Kapuzinerberg vereinsamten Bibliothek. In dem anstoßenden Zimmer hing die Zeichnung King Johns von Blake, mit den irren und dennoch weisen Augen, die mich heute ebenso fragend in meinem Heim in Connecticut anblicken.

Unser gesellschaftlicher Verkehr blieb von den Störungen durch die Sekretärin unberührt. Daran hielt Stefan fest. So erinnere ich mich des Besuches des ausgezeichneten Cellisten Gregor Piatigorsky, Freund der Toscaninis, der Ergreifendes aus seiner frühen Jugend in Rußland erzählte, während der er als Wunderkind seine Familie ernährte. Der Pianoduettisten Wronski und Babin schwieriger Anbeginn spielte sich in unserer Umgebung ab, da sie unter dem Schutz der uns befreundeten Musikverlegerin Rose Standfield standen. Wir hatten auch den großen Kavalier Baron Franckenstein, Österreichs Gesandten, zu Gast, dessen Gäste wir wiederum im entzückenden Barockpalais inmitten diplomatischen Glanzes waren. Hier begann Erika Morinis Karriere. Tedd Carr, heute weitanerkannter Historiker, und seine schwerkranke Frau besuchten wir oftmals. Sie erwiesen mir später unvergessene Freundschaft. Manche andere wären anzuführen. Doch der bedeutendste Besucher war ein Österreicher, der große Physiker und spätere Nobelpreisträger Erwin Schrödinger, der Begründer der Wellenmechanik. Mehreres führte ihn zu uns: Meine teure Salzburger Freundin Josefine Junger war die Patin seiner Frau, deren wunderschöne Tochter ihn zu vielen Gedichten angeregt hatte, und Stefans Werk bedeutete ihm viel. Von seiner weltweiten Anerkennung machte Schrödinger kein Aufhebens, ja es hieß, er wolle sich zurückziehen und in Tirol Gastwirt werden. Nach dem Krieg ging er in seine Heimat zurück, lehrte an Universitäten und veröffentlichte Bemerkenswertes. Sein gerades Wesen deckte sich mit der seltenen Klarheit der Darstellung der komplizierten Theorien, die er auch Laien verständlich machen konnte, obwohl sie frühere biologische Auffassungen verdrängten. Das Erstaunliche, daß dieser tiefgehende Forscher auch ein Dichter sein konnte, erklärt sich durch den Kern seiner Theorie, die im Aufbau der Materie der Individuation entscheidenden Raum gibt.

So gab es denn trotz der für mich unerträglichen Behelligungen auch reichlich Anregungen. Doch nach Wien zurückgekehrt, wollte mein guter Bruder, der auch Arzt wunder Seelen war, um mir Demütigungen zu ersparen, mich neu installieren, was wie ein Abbrechen der Brücken sich hätte auswirken können. So richtete ich denn auf den Namen meiner Töchter ein Haus im Salzburger Nonntal ein, nicht zuletzt, um die übriggebliebenen Güter von dem verkauften Haus am Kapuzinerberg übersiedeln zu können und Wünschenswertes zu bewahren. Stefan ließ mich aus der nur teilweise von ihm verkauften großen Bibliothek, von der etwa ein Drittel nach London gegangen war, auswählen, was mir lieb war, wobei ich nach Eintausch und Umtausch eine ungemein persönliche, in schönsten Ausgaben erstellte Bücherei mein eigen nennen konnte. Auch mit Möbeln tat ich es teilweise so, wobei Stefan, um sich so unbeschwert wie möglich zu fühlen, sehr zu unserem späteren Schaden, für sich auch auf Kunstwerke kein Gewicht legte. Die Folge war, daß das Haus ganz besonders schön wurde und es ein leichtes war, durch Vermietung eines Teiles an Festspielbesucher den ganzen Jahreszins hereinzubringen. So konnten wir denn auch noch liebe, darunter prominente Gäste empfangen, wenn auch Stefan, der mich wohl in der Schweiz treffen wollte, nicht mehr nach Salzburg kam, da er den Affront der Hausdurchsuchung nicht verzieh.

Pasteur

Nach unserem letzten gemeinsamen Zusammenwohnen in einem Luzerner Hotel am See fuhr ich für wenige Tage nach Paris, um noch weitere Erkundigungen für meine Pasteurbiographie einzuziehen. Professor Besredka, der Nachfolger des großen Metschnikoff, bestärkte mich durchaus in den Motiven meines kühnen Unternehmens. Das damalige Gespräch mit ihm hat heute Aktualität. Ich erwähnte die Dankespflicht angesichts der der Menschheit gewidmeten Forschungen. Dieser Dank sei, antwortete er mir, keineswegs verdient und bezweckt, denn der Wissenschaftler verfolge seine Arbeit nur des speziellen Gelingens wegen und denke dabei nicht an Wohltaten. Nun, Pasteur bewies das Gegenteil, als er seinen schon angesehenen Namen aufs Spiel setzte, da er seine noch nicht voll erwiesene Hundswutheilung einem Kind angedeihen ließ, dessen Mutter ihn anflehte, es zu retten. Wäre das nicht gelungen, würde der immense Einsatz seiner Forschung zunichte geworden sein und er wäre als Kurpfuscher gebrandmarkt worden. Ihm war der Dienst am Menschen die erste Pflicht. So war mir denn, als beträte ich wunderreichen Boden, als sich die Pforten des hohen Tempels der Wissenschaft wieder vor mir aufgetan hatten. Dr. Schiff, der Neurologe, ein Magier also auf anderem Gebiet, hatte mir den Besuch des Pasteurschen Instituts auf das liebenswürdigste ermöglicht. Seit längerer Zeit war ich, da ich über den Gründer und Urheber des Imperiums eine Studie verfassen wollte, eifrig beschäftigt, meine Kenntnisse über den Meister zu erweitern. Nun befand ich mich wieder an der richtigen Quelle. Zunächst sieht man nur eine Fülle von Gebäuden, weiß, hier mitten im Herzen ihrer Arbeitsstätte liegen Pasteur, um dessen sterbliche Reste das Pantheon kämpfte, und Metschnikoff begraben. Schon kannte ich die Phasen der Pasteurschen Forschung, soweit es einem Laien möglich war, wußte von den Apparaten, die er benützte und in dem und jenem historisch gewordenen Augenblick gehandhabt hatte, und nun sah ich, von Professor Besredka, Metschnikoffs Schüler und bedeutendem Nachfolger, geleitet, sie in leibhaftiger Form. Zunächst im Arbeitszimmer Metschnikoffs, wo sein Schüler nichts geändert, verlockte es, den so erfolgreichen Gelehrten sprechen zu hören, und gütig ließ dieser nun an mir vorüberziehen, was ihm aus den Anfängen des großartigen

Hauses und seiner Urheber vertraut war. Warmgehegte Erinnerungen an den eigenen Meister wurden dem, der ja mehr als Schüler und Mitarbeiter Pasteurs gewesen, wach. Das Metschnikoffsche Laboratorium, eines von den etwa vierzig (1888 begann man mit fünf), diente nun dem Neuen und Neusten der Forschung, dem Vergleichen, dem Revidieren, der Vertiefung der alten und jüngsten Erkenntnisse, aber der Geist des Begründers ist noch deutlich zu verspüren. Professor Besredka erzählt, und schon ersteht plastisch das Bild des Gelehrten, der ja auch ein großer, optimistischer Philosoph gewesen. Man sieht den geistvollen Russen mit den glänzenden Forscheraugen, der breiten Stirn, den bis über den Kragen reichenden Locken, Besucher aus aller Welt empfangen und in vier Sprachen zugleich diskutieren, ein wahrer »Dämon der Wissenschaft«, wie Roux, der Senior des Instituts Pasteur, ihn nannte.

Es waren nun nicht mehr viele da, die mit Pasteur selbst gearbeitet hatten. Mancher sah ihn noch, einen Fuß stark nachziehend, durch den Garten gehen, denn er hatte im Institut, dort wo heute die hehre Stätte seines Museums errichtet ist, seine Wohnung. Mit sechsundvierzig Jahren erlitt der mit Hochdruck Arbeitende einen Schlaganfall, der Sprech- und Bewegungsstörungen hervorrief, aber die an das Wunderbare grenzende Energie überwand den toddrohenden Anfall, und er lieferte nach dieser Attacke seine bedeutendsten wissenschaftlichen Ergebnisse. Zwei Jahre vor seinem Tode jedoch (er wurde dreiundsiebzig Jahre alt) war sein Forschen schon ganz an die Menschheit fortgegeben, denn er selber, so heißt es, habe nichts mehr von dem gewußt, was sein geniales Hirn geschaffen hatte. Eine Welt war durch seine Hellsichtigkeit erschlossen worden, eine Welt, deren Fülle und Zukunftsträchtigkeit er vom ersten Augenblick an geahnt; das Pasteursche Institut ist seiner Forschung lebendiger Organismus, der sich stündlich weiterentwickelt und in dem das Werk fortlebt und fortstrebt in die Jahrhunderte, was immer auch die Gegner der analytischen Richtung in der Medizin dagegen vorzubringen hatten. In dem kleinen Pavillion der Wutheilung, der ja den Kern des Instituts, das ihn jetzt überwuchert, bildete, war noch nichts geändert. Dicht beisammen lagen noch Wartesaal, Impfungszimmer und ein chirurgischer Raum für jene, deren Bißwunden Behandlung brauchen. Dicht angegliedert war auch die dunkle Kammer, in der auf besondere Weise präperierte Rückenmarkteile geimpfter Kaninchen zum Trocknen aufgehängt sind, die dann, in Flüssigkeit verarbeitet, als Impfstoff dienten. Schon im ersten Jahre des Instituts wurden 2671 Personen geimpft, dann mehr als

45751 Menschen in Paris allein behandelt und vor dem sicheren und entsetzlichen Tod gerettet, während man früher die furchtbar Leidenden zwischen Matratzen erstickte, um ihren Qualen ein Ende zu bereiten. Die ersten Menschen, die unter dem unendlichen, inneren Zagen von Pasteur geimpft wurden, ehemals kleine Bauernjungen, sind gleichsam dem Institut einverleibt worden: sie lebten darin als Angestellte. An einen von ihnen, den Schäfer Jupille, gemahnt ein Denkmal in den Gartenanlagen, wie er eben mit dem rasenden Hund ringt, denn er war nicht nur ein Geheilter, sondern ein Held. Sechs kleine Hirten wurden im Jura von einem wütenden Hund angefallen. Der älteste, fünfzehnjährig, stellte sich dem schrecklichen Tod, um seine Gefährten zu schützen. Mit der rechten Hand riß er ihm den Rachen, der seine linke Hand festhielt, auf, fesselte das unglückliche Tier mit dem Peitschenstrang und erschlug es mit seinem Holzschuh. Daß Menschliches und Forschung, Persönliches und wissenschaftliche Verwirklichung in der Anstalt selbst ineinanderfließen, bezeichnete so recht den Geist dieses Hauses. Ein alter, hochgewachsener Herr, typischer Gelehrter, ging vor mir die Stiege hinauf. Er schüttelte dem im weißen Kittel die Fenster waschenden jungen Mann die Hand. Ist es der Ausdruck der demokratischen Gesinnung, der man in Frankreich so oft begegnet, oder ist der sympathische Fensterputzer etwa auch ein historisch gewordenes Forschungsobjekt dieser in alle Weiten ragenden Burg der Wissenschaft, also ein Mann von Welt im besten Sinne? Jedenfalls ist er der Schlüsselbewahrer zum Allerheiligsten der Anstalt: Auf Professor Besredkas Wunsch öffnete er das nur an bestimmten Tagen zugängliche Mausoleum Pasteurs. Ein nicht minder würdiger »Dome des Invalides« tut sich auf, ein großartig erschütternder Gegensatz zum Grabmal Napoleons, steht der schwarze Marmorsarkophag des großen Forschers vor dem Andächtigen. Ein Ausspruch Pasteurs, der das Ideal der Wissenschaft eng mit den evangelischen Tugenden verbindet, steht über der Schwelle. An den Wänden stellen Mosaiken seine Werke dar, durch die Tiere, Pflanzen und Menschen versinnbildlicht sind, denen er Heilung brachte. Im Hintergrund ein Stein, unter dem Marie Pasteur ruht, die vorbildliche Gefährtin. Am Totentag des Meisters defilieren hier Angehörige, Gelehrte, Schüler und Angestellte, ohne religiöse Zeremonie. Es muß ein sehr stattlicher Zug sein, der von Jahr zu Jahr anwächst. Zu dieser Stunde bleibt wohl in der Anstalt keiner außer den Kranken des Hospitals Pasteur an seinem gewohnten Platz. Und es sollte mich nicht wundern, wenn der Menschenaffe, jener zu Versuchszwecken gefesselte Schimpanse, der mir dann aus seinem Käfig in so beschämender Liebenswürdigkeit die Hand schüttelte und der sein Vorhängeschloß allein aufzumachen verstand, in seinem geradezu erschreckenden Nachahmungsvermögen nicht gleichfalls mit derselben Liebenswürdigkeit versuchte, dem Meister dieses Hauses zu huldigen. Freilich, dieser herzensgute Affe war wohl noch Opfer und nicht Nutznießer der Pasteurschen Forschung, aber morgen schon konnte auch für ihn in diesen Hallen eine Entdeckung gemacht werden, die, bis in das Herz Afrikas getragen, mancher Affenepidemie ein Ende setzt. Verstand denn der große Hexenmeister nicht seine Mitgeschöpfe, die Hunde, Rinder, Schweine, von bösester Krankheit zu heilen und am Leben zu erhalten? Nahe dem Mausoleum liegt die Bibliothek, ein Raum, der fast intim anmutet. Hier stehen wie in einem Salon einige Statuen und Ölbilder. Sie zeigen neben Gelehrten des Hauses einige Stifter und Stifterinnen. Eines der größten Gebäude verdankt seine Entstehung der Baronin Hirsch; man sieht die Büste eines Rothschild, und vor allem wirkt die jener feinen Frau so besonders sympathisch, die bis an ihr Lebensende ihren Namen streng verborgen hielt, die geheimnisvolle, unentwegte Spenderin, die vierzehntausend Quadratmeter Grund ankaufen ließ, zur Erweiterung des Instituts und zum Bau des Spitals. Professor Besredka zeigte auf einen Bücherkasten gewöhnlichen Formats: »Hier nebenan befindet sich die Asche Metschnikoffs. Es war sein Wunsch, zwischen den Büchern, die er so sehr liebte, bestattet zu sein.« Und wie wir durch den Garten gingen, dem schönen Neubau des Instituts Calmette entgegen, kommt mit leicht schleppendem Gang – Vision Pasteurs – ein alter Herr in schwarzem Havelockkragen des Weges. Doktor Schiff spricht ihn an – es ist Professor Calmette. Und mit aller Liebenswürdigkeit führte er mich selbst hinüber ins Haus, in sein Arbeitszimmer, nimmt aus seinem Kasten Broschüren über sein berühmtes und in Deutschland in so tragischer Weise in der Öffentlichkeit bekanntgewordenes B. C. G. (Bakterien-Calmette-Guerin) und seine schöne Veröffentlichung über das Institut Pasteur, anläßlich des hundertsten Geburtstages des Meisters. In großer Einfachheit bat er um Entschuldigung, mich nicht selber herumführen zu können, da er gleich wieder zu wichtiger Sitzung müsse. Aber ein paar Türen weit hauste ein anderer Herr des Hauses, Dr. Negre, und Professor Calmette ruft ihn, und gleich bot sich mir wieder bezaubernde Liebenswürdigkeit. Schon als Bau ist dieses neueste der Institute äußerst sehenswürdig. Zweckmäßigkeit ist hier bis in die kleinste Einzelheit gewahrt, ohne die schönen Linien zu stören. Das gewohnte Grau der Laboratoriumswände ist durch ein freundliches Hellblau ersetzt. Jede zufällige Verwechslung der hier verwendeten Bazillen war schon baulich ausgeschlossen. Die Abteilung zur Bereitung des Tuberkulins, gegen dessen häufige Nebenwirkungen das Negresche Präparat Abhilfe verspricht, und die Anfertigung des B. C. G., jenes Vorbeugungsimpfstoffes für gesunde Kinder, sind in verschiedenen Stockwerken untergebracht und in jeder Weise voneinander geschieden. Ein kleiner Raum, in dem sich ein Wärmekasten befindet, in dem Kulturen von Bakterien gezüchtet werden und der wie ein Kassenschrank anmutete, hatte überhaupt einen eigenen, vollständig abgeschlossenen Stiegenaufgang. Getrennt von den Zimmern, in denen das B. C. G. in Tuben gefüllt und ebenso von denen, wo diese verpackt werden, sind die Räume für die Autopsie und die Durchleuchtung der Tiere und der große Rundbau, in dem die Statistik über das B. C. G. verarbeitet wird, und fast jedes der vielen tausend Kinder, die in Frankreich seit Jahren mit dem Mittel geimpft wurden, war hier in einer großen Kartothek statistisch erfaßt. Jeder Packung, die an die Ärzte und Hebammen aller Departements unentgeltlich abgeht, liegen Karteikarten bei, die diese über das Befinden der geimpften Kinder laufend führen und dem Institut Calmette zusenden. Im Parterre sah ich die riesige, luftige Halle mit den Boxen der Kleintiere, die zu den Versuchen und der Bereitung der Sera dienen. Auch hier waren neue Methoden gefunden worden, um Verwechslungen auszuschließen und strenge Reinlichkeit und Übersicht zu gewährleisten. Peinlichste Genauigkeit ist ja hier der wichtigste Faktor. Das Pasteursche Institut ist nicht nur Forschungsstätte, sondern ein riesiges Warenhaus der Sera, mit größter Auswahl. Jedes erdenkliche Impfpräparat für Tier und Mensch in Europa und in den Tropen, die berühmten Mittel, die Gesundheit der Herden, des Weinbaues, der Seidenzucht zu sichern, sind hier erhältlich. Fast jeder chemische und landwirtschaftliche Industriezweig konnte sich mit Schutzmitteln hier eindecken. Blutuntersuchungen wurden hier übernommen und eine Sammlung der wichtigsten Mikroben unterhalten, die eine der reichhaltigsten der Welt sein soll. Ein eigenes Laboratorium diente der mikroskopischen Photographie und stand gleichzeitig dem Unterricht zur Verfügung. Zu normalen Zeiten lieferte das Institut im Monat durchschnittlich hunderttausend Dosen verschiedener Sera. Während des Weltkrieges hat es zwanzigtausend Dosen täglich nur an Antitetanusserum versandt (26 579 Liter) und 7342 Liter Diphtherieserum. Doktor Negre führte mich noch in das außerhalb des Gebäudes liegende Affenhaus, das dem Pferdestall vorgelagert ist. Einige Schimpansen sind eben zu einer Sitzung und Vorführung abgeholt worden, und angesichts jener, die in den Käfigen zurückgeblieben sind, muß man sich ernstlich fragen, ob sie sich dort nicht etwa auch an der Debatte beteiligen werden. Es ist schwer auszudenken, daß dies wahrhaftig Tiere sind, die da hinter den Stäben sich viel individueller gehaben, als es wahrscheinlich Menschen in dieser unerquicklichen Situation täten. Der freundliche junge Wärter schien durchwegs auf du und du mit ihnen zu stehen. Jener besonders freundliche Affe, dessen Händedruck mich ihm auf Lebzeiten verpflichtete, der das Gold seines Schimpansenherzens für das Eisen seiner Fesseln gab, schlug, wie man es seinerzeit bei den Wiener Fiakerkutschern sah, die Arme verschränkt über die Brust, um sich in dem stark geheizten Raum noch etwas mehr Afrikawärme vorzutäuschen. Er interessierte sich lebhaft für das Leder unserer Handschuhe, prüfte es geradezu fachkundig. Sein Nachbar aber war ganz böse. Der Wärter lockte ihn bis ans Gitter herbei, denn dort pflegte er nicht auf die Besucher zu spucken, dazu wählte er sich sonst im Hintergrund einen erhöhten Platz, von dem er so sicher traf, daß er bei jedem Preisspucken eine Medaille erringen würde. Ungern nahm der Wärter die kleine Gabe. Er scheint wirklich aus vollem Herzen seine Sorge und Kameradschaft diesen – fast zögert die Feder – Tieren angedeihen zu lassen. Vielleicht geht hier, so spürt er dumpf, eine Art Justizirrtum vor sich. Mit Gefühlen der Erhebung und Dankbarkeit, mit einem leisen Grauen auch über den Kampf, der hier täglich gegen Tod und Verderben versucht wird, verließ ich diese unvergleichliche Anstalt. Der Blick, den ich noch einmal über die Gebäude streifen ließ, war nicht Rückschau, er galt der Zukunft. Was wird wohl noch hier oder in den großen deutschen Meisterlaboratorien, im Rockefellerinstitut über dem Ozean oder vielleicht irgendwo in einer Arbeitsklause Lebenerhaltendes, Weltbewegendes im Sinne Pasteurs und darüber hinaus geschaffen werden?

Nach Österreich zurückgekehrt, war es traurig, nunmehr die Londoner Wohnung, obwohl sie auch auf meinen Namen lautete, nicht mehr als ein gemeinsames Heim zu betrachten. Ich war auf wenige Wochen dorthin zurückgekehrt, als ich Stefan von seiner ersten triumphalen Reise nach Südamerika erwartete, seine Bibliothek katalogisiert hatte und Lotte heranzog. Ihr Verhalten aber war eine Kampfansage. Möge man es mir als Mangel an Stolz ankreiden, daß ich Stefan nicht ein entscheidendes Ultimatum stellte. Ich wußte aber, wie es innerlich mit ihm bestellt war, daß er Ruhe zu seiner Arbeit brauchte, nicht weitere Zerstörung seiner erschütterten Nerven. So schwer auch ihm der Augenblick gewesen, als wir uns am Londoner Bahnhof trennten, wo er mich immer wieder ans Coupéfenster zurückrief, wußten wir, daß es eine örtliche Trennung, keine innerliche war. Das Wort Scheidung war nie gefallen. Das dann im Sommer stattfindende Zusammensein in der Schweiz war freilich nur ein Lückenbüßer. In das Nonntaler Haus hatte er mir sein Autograph des Goetheschen »Mailied« gesandt, als er seine deutschen Handschriften in Zürich versteigern ließ und ich ihn darauf aufmerksam gemacht hatte, daß dieses das erste Stück gewesen sei, das er mir vor fünfundzwanzig Jahren so stolz gezeigt hatte. Es hing nun in meinem Zimmer im Nonntal, nach dem ich nie aufhörte Heimweh zu haben, obwohl ich es nicht lange bewohnt habe, doch es war sehr persönlich mit seinen eng zu mir gehörenden Schätzen, ein rechter Reliquienschrein. Diese Schätze einzeln zu schildern, ist trotz meines geringen Besitzgefühles allzu schmerzlich, da sie unwiederbringlich sind, wie etwa Stefans Werke, die der Insel-Verlag, eigens mit meinem Namen versehen und in kostbaren Lederbänden, stets für mich hatte herstellen lassen. In dem bisher immer wieder gedruckten »Jeremias« steht mein Name (Friderike Maria von Winternitz), da das Werk mir gewidmet war, doch wohin verschwand der dicke, ledergebundene Band seiner persönlichen Handschrift, seiner so schönen eigenen Schrift, mit dem mich so beglückenden Widmungsgedicht? Die Namen in dem dicken Fremdenbuch hätten sowohl literaturhistorischen als graphologischen Kennern eine Fundgrube bedeutet. Jene Vandalen, die auch unsere Porträts zerschnitten, ohne daß sie je eine Zeile von uns hätte verbittern können, denn sie waren gewiß eine Art von Analphabeten, konnten auch schwerlich die weltweitberühmten Namen achten, die in diesem seltenen Buche vereinigt waren. Nun aber umgab mich dies alles noch in dem reizenden Haus. Es lag nicht weit von dem Kloster der heiligen Ehrentrudis, die kranke Augen geheilt hatte und deren Nonnen noch bis zum heutigen Tage den Gregorianischen Gesang pflegen. Von den Abhängen des Klosterberges zogen sich damals noch unbebaute Wiesenhänge hin, von dem in den Königssee mündenden Almbach durchflossen, der auch durch unseren Garten plätscherte und Forellen und Wildenten heranbrachte. Er verlief sich in ein Wäldchen des nachbarlichen Besitzes der gräflichen Familie Meran, wo im Sommer eine Gesangsklasse der Sängerin Cahier, die das Vorbild von Stefans Gedicht »Die Sängerin« gewesen war, logierte. Musik war auch überall außerhalb der Stadt zu Hause, das heißt ihre Interpreten. Der wunderbare Maestro Bruno Walter wohnte nicht unweit mit seiner Familie und wir durften dort zu Gast sein. Signora Toscanini kam uns besuchen, und die Sängerin Torberg hatte ihren

Wagen bei uns eingestellt. Als Hausgast hatten wir im Herbst unseren prächtigen und mir bis heute innig treugebliebenen Franz Theodor Csokor, während Stefan Erwin Rieger und sein langjähriges Faktotum, Emil Fuchs, in London bei sich hatte. Letzterer sollte bei seiner Rückkehr mir einen Besuch abstatten, weil ihm ein Brief anvertraut werden sollte, in dem Stefan, wie er mir schrieb, besondere Bestimmungen für mich niedergelegt hatte, die meine Versorgung nach seinem Tode betrafen. Ich war dankbar für diesen Vorsatz und er fiel mir dann viele Jahre später ein. Fuchs, damals von Berlin wieder in Wien zu Hause, wußte, von Csokor befragt, nur zu sagen, daß er jenen Brief nicht erhalten hatte, da Stefan, nie allein gelassen, Szenen gefürchtet habe.

Es waren in jenem Sommer und Herbst manche Persönlichkeiten, die sich in Deutschland nicht mehr wohl fühlten, in Salzburg zu Gast, einige, wie Gerhart Hauptmann, zu einer Theateraufführung, mein teurer Freund Hans Carossa zu einem Vortrag (sie alle wurden »bespitzelt«, was ihren Umgang betraf). Auch Josef Roth war zu jener Zeit in Salzburg und er hielt sich tagsüber stundenlang arbeitend und zechend in dem Gasthof neben unserem Hause auf, denn so gerne er meine Nähe suchte: sein Vertrauen ging nicht so weit vorauszusetzen, daß ich ihn genügend mit Alkohol versorgen würde. Doch über diesen teuren Freund werde ich noch viel zu erzählen haben.

Sehr nahe ging mir die Verlassenheit meiner Schwiegermutter, da ihre Söhne nun im Ausland lebten. Es wäre natürlich gewesen, daß ich mit ihr die große Wohnung in dem Wiener Familienhaus geteilt hätte, da sie ja sehr herzlich an mir hing; dies aber war durch Intrigen verhindert worden und wir mußten uns mit Besuchen begnügen. Meine Tochter Suse war oft bei ihr, da sie ihr photographisches Atelier in der Nähe hatte. Ihre Ausbildung in Wien war eine ausgezeichnete gewesen, doch fehlte es an Praxis in der Industriephotographie, für die in Paris eine gute Schule empfohlen wurde. Sie dahin zu begleiten, deckte sich mit meinem Wunsch, Stefan wiederzusehen, wenn er sich dort auf der Durchreise von Portugal, wo er an seiner Magellan-Biographie arbeitete, aufhalten würde. Meine Tochter Lix war in Salzburg in einem Reisebüro tätig und würde das Nonntaler Haus während unserer geplanten dreimonatigen Abwesenheit behüten. Wie so vieles in meinem Leben scheint die Ausführung dieses Planes eine deutliche Fügung des Schicksals gewesen zu sein.

DRITTER TEIL

Auf dem Wege nach Paris besuchten wir Roman Rolland, der mit seiner Frau Mascha in dem uns unvergessenen Villeneuve am Genfer See lebte. Seine Schwester Madeleine wohnte in einer benachbarten Villa. Wie immer wurden wir herzlich aufgenommen. Rolland war Suse besonders freundlich gesinnt, und sie sah zu ihm wie zu einem höheren Wesen auf. Ich erinnere mich dieses Zusammenseins in den ersten Januartagen des Jahres 1938 nicht nur wegen der Beglückung, die ich immer in Rollands Nähe empfand, sondern auch wegen eines interessanten Gesprächs. Es bezog sich auf jenen Prozeß in Moskau gegen die sich selbst einer nicht begangenen Schuld bezichtigenden Ärzte und auf den Tod Gorkis und den seines Sohnes.
Rolland, sosehr er auch in Rußland gefeiert worden war, seine Frau stammte von dort, äußerte sich nicht zugunsten des Regimes und zweifelte nicht, daß die üblen Gerüchte auf Wahrheit beruhten.
Durch die Begegnung gestärkt, setzten wir unsere Fahrt nach Paris fort. Der Ausspruch, daß man neben der eigenen eine zweite Heimat habe, nämlich Paris, stimmte bei mir fast schon ein Vierteljahrhundert. Ich hatte ja auch eine große Anzahl guter Freunde dort. Suses zukünftiger Schwager war eben dort Attaché an unserer Gesandtschaft, was gleichfalls für uns erfreulich war. Ich mietete nahe vom Étoile eine winzige Wohnung mit primitiver Kochgelegenheit und lieh eine Schreibmaschine. Auf der klapperte ich einen Roman herunter, den ich später nach so vielen Geschehnissen vergessen hatte. Ich fand ihn aber in einem alten Koffer, als mich der geehrte Oskar Maurus Fontana zwölf Jahre später um einen Roman für die Österreichische Buchgemeinschaft ersuchte und ihn mit Erfolg veröffentlichte. Der Roman war wahrscheinlich durch Wiedererweckung von Genfer Erinnerungen aus dem Ersten Weltkrieg entstanden und auch an die unvergessenen Hügeln um Nizza, in die ich meine Person einbaute. Was mich aber später überraschte, war, daß ich eine der wichtigsten Romangestalten nach Brasilien versetzte und die Umstände von mir erst später Erlebtes spiegelten.
Ich hatte nicht lange auf Stefan zu warten, und als er kam, verbrachten wir zusammen angenehme Stunden. Er hatte sogleich Lotte nach London vorausgeschickt, um seine Arbeiten rein zu schreiben, damit alles,

wie ihm das immer dringlich war, nur rasch unter Dach käme. Soweit es ihm sein Pessimismus über die Weltlage erlaubte, schien er sich frei und wohl zu fühlen. Daß weder Frankreich noch England vorbereitet waren, Drohendem zu begegnen, so daß ein Aufeinanderprallen noch nicht erwartet wurde, machte viele geneigt, das Leben vorläufig noch nicht ganz so unbehaglich zu empfinden, wie das bei den aus Deutschland Geflüchteten der Fall war. Doch Stefan war zum Warner geworden. Als wir uns mit den französischen Freunden in einem Kaffeehaus am Rond-Point trafen, brachte er aber seine Befürchtungen fast scherzend vor, weil er sicher war, daß man ihm nicht oder nur unwillig Glauben schenken würde. Dieses Café ist mir wegen eines tragischen Ereignisses in besonderer Erinnerung. In seiner unmittelbaren Nähe wurde ein Spaziergänger von einem plötzlich stürzenden riesigen Baum wie durch einen Blitz aus heiterem Himmel gefällt. Die Wurzeln dieses Baumriesen hatten nicht nur symbolhaft ihre natürlichen Kräfte durch die Erschütterung des modernen Straßenverkehrs verloren. Das Opfer war der so außerordentlich begabte, männlich schöne, noch junge Ödön von Horváth, ein aufrechter Schriftsteller am Anfang einer hoffnungsvollen, dramatischen Laufbahn. Er selbst aber war keineswegs hoffnungsvoller Stimmung gewesen, als er über Ungarn, Jugoslawien und Italien in die Schweiz und nach Amsterdam gelangt war. Dort hatte ihm, so hieß es, eine alte Zigeunerin wahrgesagt, er solle nach Paris reisen, dort erwarte ihn ein wichtiges Ereignis. Es war sein Tod. Angeblich fand man in seiner Rocktasche eine Zigarettenschachtel, auf die er folgenden Vers notiert hatte:

Was falsch ist wird verkommen
Auch wenn es noch regiert
Was echt ist, das soll kommen,
Auch wenn es heut krepiert.

Stefan wohnte im Hotel Louvois in uns gewohnter Umgebung auf dem ruhigen Platz, gegenüber der Bibliothéque Nationale, die nicht nur für Stefan, sondern auch für mich eine nie versiegende Fundquelle war und überdies teure Freunde behauste, den Generaladministrator Julien Cain und seine Frau Lucienne. Das Seltsame geschah, ein immer sich ereignender »Zufall«, daß an dem Tage, als ich dort verabredet war, Stefan, ohne daß ich es wußte, eben aus Portugal angekommen, die Freunde gleichfalls besuchen wollte. Die Freundschaft mit diesen ausgezeichneten Menschen hat die vielen auch für sie schmerzvoll be-

wegten und gefährlichen Jahre überdauert und noch war Julien Cain das Oberhaupt dieses riesigen Bücherparadieses, dem wir so viel verdanken. Gemeinsam haben wir dort, wo uns oft ungehobene Schätze offenstanden, vielem nachgeforscht und unter anderem wichtige Illustrationen für Stefans Biographien gefunden; ich selbst Grundlegendes für mein Buch »Wunder und Zeichen, große Gestalten aus dem Hochmittelalter«. Wertvolle Stimmen schenkten ihm Lob, und es hatte mir erlaubt, ein Bekenntnis abzulegen.
Stefan hat den Büchern, ohne die sein Leben nicht zu denken ist, mehrmals ein hohes Lied gesungen und es wurde ein weithin gehörter Weckruf für Leser. Ich wollte, ich könnte den öffentlichen Bibliotheken und ihrer Gastfreiheit gleichfalls vernehmlich meinen warmen Dank aussprechen, denn sie waren mir in Zeiten der Prüfungen Stätten inneren Heils und ein sicherer Grund.
Stefan schickte sich an, nach London zurückzukehren. Der Abschied fiel mir schwer, obwohl Paris und London in der Vorkriegszeit durch Einreiseerschwernisse kaum getrennt waren. Doch die Kluft war da, wenn er mir auch mehrmal versicherte, daß nichts ihn abhalten werde, sich in einem Notfall bei mir einzufinden. Aber Suse und ich hatten ja nur mehr wenige Wochen vor dem Abschluß ihrer Lehrzeit und der Rückkehr nach Salzburg vor uns. In der kleinen Wohnung fühlten wir uns wohl. Über uns übte eine Anfängerin Chopins »Tristesse«. Chopin hat seine Jahreszeiten in meinem Leben. Damals war Sehnsucht, Heimweh nach Verlorenem in dem klagenden Ruf, der seine Kompositionen durchzieht, Widerhall meines eigenen Herzens, das Akkompagnement am Klavier meines nie endenden Wartens auf Stefan. Doch der Wunsch, ihm nicht allzuferne zu sein, erfüllte sich bald in teuflischer Weise.
Weder die Pariser noch die englischen Zeitungen waren besonders beredt über zu befürchtende Übergriffe Hitlers in naher Zukunft, war doch das Gewissen nicht allzu rein. Als man von der Bedrohung Österreichs erfuhr, dachte man in der ersten Phase noch nicht an Unabwendbarkeit. Ja, selbst als wir in Paris, um an der geeignetsten Stelle Authentisches hören zu können, uns anläßlich eines Vortrages unseres Freundes Rieger in der österreichischen Gesandtschaft befanden und dort aufgeregtes Hin und Her bemerkten, da sich in Wien Böses vorzubereiten schien, war man noch ungewiß, wie sich die Lage entwikkeln werde. Man glaubte doch, in Frankreich und England und schon gar in Mussolini Beschützer zu haben. Eine Rede Schuschniggs stand bevor. Als wir das Gesandtschaftspalais verließen, traten wir nahe von

unserer Wohnung in ein Radiogeschäft ein und baten, die Nachrichten anhören zu dürfen. In tiefer Ergriffenheit erfuhren wir aus dem Munde unseres Kanzlers, daß er, Blutvergießen zu verhindern, kapituliert hatte.

Stefan hatte noch im Sommer seine Mutter besucht. Nun war er von ihr abgeschnitten. Ich schlug sofort vor, sie zu mir nach Paris zu nehmen, und sie war bereit zu kommen, falls ihre Söhne dem zustimmten. Doch diese beschwichtigten sich mit der Hoffnung, eine so alte Frau werde im eigenen Hause nicht behelligt werden. Die gegenteilige Erfahrung beschrieb Stefan in seinem Buch »Die Welt von Gestern«, obwohl das, was sich ereignete, sich nicht mit später verübten Grausamkeiten vergleichen ließ. Nichts war sichtlich in ihrer Umgebung verändert worden, als sie an Alterserscheinung dahinsiechte. Stefan rief mich von London an, um mich von ihrem Tod zu verständigen, von dem er wußte, daß er mir zu Herzen gehen werde. Er sandte mir später alle jene Schmuckgegenstände, die sie täglich getragen hatte. Ich beneidete weder seine Schwägerin noch Lotte, die die materiell wertvolleren erhielten. Doch eine mir besondere Kostbarkeit gelangte zu mir! Mein Bruder, Arzt der Mutter, brachte mir das von ihr geliebte, reizende Kinderporträt, das das langjährige Dienstmädchen ihm gebracht hatte, ehe er und seine Frau Wien verließen, um in Paris vor ihrer Ausreise nach den Vereinigten Staaten bei mir Zwischenstation zu machen. Der Anblick des lächelnden Gesichtchens beglückt mich noch heute mit liebevollstem Entzücken.

Unter Besuchern aus Österreich befand sich auch Suses Verlobter. Er hatte nach langer Arbeitslosigkeit, dank seines »Arierpasses«, eine gute Stelle beim Film in Wien, doch er war entschlossen, in absehbarer Zeit das Land des ihm verhaßten Regimes zu verlassen und sich Suse dauernd anzuschließen. Das war für ihn aus familiären Gründen durchaus nicht einfach und ergab allseits viel Kopfzerbrechen. Mittlerweile wollten wir ein paar sorglose Wochen einschieben und fuhren zu dritt nach der Bretagne. Diese rauhe Landschaft mir ihren urwüchsigen Menschen, den in ihren altertümlichen Hauben wie weiße Vögel herumflatternden Frauen, den ungewöhnlichen Fischgerichten, war geeignet, sich in weite Ferne versetzt zu fühlen. Doch da standen die uralten Steine, die Menhire, die unbehauenen, vorgeschichtlichen Denkmäler, in unsere fragwürdige Zeit wie eine Drohung hereinragend. Sie hatten Anlaß zu drohen, denn als wir, unruhig geworden, nach Paris zurückkehrten, waren die Züge bereits von einberufenen Soldaten überfüllt, Krieg schien nahe.

Die Leichtgläubigkeit, die Unfähigkeit Frankreichs, Englands, Italiens, gegen Hitler aufzutreten, brachte die beschämenden Verhandlungen in München hervor. Nun war in Paris die Volksangst reif geworden. Die Stadt war wie ausgestorben, sie erinnerte mich an die Zeit im Ersten Weltkrieg in Zürich, wo die spanische Grippe ihr Unheil trieb und Leichenwagen durch die verödeten Straßen ratterten. Auch ich war beängstigt und dachte daran, mit Suse in die Schweiz zu fahren, doch dort fürchteten selbst einflußreiche Freunde, keine Einreiseerlaubnis erwirken zu können. Eine Freundin von Lix bot uns ihr Haus in der Nähe von Paris an. Wir verbrachten dort einige Zeit, abwartend, was nun geschehen würde. Außer den politischen Bedrohungen fühlte ich mich seit dem Tod meiner Schwiegermutter, der Stefan versprochen hatte, mich nicht zu verlassen, unsicher, und fragte mich, ob er nicht Beeinflussungen unterliegen werde.

Das Leben in Paris hatte sich nun für mich verändert, da es stabil zu werden schien und einen neuen Sinn anzustreben hatte. Ich erlangte ihn, indem ich mich an Rettungsaktionen für Gefährdete beteiligte. Ich gewann dabei neue Feunde und der Zusammenhalt mit schon vorhandenen befestigte sich, und dies in manchen Fällen für viele Jahre. Man fühlte sich durch ein gemeinsames Schicksal, durch gemeinsame Hoffnungen verbunden. Viele waren völlig mittellos gekommen und es galt, für sie Verbindungen anzuknüpfen, was mir durch das Vertrauen, das ich genoß, mehrmals überraschend gelang. Das gab mir Mut zu Unternehmungen, die aussichtslos schienen. Ich möchte bei dieser Gelegenheit den Rat erteilen, nie etwas unversucht zu lassen, denn der eigene warme Impuls teilt sich sehr oft denjenigen mit, bei denen man etwas zu erreichen hofft. Ich war in der Gefahr, Teuerstes zu verlieren, was galt es mir da, aus falscher Eitelkeit davor zurückzustehen, ein Nein auf eine Bitte zu erhalten, die ich für andere stellte. Man rechne mir meine Hilfeleistungen nicht allzuhoch an, sie erwuchsen aus einem tieferen Verstehen, das weniger Geprüfte nicht besitzen können.

In materieller Beziehung war ich, obwohl ich nicht mehr mit meinen ansehnlichen Schillingwerten rechnen konnte, viel besser daran als die meisten Einwanderer, da ich noch englische Pfunde besaß, die ich dann allerdings bei deren Entwertung und den Zwang sie einzutauschen, weil eben auf der Flucht begriffen, gänzlich verlor. Nun aber konnte ich »sous le toit de Paris« eine dreizimmerige Wohnung in der Rue de Grenelle mieten, die auch dann meine sehnlich erwartete Tochter beherbergte und nicht nur für uns eine rechte Zufluchtsstelle wurde. Suse konnte eine Erlaubnis für ihre photographische Arbeit erhalten, sie

hatte ein kleines Atelier im selben Haus. Bei einem jungen Gefährten des Hilfswerkes, Franz v. Hildebrandt, gleichfalls in dem Hause untergebracht, wohnte dann einige Monate mein teuerster Bruder und seine Frau. Allwöchentlich fand bei uns, von dem alten Freund Professor Paul Stefan geleitet, ein Quartett statt, während dessen uns Mozart und Schubert Zuspruch gaben. – Ein indisches Sprichwort in Urdu lautet: »Was liegt schon am Unglücklichsein, wenn wir alle gemeinsam unglücklich sind.« Dergleichen empfanden Freunde und Bekannte, die sich bei uns einfanden. Meine Tochter und ich hießen sie alle willkommen, mit Ausnahme unseres Spaniels Schuschu, den letzten unserer Zucht, den Lix mitgebracht hatte und der ab und zu eine bestimmte Freundin in die Waden biß.
Hier will ich nun umfassend von Joseph Roth erzählen, denn er gehört wie kein anderer in das Bild dieser Jahre, die, wie man sieht, reich an menschlichen Beziehungen waren. Vorgreifend werde ich auch von seinem Ende berichten, weil ich dessen Zeuge war.
Ich erzählte schon anläßlich des letzten Sommers, den ich in Salzburg verbrachte, daß es unmöglich war, Joseph Roth als Gast im Hause zu haben und daß er sich damals fast stetig in einem kleinen Gasthof nahe unserem Hause aufhielt, wo ihm der unbegrenzte Alkoholgenuß vollständig gesichert war. Es war immer eine Angst in ihm, daß sein Glas leer werden könnte, ehe er sich schon eines neugefüllten sicher war. In Paris brachte ich es dann dazu, daß wir ihn nach der Messe, die er nie versäumte, in unsere kleine Wohnung zu einem anständigen Mittagessen lockten und dann ein- oder zweimal mit ihm in ein Café ins Bois fuhren, wo er jedoch bald in Unruhe verfiel und wieder in sein Hotel mit zugehörigem Bistro zurückstrebte. Die Wirtin war ihm sehr gut gesinnt und betreute ihn manchmal wie ein krankes Kind. Obwohl er unzählige Besucher als Konsumenten anzog, war der Wirt keineswegs erfreut, ihn als Gast zu haben. Täglich umgaben Roth bewundernde Kollegen und Leser und schmälerten seine Arbeitszeit. Man mußte sich fragen, wieso er dennoch genug Konzentration aufbrachte, ein so umfangreiches Werk hervorzubringen. Er war ja ein so außerordentlicher Handwerker seines Metiers. Dies drückte sich auch graphologisch aus, seine Schrift war winzig und wie gestochen. Sie entsprang seinem akkuraten Sehen, das er selbst seinen »Kick« nannte, einen Ausdruck, den er sich aus dem Jiddischen holte, was gleichbedeutend war mit einer lauernden Bereitschaft, zu erfassen und zu durchschauen, gemildert bei ihm durch sein ebenso breites Mitfühlen. Daß Roth im Gespräch von Natur aus witzig war, erzeugte auch im Schreiben seine

Spottfreudigkeit, seine Persiflage, in der er oft Jean Paul und den englischen Humoristen nichts nachgab. Dennoch funktionierte die Instrumentation seines Werkes erst spät in vollem Gleichklang. Die handwerkliche Genauigkeit, das besondere Gewissen des Schriftstellers, welches seinen Perfektionismus hervorrief, das Ausdenken, das »Tifteln«, die Wahl, die er aus dem Geschauten traf, war zunächst nicht spontan, dies aber nicht zum Nachteil des Geschaffenen. Hätte er länger gelebt, wäre ihm seine Methode ganz zur zweiten Natur geworden und sein Schaffen hätte sich den Höhepunkten seines Schreibens, dem »Radetzkymarsch« und »Hiob« zugesellt. Mit den späten Erzählungen »Das falsche Gewicht« und der »Legende des heiligen Trinkers« (letztere widmete er mir) hatte er sich in die Schar klassischer Erzähler eingereiht.

Da Roth zu der raren Gemeinschaft grundgütiger Menschen gehörte, wurde er nie ärgerlich, wenn ihn ein Akt der Menschlichkeit von seiner Arbeit abrief. Ich erinnere mich, wie er, der ungern ausging – er benutzte niemals die Metro oder einen Omnibus –, einmal einen verzweifelten Vater und seine Schar kleiner Kinder in ein Taxi verstaute, um mit ihnen in die allgewaltige und oft grausame Préfecture zu fahren, und ihnen in stundenlangem Bereden des Beamten ein dringliches Papier verschaffte. Niemand weiß es besser als ich selbst, die ja mit ihm gemeinsam tätig war, Menschen zu retten, wie großmütig er seine wahrhaft kostbare Zeit spendete, um zu helfen, amtliche Schwierigkeiten, die uns oft unüberwindlich schienen, zu bewältigen. Unsere Höchstleistung, an der auch Franz von Hildebrandt beteiligt war, bestand darin, daß wir den Gatten einer Verzweifelten aus einem deutschen Todeslager zu ihr nach Paris brachten. Ein Baron Rothschild hatte uns das Geld für die Fahrt nach Shanghai geborgt, die zur Bedingung der Freilassung gefordert worden war; ein Transitvisum nach Frankreich tat das übrige, das Unwahrscheinliche wahrzumachen. Hätte es Roth doch erlebt, zu erfahren, daß dieses Ehepaar nun seid dreiundzwanzig Jahren in Zufriedenheit als französische Bürger ihr Leben führen!

Menschenliebe und Brüderlichkeit gehören keiner bestimmten Religion an, dennoch war das, was man christliche Nächstenliebe nennt, in Roth zur vollen Blüte entfaltet worden, als das Infernalische sich in der Welt immer weiter ausbreitete. Wie Schalom Asch – gleichfalls ein Ostjude von Geburt – und Franz Werfel fühlte auch er sich zum Christentum hingezogen. Noch vor dieser Pariser Zeit schrieb mir mein Mann, es scheine, daß Roth nun den »entscheidenden Schritt« (die

Taufe) vollzogen habe. Andere jüdischen Glaubens – und dazu gehörten die Obengenannten – haben in der krassesten Zeit der Judenverfolgung diesen Schritt nicht getan, weil sie ihren ursprünglichen Glaubensbrüdern auch äußerlich die Treue bewahren wollten. Bei Roth hatte diese Entwicklung schon viele Jahre zuvor begonnen und war mit seinen monarchistischen Gefühlen verquickt, dem Dank, den er Kaiser Franz Joseph zollte, den er als einen Beschützer des Judentums gegenüber den Verfolgungen in Galizien ansah. Er erzählte mir, wie sehr diese Greuel in seine eigenen Jugendjahre hineingespielt hätten, da er, wenn er in seiner galizischen Vaterstadt zu Besuch war, immer wieder einen Freund oder Verwandten als Opfer eines Pogroms auf den tragischen Todesfeldern zu besuchen hatte. Auch hatte er seinerzeit seine, wie er behauptete, ärmliche Zivilkleidung nicht wenig stolz mit dem »bunten Tuch« vertauscht und Kaiser und Land im Ersten Weltkrieg gedient, wobei er sich allerdings in kalten Winternächten das Trinken angewöhnt hatte und es dann fortsetzte, besonders als er die Verzweiflung über die unheilbare Geisteskrankheit seiner geliebten, schönen jungen Frau zweitweise im Trunk vergessen zu können hoffte. Es gibt Alkoholiker, die die Vorstellungen, die während ihrer Benebelung in ihnen entstanden sind, dann im nüchternen Alltag weiterspinnen. Bei Roth kam hier »die Lust zu fabulieren« hinzu. In Briefen an einen Monarchistenführer äußerte sich ein Wunschtraum in Andeutungen, er habe einen christlichen, prominenten Vater namens Roth gehabt, statt dessen Namensbruders, der in einem Irrenhaus gestorben war. Seine Mutter und er selbst seien, so erzählte mir eine Cousine Roths, von ihren Verwandten herzlich umsorgt worden und nicht, wie er es hinstellte, der Armut ausgesetzt gewesen. Der Tod der Mutter, die schon früh an einer tückischen Krankheit starb, ging ihm sehr nahe; um so mehr verlangte es ihn nach einer Zugehörigkeit, einer Heimat. Als Widerspruch mag es daher erscheinen, daß der gute Patriot dann seinem Vaterland den Rücken kehrte, in Berlin und später fast ausschließlich in Frankreich lebte. Doch für ihn gab es kein Vaterland mehr, seit es kein gekröntes Haupt mehr und nur wenige Kronländer hatte. Die nunmehr Regierenden sah er als Verräter an und verhöhnte sie oft, denn seine Treue galt dem abgedankten Erben, dem Kronprätendenten. Etwas vom kaiserlichen Soldaten, das an den Grenadier gemahnte, behielt er auch in Zivil: er salutierte gerne und trug enge Beinkleider. Im Leben und Schrifttum blieb er auf seine Art ein treuer Österreicher. Aufs tiefste bin ich ihm dankbar, daß er mich lieb hatte und kann es nicht ganz verstehen, da ich doch weder Monarchistin, noch militärisch gesinnt, sondern ganz Weltbürgerin war. Das Leiden der Menschheit schuf allerdings zwischen uns einen gemeinsamen Grund und Boden, auf dem wir uns in den Jahren, da wir nun nicht mehr Vergnügungsreisende in Frankreich waren, als Arbeits- und Gesinnungsgenossen fanden.

Wie unglücklich er über das Geschick seiner Frau war, erfuhr ich durch Begebnisse, die er mir anläßlich seines Besuches in Salzburg erzählte. Er hatte sie anfangs in kostspieligen Sanatorien untergebracht. Als er dafür nicht mehr aufkommen konnte, wurde sie schließlich in einer Landesirrenanstalt interniert. Als er sie besuchte, war sie in einem gewalttätigen Zustand, und er wurde von ihr körperlich bedroht. Es blieb ungewiß, ob sie ihn erkannt hatte. Bei einem späteren Besuch durfte er sie nur durch ein Guckloch ihrer Zelle sehen. Zu seinem Schmerz war die vormals rehhafte Schlanke unmäßig fett geworden, für ihn ein tragischer Anblick. Die Lage wurde für ihn noch dadurch verschärft, daß er sich in Selbstvorwürfen erging und viele Bücher über Geisteskrankheiten studierte, um zu erforschen, ob sein Verhalten an ihrer Krankheit schuld haben konnte. Durch unseren Freund Franz Theodor Csokor war es möglich geworden, daß sie im Wiener Steinhof – einer damals mustergültigen Anstalt – untergebracht wurde. Später wurde sie aber dann in eine Anstalt in Traiskirchen, wo sie behördlich zuständig war, gebracht.

Auf Roths Bitte benutzte ich die Gelegenheit, anläßlich eines Besuches bei meiner Schwiegermutter im nahen Helenental, mich nach dem Ergehen seiner Frau zu erkundigen. Niemand unter dem Namen Roth war dort, eine Patientin, die mit ihr möglicherweise identisch sein konnte, war kürzlich an eine andere Anstalt verwiesen worden. Es scheint, daß sie unter ihrem Mädchennamen eingetragen worden war, um behördlich ihre Zuständigkeit zu begründen.

Roth wäre es ein leichtes gewesen, die Ehe zu annullieren und sich wieder zu verheiraten. Jahrelang verband ihn eine Beziehung mit der schönen geschiedenen Frau eines Prinzen von Duala, sie selbst war eine Halbnegerin, und er versorgte ihre schwarzhäutigen Kinder. Es mochte auch sein, daß seine Frau gestorben war und ihm dies infolge des Kriegszustandes in Österreich verborgen blieb. Tatsächlich war sie aber, was nachträglich durch Erbschaftsangelegenheiten bekannt wurde, erst nach seinem Tode bei einer Euthanasieaktion umgebracht worden. Roth war ein gefährlicher Feind der Nazis, die dies vielleicht nicht während seinen Lebzeiten gewagt hatten. Eine andere Version lautet, daß sie während des Transportes in eine andere Anstalt verschwunden ist.

In das Pariser Kaffeehaus, in dem Roth Hof hielt, ging ich nur selten. Unter den vielen, die gern an seinem Tische saßen, waren Soma Morgenstern und Hermann Kesten, dieser gleichfalls ein Helfer und einer, der an die Mission des Wortes glaubte. Doch nicht wenige kamen, die in der Zeit, wo die Welt sich selbst aufzugeben schien, die Zuversicht ewiger Werte suchten, deren Vertreter unser leider so trinkseliger Freund trotz aller geäußerten Bitterkeit war. Stefan gegenüber, dem er die treuesten Freundschaftsakte verdankte, äußerte er meinetwegen und sehr gegen meine eigenen Gefühle geradezu Feindlichkeit und sagte mir eines Tages, er werde all seine Briefe vernichten und unterließ es nur, als ich ihn bat, sie mir zu überlassen. Die Vernachlässigung seiner äußeren Erscheinung ging mir nahe. Einmal packte ich ihn zusammen und zwang ihm einige anständige Kleidungsstücke auf, in denen er sich dann recht wohl fühlte. Doch niemand konnte auf Dauer übersehen, daß er ein rettungsloser Trinker war, und Stefan behauptete, daß er darin ein Selbstmörder sei, nicht viel anders als es Ernst Weiss wurde, der in einem Hotel seinem Leben ein Ende setzte.

Nun aber war der Ärmste ernsthaft krank geworden, doch wir alle, die ihn lieb hatten, ahnten nicht, wie krank er war. Als ich zu einer Stunde, wo wenige seiner Trinkgenossen erschienen, bei ihm war, stürzte er plötzlich neben mir zu Boden. Es war ein Anfall von Delirium tremens. Er mußte ins Spital gebracht werden, wo der Mann seiner getreuen, vortrefflichen Übersetzerin, Professor Gidon, der berühmte Radiologe, ihm beste Behandlung vermittelte. Doch der Alkohol, sein Freund und Feind, wurde ihm fast gänzlich entzogen, was wohl äußerst qualvoll für ihn gewesen sein mußte. Er war nicht immer bei Besinnung. Manchmal rief er: »Jean, un boc!« Jean, der im Bistro immer so gefällig gewesen war, kam nicht. Lungenentzündung war zu befürchten, doch konnte und wollte ich nicht an Lebensgefahr glauben. Als ich eines Morgens ins Spital kam, sagte mir die Tagesschwester, er sei nachts entschlafen. Als ob ich noch einer Bestätigung des Unfaßbaren bedurfte, kam ich spät abends, um mit der Nachtschwester zu sprechen. Sie sagte mir, er sei völlig kampflos verstorben. Ich hatte den treuesten Freund verloren, den verläßlichsten Helfer der Hilfsbedürftigen, den gestrengen und gütigsten Menschen. Es war für mich gewiß eine arge Zeit, ihn zu verlieren.

Er wurde auf dem Friedhof einer Vorstadt begraben. Ich fuhr die weite Strecke mit den zwei katholischen Geistlichen, die unsere Freunde waren. Seine jüdischen Freunde sahen es nicht gerne, daß er christlich

eingesegnet wurde. Dies war verständlich, denn den »heiligen Trinker« zu ihren Stammesgenossen zu zählen, machte sie stolz. Sie wollten es nicht wahrhaben, daß der Dichter des »Hiob« als Christ bestattet wurde. Als guter Altösterreicher aus Galizien wußte er aber, was er seinem Judentum verdankte. Sein kleines Buch »Juden auf der Wanderschaft« beweist das. Doch wie gerne hätte er es selbst mitangesehen, als ein Vertreter von Otto von Habsburg bei dem Begräbnis zu mir kam – die ich nach französischer Sitte seine Familie zu vertreten hatte – und mir einen Kranz überreichte. Alle diese Gefühle wohnten widerspruchslos in Roths Brust, in der ein so unsagbar warmes Herz geschlagen hatte.
Es wäre undankbar, nicht jener Menschen zu gedenken, die uns in dieser oft sehr angstvollen Zeit stützten. Freundliches geschah für die österreichischen Katholiken, die während eines besonderen Gottesdienstes vom Fremdenbischof Chaptal begrüßt wurden, der ihnen sagte, sie seien nicht heimatlos geworden, denn die Kirche sei ein Boden, von dem sie nie vertrieben werden könnten. Ich hatte achtzehn Jahre zuvor diesen Boden legal eingebüßt, denn »aus der Kirche austreten« war die Bedingung, um eine Zivilehe eingehen zu können. Nun wurde ich mit Erlaubnis des Pariser Klerus wieder aufgenommen. Das war durch Betreiben Monsignore Brenningmayers, dem ehemaligen Professor eines Salzburger Seminars, geschehen. Der Willkomm des Bischofs wurde durch die Dominikaner bekräftigt, indem sie jeden Sonntag in einer Kapelle ihrer Bruderschaft eine Messe für die Österreicher einrichteten und diese auch zu Feiertagen einluden, wo Fremde oft Heimweh befallen hat. Roth fehlte nie, sorgfältig durch Serge Dohrn geleitet, mit dem sowie mit dem jungen Franz von Hildebrandt, einem Wahlösterreicher, uns lange währende Freundschaft und gemeinsame Hilfsarbeit verband. Doch keineswegs hingezogen fühlte ich mich zu dem imposanten Fürsten Rüdiger von Starhemberg, der auch zu der Messe erschien, war er doch meines Erachtens ein Grabnagel für Österreichs Freiheit gewesen. Er kam mit seinem Söhnchen, das aus seiner Ehe mit der schönen Burgschauspielerin Nora Gregor stammte, die ich aus Salzburg kannte. Sie lebten dann unter dem Schutze eines ehemaligen österreichischen Waffenfabrikanten in Argentinien, wo sie noch recht jung gestorben sind.
Noch undankbarer und undenkbarer wäre es, wenn ich nicht die Personen erwähnte, die mir halfen, meine eigenen Kinder zu beschützen. Von Andrée Jouve sprach ich schon, durch deren Einladung Susis Verlobter endgültig nach Paris kommen konnte. Nun aber wurde eine

andere Einreise höchst dringlich, die meiner Tochter Lix, die ihre Abreise wegen des sich verzögernden Möbeltransportes hinausgeschoben hatte. Es hieß, die Franzosen würden die Grenze unwiderruflich sperren. Daß es noch vorher in allerletzter Stunde gelang, ein Abgeschnittenwerden zu verhindern, verdankten wir Pierre Comert, damals bevollmächtigter Minister. Wie Giraudoux, der viel für Gefährdete aus der Schriftstellerwelt getan, blieb Comert nicht zurück. Doch waren es persönliche Momente, die bei uns in die Waagschale fielen, denn Lix' Großvater, Hofrat Jakob von Winternitz, hatte Comert im literarischen Büro auf dem Ballhausplatz gute Dienste erwiesen. Das lag allerdings nicht weniger als dreißig Jahre zurück, als Comert durch dessen Zuvorkommen, nicht nur als Vertreter einer großen Pariser Zeitung, dort Entgegenkommen fand. Unser »Alter Herr« nahm sich in gewohnter Güte auch seiner jungen Familie an und stellte seine Frau, die eben ein Kind erwartete, unter meinen Schutz. Etwa vier Jahre später besuchte ich die Comerts in Berlin, wo ihnen das Außenamt keineswegs so freundlich entgegenkam. Später sah ich Marguerite Comert mehrmals in Paris wieder. Obwohl ich auf Pierre Comerts Einfluß baute, verlebte ich doch angstvolle Wochen, bis es so weit war, daß Lix mit unserem Springerspaniel eintraf. Was den später von der Gestapo verauktionierten, eingelagerten Hausrat betraf, so war es uns anscheinend nicht bestimmt, die uns so lieb gewesenen Dinge weiterzubesitzen. Das Salzburger Lagerhaus, aus dem sie verschleppt wurden, ist später zerbombt worden, und in Paris hätten wir sie gleichfalls auf Gedeih und Verderb zurücklassen müssen. Wie Stefan Rilke zitierte: »Überleben ist alles.«

Unvergessen ist mir, wie Julien Cain, den ich in dem seiner Bibliothèque Nationale angebauten, kleinen Mansardenpalais aufsuchte, auf die von mir geäußerte Besorgnis über das Los meiner Schwiegersöhne das Telephon auf die Knie nahm und Georges Duhamel anrief, der einer besonderen Kommission angehörte, und ihn bat, den jungen Leuten aus den Internierungslagern zu helfen, was auch gelang.

Nein, ich habe diese helfenden Hände nicht vergessen und fühlte mich auch durch sie für immer verpflichtet, die meinen in demselben Sinn zu gebrauchen.

Ich spreche von zwei Schwiegersöhnen. Mit den später Eingetroffenen hatte es folgende Bewandtnis: Ich erzählte von der Lawinenkatastrophe, der während des Ersten Weltkrieges meine besten Freunde, Dr. Erich Störk und seine zweite Frau Dr. Emmi Störk, zum Opfer fielen. Erich waren die Kinder aus seiner ersten Ehe gerichtlich zugesprochen gewesen, und er hatte sie mir im Sommer 1912 für einige Sommerwochen anvertraut. Als sie den liebevollen Vater verloren, kamen sie wieder unter die Obhut ihrer Mutter, die nie wieder Kontakt mit mir aufgenommen hatte. Nun, nach Jahrzehnten, wandte sie sich an mich, ich möge ihren Sohn, der sich politisch gefährdet hatte, ins Ausland retten. Ich ermöglichte es durch Roths Mithilfe und nun wurde der Sohn meines nie verschmerzten Freundes in Paris in den Familienkreis aufgenommen, was insofern wörtlich stimmt, als er sich bald nach Lix' Ankunft mit ihr verlobte. Er setzte, was sich nun auch in meiner eigenen Familie abspielt, die medizinische Tradition fort, die bei den Störks angeblich bis zu Maria Theresia zurückreichte. Herbert war Pathologe, wie sein Onkel, bei dem in Wien, der berühmten Stätte medizinischen Studiums, viele Ausländer in die Lehre gegangen waren. So auch der Direktor des Pariser Krebsforschungsinstitutes, in dem sich Herbert bald besonders verdient machte, ohne dabei viel zu verdienen. Lix und Herbert konnten noch heiraten, bevor er und Susis Verlobter, wie alle Männer, die nicht schon Greise waren, in Lager eingezogen wurden. Die Insassen mußten diese meist selbst in primitivster Art auf Lehmboden errichten, die Behandlung war nicht unmenschlich, doch berufliche Tätigkeit war unterbunden. Österreichische Frauen, besonders solche, die keine deutschen Pässe hatten, waren unbehelligt, so daß ich mit meinen Töchtern bleiben und für das Freiwerden der Schwiegersöhne sorgen konnte.

Für mich hatte sich Tieftrauriges ereignet. In der letzten Phase des noch relativ freien Österreich hatte der Kanzler Schuschnigg das Konkordat mit Rom wiederhergestellt, das weitere Dispensehen zwischen Andersgläubigen nicht nur unmöglich, sondern auch die schon geschlossenen, wenn sie jemand anfocht, ungültig machte, obwohl sie legal geschlossene Zivilehen waren. Stefan deutete mir an, daß das auch mit unserer Ehe geschehen könnte, und bot mir eine Scheidung durch sein Verschulden an. Es sei das nur ein äußerlicher Schritt, damit er sich freier fühlen konnte. Offenbar war es ihm als verheirateter Mann in seiner Beziehung mit Lotte unbehaglich, und er versicherte mir, was er auch seiner Mutter und Freunden gelobt hatte, er denke nicht an eine Ehe mit ihr. Ein Protest gegen eine etwaige Auflösung der Ehe, wie eine solche aus christlich-religiösen Gründen zuweilen stattfand, würde Stefan, wenn er solche Gründe ins Treffen führte oder sie durch andere vorbringen lassen würde, in eine recht beschämende Lage gebracht haben. Eine Auflösung konnte auch deshalb für mich nicht in Betracht kommen, da ich selbst mich innerlich von ihm getrennt fühlte und eine Auflösung mir als eine nachträgliche Zerstörung unserer wahrhaftigen Ehejahre erschien. Für Lotte und deren Familie, der Stefan sich angenähert hatte, war der bestehende Zustand nicht nur peinlich gewesen, er brachte dem um dreißig Jahre Älteren keine Sicherheit, solange die legale Basis fehlte. Lotte hatte schon einmal ein Ultimatum gestellt, was ihre Anstellung betraf, und es mag ihr zugute gehalten werden, daß sie eine Position in Amerika in Betracht zog, falls das nicht etwa eine Drohung war, Stefan in Stich zu lassen. Von ihrer Familie wurde, schon seitdem er mit ihr allein reiste, angestrebt, daß sich ein legitimes Verhältnis ergeben möge. Ich mußte nun auch meine eigene Persönlichkeit als unwürdig betrachten, um so mehr als ich fürchtete, daß trotz allen guten Willens auch unsere Freundschaft entweiht werden konnte. Schwersten Herzens und voll Angst, Stefan könne zu einem verräterischen Schritt getrieben werden, willigte ich in die Scheidung, die in Salzburg durch sein Verschulden erfolgte. Er legte besonderes Gewicht darauf, daß unsere Korrespondenz, die bis an sein Lebensende währte, keine Unterbrechung erfuhr, und teilte mir nach wie vor alle Ereignisse und Beängstigungen mit. Auch eine Verbesserung mit legaler Grundlage meiner Versorgung führte er durch, keineswegs im Verhältnis zu seinen Vermögensumständen, über die er selbst nicht gerne genauen Bescheid wissen wollte, da es ihm immer peinlich war, ein reicher Mann zu sein. Wie schon bei anderen Gelegenheiten, meinte er doch, immer erreichbar für mich zu sein, falls dies in finanziellen Belangen für mich wichtig sein konnte. Immer wieder möchte ich betonen, daß er es nicht aus den Augen verlor, für mich zu sorgen. Der Umstand aber, daß der sonst Pessimistische fälschlich auf die moralische Rechtschaffenheit der Vollstrecker jener Fürsorge baute, hat ihn ohne anderes Verschulden als das der Leichtgläubigkeit ins Unrecht gesetzt.

Vielleicht hätte ich die vollzogene Abgrenzung unserer legalen Zusammengehörigkeit noch schwerer genommen, falls die gegenwärtigen Zeiten der Prüfungen Dokumente nicht in ein anderes Licht gerückt hätten. Gesetzliche Papiere wurden doch nun eingehandelt, um Gefahren zu vermeiden oder Vorteile zu gewinnen. Meiner Tochter Suse hatte ein Freund aus dem Ersten Weltkrieg, ein dänischer Adeliger, eine Scheinadoption angetragen. Es gab in unserem Bekanntenkreis Scheinehen und Scheinscheidungen. Und Stefan hatte nicht nur mir ernsthaft versichert, er denke nicht an eine andere Ehe. Tief betroffen war ich jedoch, als er mir nach einigen Monaten mitteilte, er hätte sich verheiratet. Er selbst hatte vor sich selbst des Vorwandes bedurft, daß er die kränkliche Lotte durch seinen kürzlich erhaltenen englischen Paß vor der Internierung in ein Lager bewahren konnte, die für ihre Gesundheit eine ernstliche Gefahr bedeutet hätte und ihn, der sosehr ihrer Arbeit bedurfte, in mehrfacher Weise verstört hätte. Sie erbaten beide meine Verzeihung, und er wiederholte auf das eindringlichste, daß unsere Zusammengehörigkeit nicht unterbrochen sei. Er sandte mir ein legalisiertes Papier, daß er es nicht nur wünsche, sondern beglaubige, daß ich seinen Namen gebrauche.

Um uns war Völkerkrieg, es galt, innerlich Frieden zu bewahren und vor allem Haltung, denn ich hatte eine heilige Pflicht durchzuführen. Diese bezog sich auf meinen geliebten Bruder, einen der wertvollsten, gütigsten Menschen, die mir je nahegestanden. Ich hatte auch seit Kinderzeiten nur ihn als Arzt gehabt, und er hatte den jungen Müttern der Familie bei den Geburten Hilfe geleistet. Er war in Freud und Leid immer mein Freund und Berater gewesen, kein Wunder, daß ich ihn, der in Wien Wirkungskreis und eine große Freundesschar verlassen hatte, um seinem Sohn nach Amerika zu folgen, und seiner Frau die halbjährige Wartezeit so angenehm und sorgenfrei wie möglich machen wollte. Arnold war zwar nicht der älteste meiner vier Brüder, doch war er seit unseres Vaters Tod unser Familienoberhaupt. Das vollzog sich durch seine unermüdliche Hilfsbereitschaft, die sich auch auf die entfernten Verwandten erstreckte. Eben in diesen Pariser Tagen hatten wir den Beweis dafür durch einen sonderbaren Besuch, der niemand anderer war als der Japaner Nishikawa, der Sohn oder Enkel des berühmten Erfinders der Erzeugung der künstlichen Perlen. Der junge Mann hatte als japanischer Eislaufchampion seine österreichische Kollegin, die die Europameisterschaft gewonnen hatte, kennengelernt, Tochter unseres Vetters, die mein Bruder in die Welt befördert und ich aus der Taufe gehoben hatte. Sie hieß daher nach mir Fritzi (Burger). Sie war schon als Kind ein Wunderkind auf dem Eise gewesen und hatte, wie sie behauptete, nur durch Machenschaften die Weltmeisterschaft gegen Sonja Henie verloren. Sie war immer unter dem Schutz Arnolds gestanden. Nun kam ihr Mann, dem sie vor kurzem einen ganz japanisch aussehenden Sohn geboren hatte, meinem Bruder Botschaft von ihr aus London zu bringen, wo er in Regentstreet die Filiale des väterlichen Betriebes leitete.

Leider war Arnold nun schon ein alter, kranker Mann. Ihn und seine Frau nicht durch schlimme Nachrichten zu verstören, mußte ich ihnen, was mir geschehen, verschweigen. Mit dieser Bürde im Herzen brachte ich diese guten Leute nach dem bisher recht erträglichen Pariser Aufenthalt durch alle Wirrnisse der Ausreise in die ihnen unwillkommene neue Heimat. Ämter können sehr unerfreulich sein. Stefan hatte seine Abneigung gegen sie »Bürophobie« benannt. In der Präfektur von Paris wurde nicht wenigen der schon geplagten Fremden der Angstschweiß auf die Stirn getrieben. So geschah es mir, als ich dort an einem Schalter die letzten Beglaubigungen für die schon dringliche Abfahrt der Geschwister betrieb. Der Beamte, eine Blüte bürokratisch gehässiger Beflissenheit, erklärte nämlich, er könne die Visa nicht erteilen, es seien die Paßbilder nicht vorhanden. Sie fanden sich endlich auf dem Boden unter seinem Schreibtisch. Dies als eine kleine Illustration der sieben Plagen dieser biblisch anmutenden Auszüge in gelobtes Land. Für diesen humansten aller Menschen, meinen Bruder, war es kein gelobtes Land mehr. Wenige Monate später schrieb mir Stefan in einem Brief aus Brasilien, wo ein älterer Bruder von mir wohnte: »J'ai vu une fois ton frère et j'irai le voir encore le premier jour que je serai libre. J'ai entendu de la mort d'Arnold, il aurait été peut-être mieux pour lui de rester en Europe, c'est encore une bonne place pour mourir (pas pour vivre).« In den Pariser Tagen aber ging mir der Abschied nahe, der sich noch in diesem Leben vollzog, als ich das alte Paar in dem Schiffszug installierte. Dies waren traurige, aber recht reale Ablenkungen, so daß, um ein damals geläufig werdendes Wort zu gebrauchen, geradezu ein blackout, eine Verfinsterung eigener Gefühle entstehen konnte und energisches Wahrnehmen der Gegenwart möglich wurde. Eine Art Existentialismus war in mein Leben gekommen.

Bald hieß es, Paris würde evakuiert werden. »Cette drôle de guerre« hatte es bewirkt, daß die Maginotlinie unzureichend war, wie auch die Bewaffnung der französischen Armee, so daß mit keiner Verteidigung der Franzosen zu rechnen sein würde, wenn die Deutschen sich näherten. Dies machte es ratsam, zwar die Stadtwohnung zu behalten, jedoch in der Nähe eine Unterkunft zu finden. Ich mietete in einem uralten Haus in Croissy sur Seine den kleinen Vordertrakt, der auf einen Arm der Seine hinausging. Das Hin- und Herfahren nach Paris war von der Gendarmerie verboten und wir wagten es nicht ohne Beängstigung, denn die Kinder hatten weiterhin dort ihre Arbeit. Der Winter war hart, doch er brachte uns, dank der Hilfe, von der ich schon gesprochen, die jungen Leute zurück. Herbert konnte wieder zu seiner Forschung zurückkehren und Karli sich um eine Tätigkeit beim Film umsehen.

Croissy (Seine et Oise) war ein romantisches Städtchen, ohne eigene Bahnstation, mit Kirchplatz und Gasthof und weiten Karottenfeldern.

Auf dem breiten Seinearm kamen nicht wenige Schiffe vorbei, auch
solche vom freundlichen Ausland, von heiteren Familien bewohnt.
Die Leutchen hausten zwischen bunter, flatternder Wäsche, singend,
kochend, sorgenfrei. Die Bevölkerung des Städtchens wurde immer
weniger, sie schrumpfte ein, verzog sich in sicherere Gegenden, und
ein oder der andere lebenswichtige Laden war geschlossen. Sonntags
kamen mutige Freunde aus Paris, und noch gab es Kontakt für gegen-
seitige Hilfe. Aus der Umgebung kam Lucienne Cains gütige Schwe-
ster, die meine Pasteur-Biographie als einen Akt der Wohltätigkeit ins
Französische übertragen hatte. Dieses Buch eines französischen Natio-
nalhelden hat sich dann bei Behörden als eine Art von Legitimation
erwiesen, daß ich mich um das Land verdient gemacht hatte, um so
mehr, als es lobpreisende Einführungsworte von Professor Vallery-
Radot, Pasteurs Enkel, enthielt. Daß das Buch so treulich verlegt wor-
den war und jahrelang Anklang fand, verdankte ich dem verehrten
Alfred Scherz in Bern, dessen Besuch in Paris mir in teurer Erinnerung
verblieben ist.

Stefan war unterdessen nach Bath übersiedelt, einer schönen alten
Stadt, wo er sich ein Haus kaufte und – o erbarmungsloses Männerherz
– mich einlud, darin der erste Gast zu sein. Doch so schön Haus und
Garten waren, allerdings von Fall zu Fall isoliert von Freunden, die
Fahrterlaubnis haben mußten, ihn zu besuchen, es dauerte nicht lange
und der »Fliegende Holländer«, wie Rolland ihn genannt hatte, regte
sich wieder in ihm. Er schrieb mir, es sei an der Zeit, daß wir uns
wiedersähen. Dies galt gewiß auch den Pariser Freunden und über-
haupt einer Ortsveränderung, die jedoch nur vermittels einer Einla-
dung aus Paris behördlich zu bewerkstelligen war. Ich wandte mich an
Georges Duhamel und Julien Cain, seine bewährten Freunde, und die
Veranstalter der Conférences des Ambassadeurs riefen ihn zu einem
Vortrag »Das Wien von Gestern«. Ich zitiere, was er kurz nach seiner
Rückkehr nach London Ende April 1940 einem Freund schrieb:

»Der Vortrag über Wien war für mich selbst eine Überraschung, das
riesige Theater überfüllt, man mußte Hunderte von Leuten wegschik-
ken. Ich hätte den Vortrag wiederholen sollen, aber mein Paß lief
ab.«

Der Vortrag war auch für mich eine Überraschung, nicht wie bei ihm
des Erfolges wegen, den er in seiner Bescheidenheit, was seine Leistun-
gen betraf, nicht zu erwarten pflegte. Was mich erstaunte, war die un-
eingeschränkte Bejahung Österreichs, das deutliche Eingeständnis,
was seinen Worten die wärmste Leuchtkraft gab, daß er ihm aus vol-

lem Herzen nachtrauerte, er, der mein und meiner Kinder innerliches Festhalten geradezu als Treuebruch gegen ihn angesehen hatte. Diese Wandlung, die eine schmerzvolle gewesen sein mußte, erschütterte mich ebenso wie seine Zuhörer die meisterhafte Darstellung, die zugleich einen tiefen, fast gelehrten Rückblick auf Wien und Österreich gab, als auch ein volles Glanzlicht, eine Sublimierung seiner eigenen Welt, die er nur bereit war, temporär verlorenzugeben. Er begann: »Wenn ich zu Ihnen über das Wien von gestern spreche, soll das kein Nekrolog, keine oraison funèbre sein. Wir haben Wien in unseren Herzen noch nicht begraben.« Zeitweise Unterordnung sei nicht gleichbedeutend mit völliger Unterwerfung. Und er sagte dann von Wien, das er, der EUROPÄER, als ein Höchstes ansieht: »In ihm ist immer der alte Traum eines geeinten Europas geträumt worden.« Für zukünftige Biographen Stefan Zweigs mag es interessant sein, daß er Baron Guido Fuchs, der in London eine österreichische Vortragsakademie gegründet hatte, zusagte, »Das Wien von Gestern« nach seiner eben bevorstehenden Reise nach Südamerika im Herbst zu wiederholen. Man sieht daraus, daß sein Pessimismus über die Weltlage nicht so weit ging, seine Rückkehr anzuzweifeln, und kann ermessen, daß dann die Unmöglichkeit, diese durchzuführen, ihn aufs tiefste verstört hat.
Stefan hielt in den Pariser Tagen auch eine Radioansprache, die viele Zuhörer, besonders jene, die ihres Vaterlandes beraubt worden waren, außerordentlich bewegte. Sie war an jene gerichtet, »die schweigen müssen«. Es war wie ein Widerhall aus den frühen Tagen des Ersten Weltkrieges, ein Gegenstück zu dem Feuilleton »An die Freunde im Fremdland«, das über viele Grenzen hinweg vernommen worden war.
Aus jener kurzen Spanne guten Zusammenseins sind mir zwei Tage in lebhafter Erinnerung geblieben. Dieser Frühling, der sich der historischen Ereignisse wegen von anderen unterschied, wird sich allen, die ihn in Frankreich erlebten, auch dadurch abheben, daß er einer der schönsten war, dessen man sich entsinnen konnte. Nie standen die Bäume und Büsche in so reicher Blüte unter strahlendem, stets wolkenlosem Himmel, und die Luft war von besonderer Süße durchzogen. Eine Wanderung mit Stefan durch duftendes Heideland von Croissy über Bougival, auf den Höhen über der Seine, war viel zu schön, um Unliebsames im Gespräch zu berühren. Sie führte uns zu den Freunden Julien und Lucienne Cain in ihr Sommerheim nach Louvecienne. Ein großer Schriftsteller und Denker war bei ihnen zu Gast, nachdem er eben ein Sanatorium verlassen hatte. Daß Paul Valéry sich

um das schmale Antlitz einen Bart hatte wachsen lassen, erinnerte mich an Stefan, als er sich ihn zu Beginn des Ersten Weltkrieges gleichsam als Trauer über die verhängnisvolle Zeit hatte stehen lassen. Die Bezeichnung durchgeistigt ist, auf Valérys Züge angewandt, ungemein bezeichnend. Es schien mir wie eine Illustration zu dem schwierigen Thema, über das ich ihn einmal im »Institut« hatte sprechen hören. Das, was er sagte, perlte dennoch wie klarstes Quellwasser. Einzig war auch – und hier ist von einem Franzosen die Rede –, was er über Goethe zu sagen wußte. Hier war die unpolitische Verständigung zwischen den beiden großen Kulturen, hier war Europa, wie Stefan es so leidenschaftlich erträumte. Und hier, bei Julien Cain, dem Bewahrer von Frankreichs großem geistigen Gut, ging zwischen auserwählten Trägern solchen Gutes Rede und Gegenrede hin und her, hinweg über eine fast irrsinnige Gegenwart. Wie eine Fratze des Zeitgeschehens mutet es einen an, daß nicht um vieles später Julien Cain, dieser Geistesedle (mit Leon Blum), nach Buchenwald verschleppt wurde und von Unmenschen, die sich Deutsche nannten, nachhaltig zu leiden hatte. Seltsamerweise sah ich die Cains und ihren Gast in dem noch unversehrten Marseille einige Monate später wieder, Julien und Lucienne ganz unerwartet zwischen der wogenden Menge am Hafen, ihre Köpfe im Abendlicht aufleuchtend. Es war zu weit, um sie rufen zu können, und erst am folgenden Tag konnte ich mich in der Redaktion der Cahiers du Sud vergewissern, daß sie es wirklich gewesen waren, doch leider schon wieder die Stadt verlassen hatten. Gleichfalls unerreichbar wie eine Erscheinung sah ich Paul Valéry in der Halle eines Marseiller Hotels, wo sich deutsche Geheimpolizei umtat. Er lag im tiefen Schlaf völliger Erschöpfung in einer Sofaecke, wohl nach der Flucht in ein noch nicht besetztes Arrondissement.

Die zweite Erinnerung an die Pariser Frühlingstage, die Stefan dort verbrachte, bezieht sich auf eine viel düsterere Wanderung, auf die zu dem Friedhof, dem Klostergarten von Pictus, in einer entlegenen Vorstadt. Dort liegt André Chénier begraben, worauf vor Jahren Rilke Stefan aufmerksam gemacht hatte, als eine Stätte der Revolution, der Konvulsion zwischen zwei drastischen Zeitabschnitten. In einer Remise konnten wir die aufgehäuften Kleider der Opfer sehen, die blinder Fanatismus auf dem Gewissen hatte und immer haben wird. Die Nonnen, die uns ungern als Friedensstörer in ihre Mauern eingelassen hatten, schwebten hin und her, das Geistliche repräsentierend, das die Zeiten überdauert. Was war es, das Stefan veranlaßt hatte, diese Stätte mit mir aufzusuchen? Er ging ungern auf Friedhöfe und wenn, dann

wohl nicht allein. Wollte er über Chénier schreiben? Ich glaube nicht, daß er es erwähnte, obwohl das ja im Bereich seiner historischen Studien lag. Oder war es der Selbstmörder, der ihn interessierte, so wie ihn der Doppelselbstmord Kleists beschäftigt hatte?
Tags darauf sah ich Stefan am Flughafen von Le Bourget, schon im Abflug seine gewohnte Zigarre anzündend. Würde ich ihn wiedersehen?
So schön auch dieser Mai aller Maien im Jahre 1940 war, die Schicksalserfüllung rückte im Juni immer näher und näher. Sie rollte drohend auf den Heerstraßen nicht mit Pferdegetrappel und Kanonen heran, sondern mit knirschenden Tanks und dem dumpfen Summen der Bomber. Der große Angriff an der Somme hatte Frankreich erledigt. Vor unserem Haus war auf der Seine der Gesang der Frächter verstummt. Die nahe Brücke, die über den Flußarm führte, war nicht mehr Bindeglied, sondern Gefahr, daß der Feind sie nütze. Bei einem morgendlichen Gang sah ich technische Truppen hantieren: Sie brachten Sprengkörper an, um die Brücke bei drohender Gefahr unbrauchbar zu machen. Die Brücke war so unbedeutend wie wir, die wir nicht zählten in diesem unerhörten Geschehen, doch wir mußten Vorkehrungen treffen, um so mehr, als Lix und ich von unseren Fenstern aus über eine nicht allzu ferne Landschaft unheimliche weiße, gebauschte Vögel vom blauen Himmel hatten herunterflattern sehen, die Fallschirme der Deutschen, die als Vorboten kamen, den für uns gastlichen Boden zu unterminieren. Doch nichts war mehr gastlich für uns, alles war zu Fallen geworden. Uns war verboten, die Gemeinde, in der wir uns angesiedelt hatten, zu verlassen. Wie konnten wir vor dem Feind, der uns doppelt gefährlich war, fliehen, wenn uns Verordnungen wie Gewichte an den Füßen hingen? Rasch entschloß ich mich, die Fahrt nach Paris zu wagen und uns fluchtbereit zu machen. Unsere fünfköpfige Familie, mit dem Hund Schuschu waren wir sechs, die ich anführte wie eine Ente ihre Jungen über einen engen Steig, war nun wieder eingeschrumpft. Sie hatte sich um die jungen Männer verringert, die aus Paris in den noch unbehelligten Süden entfernt worden waren, um zu den sogenannten Prestatairen, Arbeitssoldaten, einberufen zu werden und sie so dem Zugriff der Deutschen zu entziehen. Sie führten nun in schöner Gegend ein Lagerleben, das sich nicht viel von Scout-Camping unterschied. Der Spieß hatte sich umgekehrt: Nun waren wir drei Frauen die Gefährdeten. Stefan schrieb mir, er hoffe, wir würden in Croissy bleiben können. Er selbst habe Einladungen in Südamerika, seine erfolgreichen Vorträge zu wiederholen. Eben hatte er an seinem

Balzac gearbeitet, das Opus vieler Jahre, und auch an der »Welt von Gestern«, für die er mit mir Erinnerungen ausgetauscht hatte. Ich riet ihm, die Einladungen anzunehmen, was ich später bereute.

Die Wirklichkeit hatte nun für uns den Uhrzeiger bedenklich vorgerückt. Ich begab mich nach Paris, um Ausreisepapiere für andere Arrondissements zu erwirken und nicht mit den Kindern in Gefahr zu geraten, irgendwo abgefangen zu werden. Es hieß, niemand könne nunmehr davon abgehalten werden, sich zu entfernen. Daß wir nach dem Süden zu streben hatten, war klar. Doch wohin? Ich fuhr zur Préfecture, an deren Pforten für so viele Dantes Zuruf »Lasciate ogni speranza!« unsichtbar stand. Ich selbst aber hatte nun Glück. Ich begegnete dort einer Gruppe von Menschen, Deutschen und Österreichern, einige unter ihnen mir bekannt, zwei oder drei mir befreundet. Auch sie waren da, »Schritte« zu unternehmen. Sie veranstalteten gemeinsam, ohne jede Panik, gestützt durch ihre sozialdemokratische Disziplin und im Vertrauen auf sichere Verbindungen, ihren Auszug. Wohin würden sie sich zurückziehen? Konnte ich nicht etwa ihren Weg teilen? O nein! Nur für sie als Parteileute war der Weg gebahnt, der zu französischen Gesinnungsgenossen führte. Doch einer von ihnen, auf seine Weise prominent auch in ihrem Kreis, doch unabhängiger, gab mir, als er sah, daß selbst eine Schulkameradin von mir ablehnend war, einen Wink. Ich nenne dankbar seinen Namen. Leider weilt Ludwig Ullmann nicht mehr unter den Lebenden. Ich selbst habe ihm dann geholfen, für sein großes Werk über das Theater Förderung zu finden. Er und seine brave Frau blieben mir liebe Freunde.

Nun, die Sozialdemokraten würden sich so rasch wie möglich nach der Stadt Montauban im Departement Tarn et Garonne begeben, wo ein sozialdemokratischer Bürgermeister ihnen Schutz und Quartier zugesagt hatte. Es stellte sich dann heraus, daß auch die dortige Bevölkerung nicht, wie in so vielen Orten, ablehnend gegen Flüchtlinge war. Sie hatten dort »le sinistre« gehabt, die mörderische Überschwemmung, die ich seinerzeit im Rhônegebiet auf meiner Fahrt von Avignon selbst gesehen hatte. Damals waren die Einwohner von Montauban selbst heimatlos geworden und auf Gastfreundschaft angewiesen.

Nun hieß es also rasch handeln, um dem Wink zu folgen. Am Hinweg hatte ich schon auf unserem kleinen Bahnhof turmhoch das Gepäck Abreisender gesehen, und weiterer Bahnverkehr war sporadisch geworden. Ich mußte schleunigst zu meinen Töchtern nach Croissy zurückgelangen, um dort die Brücken abzubrechen. Vor der Préfecture mietete ich ein Auto, um aufs Land hinauszufahren. Schon war die Landstraße verstopft von Massen zur Stadt strebender Fahrzeuge aller Art. Der Auszug hatte allenthalben begonnen. Der Chauffeur war ein dunkelhäutiger Algerier. Er hatte Verständnis für meine Eile. Ich bezahlte ihn königlich, als wir über die zum Sprengen bereitete Brücke vor unser uns wieder lieb gewordenes Haus kamen. Ich beschwor ihn, abends, wenn wir alle Sachen gepackt haben würden, zurückzukehren. Wie konnten wir anders wegkommen? Selbst wenn die Bahn noch verkehren sollte, fände sich niemand, der unsere Habe auf die Station befördern konnte, so viel wir auch zurücklassen mochten. Wir wollten in der noch bestehenden Stadtwohnung übernachten und auch dort das Nötige veranlassen. Ich hatte das Richtige getan: nicht zur unrichtigen Zeit zu sparen. Dennoch betrachte ich es noch heute als ein Wunder, daß der Mann über die weite, schon fast unfahrbare Strecke tatsächlich zurückkam. Als er kam, hätte ich ihn umarmen mögen. Wir hatten gepackt und diese romantische Stätte liquidiert. Wo aber war nun Schuschu, unser Spaniel, unser doppelt geliebter Hund aus dem Geschlecht Kaspars von Salzburg, doppelt geliebt, weil er ab und zu Krampfanfälle hatte und schon deshalb von Lix nicht hatte zurückgelassen werden können. Ahnungsvoll, wie es nur Tiere sind, hatte er sich in kritischer Stunde verlaufen. Wir rannten die Seine entlang, lag er etwa irgendwo in dem hohen Gras der Böschung in einem Anfall? War er in seinen Krämpfen in den Fluß hinabgerollt und ertrunken? Die wenigen Vorbeikommenden wurden befragt. Eine Krankenschwester auf einem Fahrrad hatte ihn fernab gesehen. Zu verwechseln war Schuschu nicht. Schon waren meine Töchter in Tränen vor der drohenden Möglichkeit, den geliebten Gefährten nun der totalen Verlassenheit, dem sicheren Tod preisgeben zu müssen, denn der Chauffeur drängte und drängte zur Abfahrt. Da – kam er angetrottet in letzter, in allerletzter Stunde, um weiterhin unser Los zu teilen.

Wir verbrachten in der Wohnung in der Rue de Grenelle, telephonische Umfrage haltend, mancherlei disponierend und in vermeintlich sichere Stellen einiges in Verwahrung gebend, Nacht und Morgen. Immer wieder wurde umgepackt, um nur so unbeschwert wie möglich zu sein, denn wir konnten nur Rucksäcke und Mäntel mitnehmen. Taxi waren nicht mehr zu bekommen. Das heißt, eines wartete vor dem fernabgelegenen Haus von zwei bewährten Freundinnen. Dorthin begaben wir uns mit Schuschu schwer beladen, durch schon verödete Straßen. Doch das Taxi, das Carina Birman und ihre Freundin Sophie Lipmann mit uns teilen wollten, war für uns alle zu klein, denn sie hatten Gepäck. Suse, die, an Rheumatismus leidend, schlecht zu Fuß war, und Schuschu wurden verladen. Wann würden wir sie wiedersehen? Doch wir vertrauten auf den Schutz dieser zwei ausnehmend klugen Frauen. Lix und ich blieben zurück und begaben uns zunächst zur Porte de Versailles, die nicht allzu abseits lag und einige Hoffnung gab, dort ein Vehikel zu finden. Der Anblick, der sich uns nun darbot, wäre ein grandioser Vorwurf für einen Goya gewesen, ein neues erschreckendes Blatt zu »Desastres de la Guerra«. Fahrzeuge aller erdenklicher Art, Karren, Leiterwagen, alte Kutschen, Möbelwagen, Autos, dem Zusammenbrechen nahe! Ja, es gab Leute, die Leichenwagen sahen, die mit Hausrat und Vieh, mit Kisten und Bündeln und Matratzen beladen waren, zwischen denen Greise und Greisinnen verstaut waren. Man wollte den Bomben, dem herankommenden Feind entfliehen. Sie zogen vorbei in einer endlosen Kolonne. Wir wären bereit gewesen, uns diesem Entgehenwollen anzuschließen, aber hier war nicht die geringste Leere auszufüllen, alle Plätze waren besetzt wie bei einer Galavorstellung. Doch dieser apokalyptische Zug mahnte uns gebieterisch, uns so rasch wie möglich fortzubewegen. Wir fanden eine Métrostation und kamen in fast leeren Zügen zu den Halles aux vins, wo die uns lockende Bahnstation nach dem Süden nicht ferne war. Fast unabsehbar war hier die Menge, die die Nacht auf dem Pflaster verbracht hatte, um mit der Bahn weiterzukommen. Diejenigen, die einigen Proviant mitgebracht hatten, waren gut daran, denn alle Lebensmittelgeschäfte waren nicht nur gesperrt, sondern verrammelt. Obwohl am Dache eines nahen hohen Hauses Abwehrgeschütze gegen uns umkreisende Bomber in Aktion getreten waren, rührten sich nur wenige der Wartenden, obzwar Lautsprecher immerzu verkündeten, sie sollten sich entfernen, es würde kein Zug vor dem nächsten Morgen abgehen. Doch unter heißester Sonne, nun schon stundenlang beladen mit Gepäck, reihten Lix und ich uns der riesigen Schlange von Mutigen an, die sich ruckweise den Bahnhofsgittern nähern wollten. Der Schwarm war so dicht, daß wir unsere Bürden nicht auf die Erde stellen konnten, und Lix, die schon vor Tagesanbruch vergebens unterwegs gewesen war, um Fahrkarten zu sichern, war nun arg erschöpft. Sie wollte, entmutigt, zurück in die Rue de Grenelle. Hätten wir es getan, wären wir, so wie nicht viel später meine Bücher und Schriften, der Gestapo in die Hände gefallen. Doch nun geschah ein Wunder. Trotz der unaufhörlichen Mahnungen der Lautsprecher drangen wir nach Stunden bis zum Gitter vor und gelangten durch einen Seiteneingang in das Gebäude. Wir stürzten zum Schalter und konnten Billette

bis nach Montauban lösen. Zehn Minuten später waren wir im Zug. Unter gewöhnlichen Umständen ist das ein normaler Vorgang, nicht aber unter der Peitsche der Gefahr. Votivtafeln, wächserne Herzen und Beine an Kirchenwänden aufgehängt, zum Zeichen des Dankes für wundertätige Heilung, kann man, wenn einem selbst das Unwahrscheinliche geschieht, nicht mehr als verwunderlich ansehen. Hoffnung und Glaube hatten gesiegt. Ähnliches mußten die Mitfahrenden empfinden, es herrschte nämlich heitere Stimmung, während wir das Weichbild der geliebten Stadt zurückließen. Nur zwei todmüde Soldaten klagten und rechtfertigten sich für die Niederlage der »Grande Armée« damit, daß sie zu wenig Gewehre und keine Munition gehabt hätten, um zu kämpfen. Mit einmaligem Umsteigen erreichten wir nach langer Fahrt unseren Zufluchtsort.
An der Bahnstation warteten schon einige aus jener Gruppe, der ich in der Préfecture in Paris begegnet war, um Nachzügler zu empfangen. Sie waren in hübscher Umgebung untergebracht, und ein lieber Freund, wohl der Beste unter ihnen, ein edler Dichter und wunderbarer Mensch, Josef Luitpold Stern, fand es natürlich, daß meine Tochter und ich mit ihnen den Omnibus bestiegen, um ihre Unterkunft zu teilen. Wieder legte meine Schulkameradin aus dem Wiener Gymnasium, bei der ich einmal Graf Stürgkhs Mörder kennengelernt hatte, ihr Veto ein. Sie war eine gestrenge Schulrätin. Wir fanden in dem schmutzigen Bahnhofhotel Unterkunft. Doch wo war Suse? Sie wußte nicht, wo und ob wir ein Obdach gefunden hatten. Da kam an einem der darauffolgenden Tage ein anderer getreuer Freund, der Musikwissenschaftler Professor Paul Stefan, mit Freudentränen in den Augen, mir zu melden, er habe Suse eben mit ihren Begleiterinnen auf dem Weg zur Polizeianmeldungsstelle getroffen. Doktor Carina Birman hatte eine Schwester in der Sozialistengruppe, und so waren sie ihr nach Montauban gefolgt. Sie hatten nicht wenig Abenteuer und Gefahren zu bestehen gehabt. Noch eine Ungewißheit war nun zu lösen: War Stefan in Bath geblieben oder hatte er schon den Ozean überquert? Wohin sollte ich ihm Nachricht geben?
Montauban war ein Zufluchtsort für gefährdete Intellektuelle geworden. Es war sogar ein Kaffeehaus auf einem großen Platz vorhanden, das sich bald zum Ersatz für Cafés von Montparnasse entwickelte. Dort und überall wurde die brennende Frage besprochen: Wohin nun weiter, wie lange würde man hier noch verschont sein, wer hatte die, allerdings sehr höflichen, deutschen Offiziere gesehen, die den Lebensmittelbestand registrierten, wie würde man über den Ozean in völlige

Freiheit gelangen? Außer den Deutschen und Österreichern gab es eine große organisierte Gruppe belgischer Flüchtlinge. Bald wurden daher die Nahrungsmittel äußerst knapp. Mit Rührung gedenke ich des Schriftstellers Walter Victor, der schon bei Morgengrauen auf den Markt zu gehen pflegte und mir ab und zu ein Körbchen mit Obst auf das Fensterbrett unseres Parterrezimmers stellte, in dem ich mit meinen Töchtern und Schuschu hauste. Weniger erfreulich war es, als sich einmal ein Soldat über besagtes Fensterbrett schwingen wollte und nur durch Schuschu davon abgeschreckt wurde, einzusteigen. Es hatte nämlich in der Stadt und Umgebung ein Teil der Demobilisierung der Armee begonnen. Endlose Reihen von Tanks zogen vorbei, nutzlos wie die Soldaten, die einige Nächte zu Tausenden auf den Straßen lagen. Einer von ihnen hatte daher den Versuch gemacht, weicher zu liegen, was von der schlauen Hündin, die wußte, was sich gehörte, verhindert worden war. Höchst unangenehm waren in dem Bahnhofhotel die durchreisenden höheren Offiziere, die einen geradezu aus den Zimmern drängten. Wie begreiflich war ihre schlechte Laune! Als dieser Durchzug vorüber war, wobei im Hause so ziemlich alles zusammengebrochen war, kam eine andere Kavalkade, die ausländischen Gesandtschaften, die nach südlichen Häfen strebten. Gleich fanden sich Fluchtgenossen bei mir ein, die meinten, Stefans Name würde ins Gewicht fallen, etwaige Vorteile für uns alle zu erzielen. In diesem Sinn erregte der Gesandte von Mexiko, Signor Rodriguez, mein besonderes Interesse. Ich hatte kürzlich von einer Nichte, die in New York lebte, eine Karte aus Mexiko erhalten, auf der ein weiter Platz mit einer großen Barockkirche zu sehen war, was mich an den Domplatz von Salzburg und die Aufführungen des »Jedermann« erinnert hatte. Meine Vision von Festspielen in Mexiko verstärkte sich, als ich auf der Brücke über den Tarn, die flankiert ist von einem festungsartigen Bau, in dem sich das Museum Ingres befindet, dem angesehenen österreichischen Schriftsteller Alfred Polgar begegnete, häufigem Sommergast in Salzburg, wie denn überhaupt nicht wenige in Montauban sich aufhielten, die mit den Festspielen dies oder jenes zu tun gehabt hatten. Wie, wenn ich der mexikanischen Exzellenz vorschlagen würde, den Fremdenverkehr seines Landes auf Salzburger Art zu fördern, indem sich die Erfahrenen in unserem Kreise für den Erfolg einsetzen würden? Es hieß rasch handeln. Ich gab meine Karte ab, Stefans Name war in Mexiko nicht anders als überall in Südamerika hochgeachtet. Ein junger Attaché wurde sogleich zu mir gesandt und interpretierte auf Spanisch meinen Vorschlag, worauf er mir meldete, sein Chef stehe ihm sympathisch gegenüber und ich möge sogleich eine Liste der in Betracht kommenden Künstler usw. aufstellen. Ich besitze noch heute die Abschrift dieser Liste, die schließlich mehr als hundert Namen anführte, denn der Andrang der Interessierten war ebenso groß wie aufdringlich, daß ich sogar Garderobierinnen in spe einschalten mußte. Die Visa wurden bewilligt. Obwohl ich mich dann später von New York aus wirklich bemühte, etwas auszuarbeiten, wofür mir sogar Signora Carla Toscanini Ratschläge gab, waren nur ganz wenige tatsächlich nach Mexiko gegangen. Die meisten hatten die Visa zu Transitaufenthalten in den Vereinigten Staaten und weiterem Aufenthalt dort benützt. Für meine Töchter und für mich gestaltete sich nun die Lage weniger sorgenvoll. Stefan hatte auf der Durchreise nach Südamerika in New York durch meine dortigen Verwandten meine Adresse ermittelt und mir vier Telegramme gesandt, die unsere Visa betrafen. Ein Brief folgte, in dem er mir schrieb, mein Name sei auf die Liste gesetzt worden, die man in Washington vorbereite, und daß er vielleicht für uns auch Visa in Rio erhalten würde, wo ein Abwarten um so vieles billiger wäre als in den Staaten, wo die Preise enorm hoch seien. Er glaubte denn an eine Möglichkeit der Rückkehr, obwohl er sie für sich selbst bezweifelte und es beklagte, seine Arbeitshefte zu der Balzacbiographie nicht habe mitnehmen können. In einem zweiten Brief äußerte er wieder die Hoffnung, daß ich ein in Washington für Schriftsteller bestimmtes Visum erhalten dürfte, doch alles sei schwierig, er selber habe nur ein für drei Wochen gültiges Transitvisum. Indessen hatte ein energisches Hilfskomitee in New York, in dem Erika Mann und Hermann Kesten tätig waren, für jene Visa gewirkt, die Präsident Roosevelt ungefähr tausend gefährdeten Intellektuellen bewilligte. Die Montaubaner Gruppe der Sozialisten bekam die Verständigung, und mein gütiger Freund Luitpold Stern kam zu mir, um mir freudig mitzuteilen, daß wir mit aufgenommen seien. Stefan schrieb, ich möge mich rasch nach Marseille begeben, wo die Visa erteilt werden würden. Noch hatten wir keine Erlaubnis, unsere Stadt zu verlassen und selbst eine Erkundungsfahrt nach dem nahen Toulouse war nicht ungefährlich. Es sickerte allmählich durch, daß eine der Bedingungen anläßlich der Kapitulation die Klausel enthielt, daß die Franzosen alle vor den Nazis Geflüchteten auszuliefern hätten. Wo immer man also auf der Flucht aufgehalten worden wäre und die Deutschen die noch unbesetzten Zonen erreicht haben würden, wäre man, was so vielen geschah, in ein Vernichtungslager gebracht worden. Es heißt, daß die Franzosen, ja sogar der defaitistische Weygand, sich gegen diese Forderung, die

der Tradition des Asylrechtes in Frankreich widersprach, gewehrt hätten, daß aber General Keitel unerbittlich gewesen sei. Es blieb uns aber nichts anderes übrig, ob erlaubt oder unerlaubt, als nach Marseille zu gelangen. Meine Schwiegersöhne konnten sich nun Urlaub erwirken, Karli und Suse heirateten und folgten mir und dem anderen Paar nach Marseille. Noch war eine Klippe zu umschiffen: Würde ich für die höchst gefährdeten Gatten meiner Töchter gleichfalls Visa erhalten?
Marseille war ein rechter Hexenkessel, angefüllt mit Angehörigen der verschiedensten Nationen, Spionen und Beamten, die nur allzu bereit waren, sich den deutschen Verordnungen zu fügen. Es mußte auch noch die Demobilisierung meiner Schwiegersöhne erreicht werden, die ja der französischen Armee unterstellt gewesen waren. Durch geschicktes Manövrieren erreichten sie es. Der Tag war endlich da, wo ich mich bei dem eigens von Präsident Roosevelt gesandten Vertreter der Ausnahmsvisa einfinden konnte, und als ich mich für die Zusage der Visa für mich und meine Töchter bedankte, brachte ich angstvollen Herzens vor, daß diese ohne ihre Männer Frankreich nicht verlassen könnten und demnach auch in derselben Lage sein würden. Da kam das erlösende Wort: »Nehmen Sie sie mit.«
Nun galt es, Durchreiseerlaubnis durch Spanien und Portugal zu bekommen. Spanien hatte besondere Regeln, die leicht Schwierigkeiten bereiten konnten. In Portugal, also auch im Konsulat, war Stefans Name durch seine Magellan-Biographie beliebt. Wir fanden diese dann in der Bibliothek unseres Schiffes. Indessen aber half uns meine eigene Biographie über die Pasteurs.
Ein junger Amerikaner war in Marseille aufgetaucht, der die Mission hatte, den über Frankreich abgesprungenen englischen Piloten zur Flucht zu verhelfen, ehe sie die Deutschen entdeckten. Er zeigte sich auch bereit, anderen Gefährdeten beizustehen. Meine alte Freundin Berta Zuckerkandl, die in Marseille ihre Überfahrt nach Algier vorbereitete, gab mir an ihn eine Empfehlung. Nun, da wir die Überseevisa hatten, rückte die Vorbedingung nahe, das Land verlassen zu können. Frankreich aber war genötigt, alle Ausreiseansuchen nach Vichy und an eine Nazibehörde weiterzuleiten, was, wenn man diesen Weg einschlug, geradezu Selbstmord bedeutete. Man mußte also auf Schleichwegen über die französische Grenze, sobald man ein Visum eines Nachbarlandes erhalten hatte. Valerian Fry, der mit jenem New Yorker Rettungskomitee in Verbindung stand, erteilte darüber Auskünfte, so begab ich mich denn mit meinen Schwiegersöhnen zu ihm. Ich hatte meine Pasteur-Biographie mitgenommen, da ich wußte, daß er sich

besonders für Schriftsteller einsetzte. Als wir das Luxushotel verließen, hielt uns ein Mann an, legitimierte sich als Polizeibeamter und ersuchte uns, in sein Auto einzusteigen. Es handle sich um Auskünfte. Derlei Anhaltungen sah man häufig auf den Straßen. Das war eine unerquickliche Situation, weil solche Fahrten manchmal böse endeten und weil wir alle drei dann einzeln befragt wurden, so daß ich fürchtete, wir könnten einander widersprechen. Die Behörden arbeiteten mehr oder minder freiwillig ihren zukünftigen oder schon vorhandenen Befehlshabern in die Hände. Ich erklärte dem Beamten, daß es nichts Absonderliches sei, daß wir uns in Marseille aufhielten, was mein Mann und ich immer gern getan hätten, wir seien häufig im Hotel Beauvais abgestiegen. Sofort ergriff der Mann das Telephon und ließ sich mit dem Hotel verbinden. Obwohl unsere Aufenthalte dort schon recht lange zurücklagen, wurde ihm meine Aussage verbindlichst als wahrheitsgetreu bestätigt. Als ich dann ziemlich auffällig meinen »Pasteur« in der Hand hielt, bat er, sich das Buch ansehen zu können und entdeckte die lobpreisende, in französischer Sprache abgefaßte Einleitung Professor Pasteur-Vallery Radots und entließ mich daraufhin sehr höflich. Meine Schwiegersöhne hatten den Eindruck gewonnen, es wäre dem Ausfragenden hauptsächlich darum zu tun gewesen, über Valerian Frys Tätigkeit Einblick zu gewinnen. Sie selbst hatten einiges zu ihren Gunsten vorbringen können. Fry aber hatte mir einen Tip gegeben. Der Journalist Leo Lania werde von Perpignan aus zuerst die Werfels und Polgars in einem Omnibus nach Spanien bringen und sich dann mir nützlich erweisen, allerdings sollte die Mutter eines bereits über die Grenze gegangenen, höchst gefährdeten Schützlings einbezogen werden. In Perpignan stellte sich dann heraus, daß Leo Lania nach Beförderung der ersten Gruppe selbst das Weite gesucht hatte.
Für Werfel hatte sich durch diese Rettung eine Verpflichtung ergeben. Er hatte in Lourdes, von wo er mit Alma nach Marseille gekommen war, das Gelübde abgelegt, der Bernadette Soubirou ein Buch zu widmen, falls er den Fangarmen der Nazis entrinnen würde. Daraus war denn auch später ein schönes und höchst erfolgreiches Buch entstanden, das sich würdig einem früheren, das eine Tat war, anschloß, dem Roman »Die vierzig Tage des Musa Dagh«. Dieses, die Schilderung der Ausrottung der Armenier, bewirkte es, daß diese bis auf den heutigen Tag in Paris, in London, in New York Franz Werfel verehren. Ja, sein Jugendfreund Johannes Urzidil erzählte mir, er sei Armeniern begegnet, die ihren Barden in ihre täglichen Gebete einschlössen.

Ich gönnte den Freunden die Rettung. Wir aber, sechs an der Zahl und Schuschu, mußten nun allein für die unsrige sorgen und im Baskenland so nahe wie möglich an die spanische Grenze herankommen. Wir gelangten schließlich von Perpignan in die Pyrenäen nach Perthus, einem pittoresken Ort am Übergangspaß nach Spanien, eher ein Platz für Adler und Steinböcke als für gewöhnliche Individuen. Gegenüber dem Gasthof, dem einzigen des Dorfes, war der Sitz des Geldwechslers und Frächters, Vertreter einer alten Firma, dessen Büro keinen Zweifel ließ, daß er ein Anhänger der monarchistischen »Action Française« und Mauras' war, dessen Bücher in schönen Lederbänden bei ihm zu sehen waren. Der Mann und auch die Gendarmerie waren uns nicht übel gesinnt, und er schaffte uns unser Gepäck zu dem spanischen Zöllnerhaus, das eine Viertelstunde abwärts lag, für uns aber auf diesem Weg nicht zugänglich, denn dazwischen lag die französische Paßstation, die wir umgehen mußten, da wir keine Ausreisepapiere hatten. Es war aber wenige Tage nach unserer Ankunft dieser Zugang für jeden gesperrt, weil Himmler bei Franco zu Besuch war und besondere Vorsichtsmaßnahmen getroffen worden waren. Indessen streckten wir Fühler aus und ernährten uns spärlich in der köstlichen, den Appetit fördernden Bergluft und badeten mangels anderen Komforts im eisigen Gebirgsbach, was Schuschu, die bei allem mithielt, nicht gerade gut tat.

Hier möchte ich eine erfreulichere Note anklingen lassen. Wir hatten, von meinem persönlichen Kummer abgesehen, bedrohliche Zeiten durchgemacht, immer wieder hatten sich uns neue Gefahren in den Weg gestellt, und zahllose Klippen mußten umfahren werden. Doch eines milderte die Härte: wir liebten Frankreich trotz allem. Wir hatten Paris genossen, solange es anging. Wir kamen durch interessante, stimulierende Orte, und auch Croissy hatte viel Charme. Montauban, die nächste »Station« auf unserem Kalvarienberg, einst ein Stützpunkt der Albigenser, zeigte wie Salzburg noch einiges mittelalterliches Gepräge. Ja, wie wir allerdings erst später erfuhren, wurden in dieser Geburtsstadt des Malers Ingres in den Verliesen der in den Tarn tauchenden Burg die Kunstschätze des Louvre verborgengehalten, wovon nur wenige wußten, vor allem aber unser ausgezeichneter Freund Julien Cain.

Und Marseille! Wieviel gute Stunden hatte ich mit Stefan dort verbracht, die mir wieder lebhaft in Erinnerung kamen, wenn ich mit Kindern und Freunden in den bunten Gaststätten am Hafen uns gleichfalls die heimische Bouillabaisse zu Gemüte führte, die Stefan besonders liebte. Doch was wichtiger gewesen war, in einem Bistro am Meeresufer hatte er hier in acht Tagen den »Volpone« geschrieben, diese bittere, in der halben Welt genossene Nachdichtung Ben Jonsons, der ihm später auch den Stoff zur »Schweigsamen Frau«, dem Libretto für Richard Strauss, geliefert hatte. Damals schrieb er mir begeisterte Briefe, wie sehr er Marseille genösse:

»D. F. ich verwende dieses seltsame Briefpapier, um Dir zu zeigen, daß ich die Bouillabaise an der berühmten Quelle gegessen habe. – Die Stadt hier ist so herrlich, voll Leben und Intensität, voll Vielfalt und einem Reich und Arm in unendlicher Auseinanderspannung. Ich lese gute Bücher, esse vorzüglich, habe Dir zu Ehren eine Languste verschmaust.« – Er schloß diesen auf der Speisekarte des Restaurants Basso geschriebenen Brief: *»Bitte, laßt es Euch gut gehen.«*

Er hatte sich auch in die verruchten Straßen des nun zerbombten alten Hafens gewagt, bis ein Polizist ihn mahnte, sich nicht den Gefahren des Matrosenviertels auszusetzen. Er war so gut gelaunt gewesen, daß er einen anderen seiner Briefe an mich schloß:

»Laß es Dir inzwischen gut gehen und sei vielmals gegrüßt von Deinem Dich in französischer Währung tausendmal küssenden – ist das nicht genug –, sonst Schweizer Währung Stefzi.«

Himmler hatte sich verzogen. Nun hieß es handeln. Ich war ab und zu in die auf einem Hügel gelegene Kirche gegangen. Der alte Geistliche, der mit seiner Schwester – er war ein spanischer Adeliger – in einem malerischen, kleinen Pfarrhaus lebte, hatte mich erkannt, als ich bei ihm vorsprach und ihm einen Empfehlungsbrief zeigte, den uns Professor Dietrich von Hildebrand an einen Monsignore in Spanien gegeben hatte. Ob er denn einen Rat erteilen könne, wie wir nun am ungefährlichsten über die Grenze gelangen konnten? Der gütige alte Herr wußte Bescheid. Er gäbe dem Sohn des spanischen Grenzkommissärs Lateinstunden, durch ihn werde er diesem Botschaft für uns zukommen lassen. Tags darauf brachte sein Schüler die Antwort seines Vaters. Wir sollten uns zu einer ganz bestimmten Stunde (er war zu dieser Zeit allein in der Grenzhütte) bei ihm einfinden, wo er unsere Pässe abstempeln würde, ohne es zu beachten, daß keine Ausreiseerlaubnis in ihnen vorhanden sein würde. Am nächsten Morgen fanden wir uns beim Pfarrhaus ein, und unser kleiner Trupp wurde von den zwei gütigen, alten Leuten persönlich die Hügel hinauf bis zur Grenze gebracht, in klüftereiches Gebiet, das von einer Höhe zu der Landstraße, schon auf spanischem Boden, auf engem, schwierigem Pfad hinabführte. Zwischen schroffem Gestein sahen wir Leute sich regen. Wir wußten nicht, ob es Schmuggler oder Polizeipatrouillen waren, doch wir kamen heil zum letzten Abstieg, obwohl ein kleiner Wolkenbruch uns etwas behinderte. Nun waren wir in Spanien angelangt, doch es hieß zurück an die Grenze, zum Zollhaus. Da – o Schuschu, Feinfühligster aller Spaniels – er bekam einen seiner Anfälle. Es hatte sich ihm unsere Aufregung, wie vor einigen Monaten in Croissy, mitgeteilt. Hinter einem Gebüsch mußten wir das Abflauen seines Krampfes abwarten, obwohl wir ja zu einer bestimmten Stunde an der Grenze zu sein hatten. Und nun geschah es, daß wir von weitem zwei Gendarmen auf der Straße daherkommen sahen. Ich fand es geraten, ihnen entgegenzugehen, um Unbesorgtheit zu fingieren. Mit meinem elenden Spanisch stotterte ich die Frage, für wie lange wir unseren Spaziergang gegen die französische Grenze noch zu veranschlagen hätten. Dankbar und belustigt, daß ich mich bemühte, mich in ihrer Sprache auszudrücken, gaben sie ohne Mißtrauen freundliche Auskunft, und sobald Schuschu wieder auf den Beinen stehen konnte, marschierten wir rasch der Grenze zu. Der Kommissar hatte uns erwartet. Alles, was er tat, bevor er uns die kostbaren Stempel gab, war nachzusehen, ob die Namen der jungen Männer sich etwa auf der Liste jener befanden, die im Bürgerkrieg gegen die Loyalisten gekämpft hatten. Wir fanden auch unser Gepäck vor und konnten bald darauf einen Omnibus nach Figueira, in der Richtung nach Barcelona, besteigen.

Ich habe in meinem Leben einige Festmahle erlebt, keines aber kam dem gleich, das wir, die wir in den letzten Wochen oft gehungert hatten, nun in dem Gasthof in Figueira abhielten und mit dem süffigen Wein spanischer Reben die Wiedergeburt der Freiheit genossen. Es war eine der köstlichsten Mahlzeiten, wenn auch die Nacht in dem Gasthof dann durch Heere von Chinchi, auf deutsch Wanzen, etwas gestört war. Es war immerhin erfreulicher, sie gleichsam privat über sich ergehen zu lassen als, reichlich mit Ratten gemischt, in spanischen Arresten, die einem wegen oft nur kleiner Beanstandungen in dem sonst noch einigermaßen sich ritterlich gebärdenden Lande drohten. Wir hatten allen Anlaß aufzuatmen und wir taten das zunächst in Barcelona. Doch ein richtiger Mensch wurde ich erst wieder in Madrid, im Prado. Ein freier Mensch nun, stand ich vor herrlichen Kunstwerken und vor allem vor jenen Goyas, der zutiefst die Schrecken des Krieges

und seiner Qualen aller Art verstanden hatte. Nur um Atem zu schöpfen, blieben wir in dem sehr schönen, irgendwie leuchtenden Madrid, das sich von der dürren Sandlandschaft mit den gelben öden Flüssen unterschied, die wir durchfuhren, an den vielen Steinbrüchen vorbei, in denen Frauen schwer arbeiteten, offenbar politische Gefangene.
Der Einzug in Portugal wurde wieder in Heiterkeit begangen. Am Bahnhof des Grenzortes lud uns ein Schaffner ein, statt in dem kargen Bahnhofbüfett bei seiner Familie unser Abendessen einzunehmen. Das waren, wie so viele Portugiesen, die wärmsten und herzlichsten Menschen, eine freundliche Bauernfamilie, die uns tatsächlich umarmte, weil wir ihren vortrefflichen Speisen so freudig zusprachen. Und bald darauf waren wir in Lissabon, einer herrlichen Stadt, deren Plätze wie große, festliche Empfangssäle waren. Wir kamen in der Nacht an, aber am Roccio, wo wir in einem guten Hotel abstiegen, war die lärmendste, heiterste Bewegung wie am hellsten Tage. Hier war Unbesorgtheit, Friede.
Lissabon, eine Weltstadt, war voll von Fragmenten. Viele ihrer bekachelten Häuser waren sauber wie erstklassige Badezimmer. Vor etwa zweihundert Jahren war sie durch ein furchtbares Erdbeben fast verschüttet worden und von diesem désastre auferstanden, schon für anderen Verfall gebucht. Sind deshalb die Menschen dort, mit ihren bei aller Armut so reich geschmückten Kirchen, so fromm und gütig? Wenn man um eine Gasse fragt, begleitet einen der Befragte selbst straßenweit. Sie sind geduldig und spotten nicht, wenn man ihre Sprache stottert, es sei denn, man streut Spanisches ein. Sie sind niemals unzugänglich wie die Spanier, diese hier in keiner Weise willkommenen Nachbarn. Seltsames Land, es steht an einem Ende, unverhohlene Vergangenheit ist allenthalben zu spüren, auch im Politischen. Ein steriles Stehenbleiben, mitten im Lebendigen, das zum Fortschreiten da ist, ein verlorenes Großsein, inmitten einer unrettbar neuen, von Portugal nicht akzeptierten Welt. Daher auch heute das Festhalten an dem, was einem nicht mehr wahrhaft gehört, an den Kolonien, vergeblich Weltreich vortäuschend. Und der mächtige Fluß Tejo, der Hafen, die weißen und manchmal zinnoberroten Segel, die verrosteten Kriegsschiffe und als Kontrast die modernen Dampfer vieler Staaten! Waren wir hier in Europa, oder war das ein fremdes Land zwischen den Zeiten?
Wir müssen auf eine Überfahrtsmöglichkeit warten, und nun hatten wir, obwohl man jede Möglichkeit wahrnehmen mußte, es nicht mehr so besonders eilig. Für die zwei jungen Ehepaare wurde der Aufenthalt eine Art Hochzeitsreise, mit endlich reichlicher Verpflegung und dem

herrlichen Strand von Estoril. Ich selbst, gestärkt durch den Ankauf meines »Pasteur« seitens eines portugiesischen Verlages, gönnte es mir, mich ein wenig im Lande umzusehen. Vor allem zogen mich die Burgen der Templer an, und noch heute würde ich gerne ihre Geschichte schreiben, waren sie doch die ersten Bankiers, die ersten Hoteliers von Fürstlichkeiten, ein seltsames Gemisch von Adel, Handel und Glauben, die Treuhänder des Hochzeitsgutes von Königskindern. Und Coimbra, die ehemalige Königsstadt, deren hohe Burg eine unvergleichliche Universität wurde. Ihre Bibliothek erinnert an die schönsten ihresgleichen. Überall ist in Portugal noch Maurisches von den Gebäuden abzulesen. Zwischen vielen Steinen gibt es Gärten mit Eukalyptusbäumen, mit ihren hohen hellgrauen Stämmen, Orangenbäume, Palmen und schwere Dolden von Trauben zwischen den buntesten Blumen. Ein anderes Märchen ist Cintra, mit dem hohen historisch bedeutenden Schloß, mit an die Wände gemalten Schwänen und Sirenen, umgeben von tropischen Gärten auf den Hängen, in denen Elstern schnattern, als erzählten sie sich längst verklungene Hofgeschichten. Und rund im Lande liegen verdorrte gelbe Felder, denn niemand will mehr anbauen, sondern jeder möchte in der Stadt leben. Es nützt nichts, daß der gestrenge Herr Salazar es vorzieht, Analphabeten großzuziehen, damit sie nicht die Felder verlassen. Ein trauriges Bild, ein fast biblisches ist es, wie kleine Karawanen durch die fruchtlosen Äcker ziehen, der Mann auf dem Esel, die Frau zu Fuß, mit Säcken beladen, barfuß, abgehärmt, trotz allem Feminismus in der übrigen Welt. Im Süden des Landes gingen die Frauen noch mit schwarzen Tüchern, tief über die Stirn gezogen. In den Kaffees am Roccio sieht man nur Männer; je vornehmer die Frau, desto verborgener war sie und ist es wohl noch heute, denn dies ist ein Land der Vergangenheit geblieben.

Endlich hatten wir Schiffsplätze erobert. Für mich war das Verlassen Europas nicht ohne zwiespältige Gefühle. Ich hatte, obwohl ich mich immer bemühte, nicht Vorurteilen in die Falle zu gehen, kein unbeeinflußtes Bild von New York. Ich hielt es für eine andere, *die* neue Welt und ich hatte kein Bedürfnis nach einer neuen Welt. Daß die alte unerfreulich, ja unerträglich geworden war, hielt ich für ein vorübergehendes Unglück. Ich war nicht einer neuen Heimat gewärtig. Daß ich sie wirklich und wahrhaftig finden würde, war für mich, als wir das griechische Schiff »Nea Hellas« bestiegen, um Europa hinter uns zu lassen, jenseits aller Erwägungen. Die ältliche »Nea Hellas«, keineswegs ein Luxusdampfer, war geradezu mit Europa überladen. Sie trug keine geringe Anzahl geistigen Gutes in der Person von Schriftstellern mit sich. Sie reisten fast alle erster Klasse, während meine Kinder und ich und Schuschu die zweite recht annehmbare Klasse benützten. Meinen verehrten Franz Werfel, der mir gutgesinnt war, sah ich daher erst in den letzten Stunden der Fahrt, in einer strahlenden Mondnacht, am obersten Deck sich ergehend, als ich ein Radiotelegramm an Stefan nach Rio, unsere bevorstehende glückliche Ankunft meldend, aufgab. Bei der Landung mehrten sich dann die Träger der deutschen Literatur beträchtlich. Thomas Mann war da, um seinen Bruder Heinrich und dessen Frau und seinen Sohn Golo abzuholen. Carl und Lizzi Zuckmayer waren gekommen, um nur einige zu nennen. Alle schienen in gehobener Stimmung. Man hatte sozusagen eine alte Schlangenhaut abgeworfen, um sich mit einer neuen zu versehen. Wir selbst wurden von einer geliebten Nichte und einem mir treuen Neffen, Sohn meiner einzigen Schwester, die einmal schon längere Zeit hier gelebt hatte, begrüßt. Eine mir von jener schönen Zeit in Antibes und vielen Festspielsommern befreundete Amerikanerin hatte für Quartier in Greenwich Village für uns gesorgt. Das ist keineswegs ein Dorf, doch seine kleinen, oft stilvollen Häuser und Gärten, nahe dem Zentrum der Stadt, locken von jeher und noch heute Künstler aller Art und jedweden Ranges zu formloser Lebensweise an. Der erste Besuch, den wir dort empfingen, war Carl Zuckmayer, unser ehemaliger Nachbar aus Henndorf, uns nahe verwandt durch unsere gemeinsamen Spanielfamilien. Die seine hatten in seiner Mühle die Nazis beschlagnahmt, so wollte er zumindest Schuschu begrüßen. Wir blieben auch weiterhin in guter Verbindung und vereinten uns in Hilfe für teure Freunde. Wie wunderbar dieser große deutsche Dichter sich im Exil zurechtfand, möchte ich, vorgreifend durch einen Brief, belegen, den er mir einige Jahre später sandte, als er und »Jobs«, seine Frau, das Buch über ihr Leben in der Henndorfer Mühle ins Amerikanische übersetzten.

Carl Zuckmayer *Barnard, Vermont, 28. Februar 1944*

Liebe Friderike –

Zunächst das Wichtigste: das zweite Csokor Affidavit ist gesichert, Erika Mann wird es übernehmen und ich habe gestern bereits dem Rescue Committee ihre Adresse mitgeteilt, damit sie ihr sofort die Formulare schicken. Ich hatte vorher einige Absagen bekommen – und ich selbst habe keinerlei »financial background« – whatsoever – und kann noch nicht einmal ein Einkommen ange-

ben, da ich grade von eignen Farmprodukten, dem Verkauf des Farmüberschusses, den letzten Resten einer Anleihe mit der ich die Farm in Gang gebracht habe und ganz sporadischen Zufallshonoraren existiere. Dabei komm ich gleich zum zweiten Punkt weshalb wir nicht schreiben: weil wir nämlich wirklich, und nicht wie die meisten Leute eingebildeterweise, aus Zeitmangel nicht dazu kommen. Farmer (und zwar nicht zum Spaß oder aus Romantik sondern um zu leben) – und doch noch Schreiber – es heißt mit vier Händen arbeiten wie'n Boomaffe. Und zwischendurch ist man zu müde um auch nur einen Bleistift zu heben. Man hebt dann grade noch einen Apple Jack oder einen Krug Bier. Auch für Jobs ist es harte Arbeit – das Haus hier in Ordnung zu halten und zu wirtschaften – bei einer Dreimeilenentfernung vom nächsten bewohnten Platz – tiefster Wald- und Schneeeinsamkeit – absolut keiner Hilfe, im Winter auch nicht für irgendwelche Reparaturen oder Emergencies – und mit einem ununterbrochenen nach Futter, Wasser, Reinigung verlangenden Lifestock von Leghennen, Enten, Gänsen, Ziegen (deren Milch geseiht gekühlt abgefüllt und zum Verkauf an ein Diet-Hospital täglich gebracht werden muß) – Schweinen usw. usw. – Dabei sind wir von November bis April von Schneemauern umgeben wie wir sie uns nur in Alaska vorgestellt haben – trotz Schneepflughilfe unmöglich vor Mai unsere Farm mit Auto und anders als zu Fuß – oft nur auf canadian snowshoe, Ski oder per Schlitten – zu erreichen.
Jede Post, jeder kleine oder größere Einkauf, und auch die Kistchen mit Bier usw. auf die Papa nicht verzichten will, – alles wird auf meinem Rücken in einem großen Tragkorb zwei Meilen durch den verschneiten Wald und manchmal über ein gletscherartiges Eis hierher geschafft. So leben wir – die meisten Leute würden es keine drei Wochen aushalten und Jeder mag es verrückt finden – zumal ich seit zweieinhalb Jahren die doppelte Zeit auf Farm und just surviving angewandt habe als auf Literatur – aber für mich ist es und war es durch diese Zeit eine Art Selbsterhaltung. Wenn ich einen Zentner Kartoffeln hebe den ich selbst produziert habe, habe ich das Gefühl daß meine Existenz auf dieser Erde noch nicht ganz sinnlos ist. Und nur das gibt mir gelegentlich den frechen Mut doch noch was zu schreiben – obwohl ich nie in meiner Existenz eine so abgründige Verachtung für diesen kindischen Versuch den Lieben Gott zu spielen gehabt habe als seit Ausbruch dieses Kriegs oder vielleicht schon vorher, seit Österreichs Fall. Trotzdem kann ichs nicht lassen, und was von mir in Übersetzung ist, ist nicht der Roman sondern ein neues Stück das mir zwischendurch passiert ist. Manchmal kriegt auch die Jungfrau ein Kind wenn sie nicht Nein sagen kann. Der Roman scheint auch fertig zu werden. Er wird vermutlich schöner als alles was ich früher gemacht habe – aber ich möchte keinen Zweifel darüber lassen daß mir mein nächstes

Cornseeding wichtiger ist und daß es meinen Ehrgeiz sicher mehr anspornt und befriedigt mir selbst mein Winterholz zu schlagen.
Und jetzt zurück zum Melken und Schluß mit dem Palaver –

in alter Herzlichkeit
Dein Zuck

Der mir wichtigste Besuch aber war ein von mir dringend erwarteter. Ich zweifle nicht, daß die vielleicht gegenseitige Dringlichkeit der Erwartung mit dem folgenden seltsamen Begebnis zu tun hatte. Es war in meinem Leben nicht das erste dieser Art. Seit Stefans Abreise von New York hatte ich aus verschiedenen Staaten Südamerikas ausführliche Berichte über seine Vortragsreise erhalten. In Buenos Aires sprach er in einem Saal, der für fünfzehnhundert Menschen reichte, vor dreitausend, und der Vortrag war, als er wiederholt wurde, sogleich wieder ausverkauft. Das Gedränge war so groß, daß die Polizei einschreiten mußte. Dies war nicht anders, als er, begleitet von seinem hilfreichen Übersetzer Alfredo Calm, in das Innere des Landes reiste. »Es ist eben eine Sensation«, schrieb er mir »daß ein Autor spanisch spricht.« Von August bis Jänner 1941 folgte über diesen Triumphzug Brief auf Brief. Die Rückkehr nach New York war für Ende des Monats geplant, nachdem er in Bahia, Pernambuco, Belem, am Amazonenstrom für sein über Brasilien geplantes Buch Erfahrungen gesammelt haben würde. Die »Affenhitze«, schrieb er, habe ihn sehr erschöpft, »und deshalb gleich jetzt: so hilfreich ich immer gewillt war, ich kann jetzt für niemanden etwas tun«. Er werde nicht gesellig sein.
In diesen Tagen hatte ich ein Aviso über Gepäck aus Europa erhalten, für dessen Auslieferung ich ein Navicert bei dem englischen Konsulat in der Wallstreet einholen mußte, ein in der Siebenmillionenstadt interessantes Viertel. Suse begleitete mich, als hätte es eines Zeugen für das nun sich ereignende, unwahrscheinliche Zusammentreffen bedurft. Als wir, Broadway No. 25, mit dem erhaltenen Navicert im Aufzug hinabfuhren und sich dessen Türe öffnete, stand vor dieser Stefan. Er war, ohne daß mich darüber die geringste äußerliche Nachricht erreicht hätte, eine Stunde zuvor per Flugzeug angekommen und hatte sich sogleich in das englische Konsulat begeben, seinen und Lottes Paß visieren zu lassen. Auch er hatte einen Zeugen, seinen Bruder, für diese Begegnung, die doch immerhin den Charakter des Unglaubhaften trug. Unserem Erstaunen Ausdruck zu geben, blieb uns nicht Zeit, da er in denselben Lift einzusteigen im Begriff war, den wir eben verlie-

ßen. Der Umstand, daß er mit seinem mir entfremdeten Bruder war, ließ mir nicht den Gedanken aufkommen, auf seine Rückkehr in der Halle des Hauses zu warten, obwohl immerhin neun Monate vergangen waren, seitdem ich ihn in Paris auf den Flugplatz begleitet hatte. Doch was entscheidend war, daß Suse und ich uns entfernten, war das Verblüffende des Geschehens, das auf mich wie ein Schock gewirkt hatte. Ich lasse den Brief hier folgen, den er mir sogleich nach seiner Rückkehr in seinem Hotel schrieb:

L. F., es ist sonderbar, daß ich eben aus dem Flugzeug kommend Dir bei meinem ersten Weg begegnete – bei meiner pflichtgemäßen Anmeldung auf dem englischen Konsulat.
Ich bin wie erschlagen – seit zehn Tagen täglich um halbfünf aufgestanden, um das Flugzeug zu erreichen, dann die Fahrten ins Innere, die Revisionen, die Empfänge – heute Nacht im Flugzeug ohne Liegeplatz von Miami durchgereist, nachdem ich von sechs Uhr morgens aus Brasiliens Nordspitze bis fünf Uhr schon geflogen. (Das Nachbarflugzeug ist, wie ich lese, abgestürzt.) Es war ein Rekord, den ich nicht mehr zu wiederholen gedenke. Durch das frühe Ankommen weiß niemand, daß ich hier bin und ich bitte Dich dringend – niemandem zu sagen, daß ich hier bin, niemandem – ausnahmslos – meine provisorische Adresse zu sagen. Ich brauche einige Tage zum Retablieren, weil ich ja hier nur provisorisch wohne und mir Unterkunft erst suchen will. Vielleicht telefonierst Du mir Sonntag. – In zehn Tagen dreimal so viel gefahren wie hin und her von Europa!

Herzlichst
Stefan

Bald vertauschte er New York mit New Haven, um die reichhaltige Bibliothek der Yale Universität für »eine ganz abseitige kleine Arbeit (über Amerigo Vespucci), eine beinahe wissenschaftliche«, zu benützen. Wieder reizte es ihn, eines Weltumseglers Leben zu beschreiben. Er hatte die Besuche Schalom Aschs, Thornton Wilders, Jules Romains, van Loons. Er sah seinen Verleger. Er lehnte viele ab, da er sich in seiner pessimistischen Voraussicht der Weltlage in Europa, wie er mir schrieb, nicht gerne zeige. Es kamen von ihm fast täglich Briefe an mich, und mehrere enthielten Todesanzeigen, wie die Erwin Riegers, Hermann Neisses, Oskar Loerkes. »Es wird jetzt rasch leer um einen, und man sagt sich, daß Roth und sie alle vielleicht die Klügeren waren.« Er war der Meinung, daß sich Roth mit Absicht zu Tode getrun-

ken habe. »Ich kann nicht mit Menschen über die grauenhafte Lage sprechen. Amerika kommt spät. Überall der gleiche Fehler, zu glauben, man könne sich weghalten, indem man nur still bleibt.« Hier hatte sich in ihm, der sein ganzes Wirken im Hinblick auf seine Gegnerschaft gegen Krieg und Gewalt abzielte, der aufwühlendste Konflikt eingestellt, dennoch die Ausdehnung des Krieges herbeizuwünschen. Das mußte unheilbare Wunden herbeiführen.
Ich war nicht unbeteiligt an der Aufforderung zu einem Vortrag anläßlich eines Banketts jenes Komitees, das uns die Visa gewährt hatte. Er schrieb mir, daß ihm dieser schwerfalle: »Denn ich will kein Wort sagen, das als Encouragement gedeutet werden könnte für den Eintritt Amerikas in den Krieg, kein Wort das victory verkündet, nichts was Krieg rechtfertigt oder rühmt und dabei muß die Sache doch einen optimistischen Charakter haben. ... und wer weiß, was andere an meiner Stelle anrichten würden.«
Nach einem harten Winter, den die nun südliches Klima Gewohnten, besonders Lotte, sehr schwer ertrug, kehrten sie im Frühling nach New York zurück. »Ich gebe für die österreichischen und deutschen Freunde 4. Juni einen Cocktail hier im Hotel Wyndham und muß Dir nicht sagen, daß Du herzlich willkommen bist.«
Die Teilnahme fiel mir nicht leicht, doch wie im April 1940 in Paris, bei einer Einladung des P. E. N. Clubs, war es mir ein willkommener Anlaß zu zeigen, daß unsere Freundschaft unerschüttert sei. Wie damals bezeugten mir nicht nur die näheren Freunde ganz auffällige Herzlichkeit, ja Umarmungen. Doch Lotte war die allerdings schüchterne, bescheidene Hausfrau.
Ich war im Frühsommer nach Ossining on Hudson gezogen. Im nahen Croton wohnten Freund René und Erika Fülöp-Miller und Albrecht Schäffer, dessen Frau ein Kinderheim unterhielt, in dem die kleine Nichte Lottes untergebracht war. Stefan mietete eine hübsche Villa in Ossining, nicht zuletzt, um mit mir Einzelheiten, deren er sich nicht mehr entsann, für »Die Welt von Gestern« zu besprechen, und wohl auch, um mir näher zu sein. Wir besuchten einander, und auch meine Kinder waren herzlich geladen. Von arger Unrast befallen und in den Staaten nur als Besucher gebucht, von Lotte angetrieben, brach Stefan vorzeitig seinen Aufenthalt ab, um in Brasilien, wo er so herzlich aufgenommen war – leider vergeblich –, Ruhe zu finden.
Er war zuerst begeistert von seinem Aufenthalt in Petropolis, hoch über dem schönen, geschäftigen Rio, genoß Landschaft und die einfachen Leute. Er hatte die ausgezeichnete »Schachnovelle« geschrieben,

die ihm wohl beweisen konnte, daß sein Können noch auf der Höhe war. Wie immer verlangte es ihn nach Abgeschiedenheit, die er aber im Grunde nicht lange ertrug. Die in London zurückgelassene Arbeit, die er nicht der Gefahr des Transports aussetzen wollte, ließ ihm keine Ruhe. Ich drängte ihn, sie sich dennoch schicken zu lassen. Wie sehr hätte sie ihm geholfen und er hätte deren wichtigsten Teil, den Band über die Werke, vollenden können, so daß dann nicht nur ein Fragment erschienen wäre. So setzte er denn seinen Sinn auf einen seiner skeptischen Stimmung angemessenen Philosophen, auf Montaigne, und bat mich, ihm dessen Bibliographie in der New Yorker Public Library zusammenzustellen. Durch diese ergab sich die Entdeckung, daß ein bedeutender Montaigne-Kenner in Rio lebte. Auch hatte er einen vortrefflichen Nachbar, Dr. Ernest Feder, mit dem er Schach spielte und Möglichkeit zu geistigen Gesprächen gehabt hätte. Er verlängerte die Miete des hübschen Hauses. Doch nun kam eine seiner teuflischen Depressionen über ihn, und seine Briefe waren voll Düsternis. Er gab alles verloren. Die Dringlichkeit, mit der er meinen Bruder und dessen Familie von Rio nach Petropolis lud, bewies mir, daß er sich einsam fühlte, ja, daß er meine Anwesenheit entbehrte. Er beklagte sich über Ausbleiben meiner Briefe, von denen einer oder der andere ihn nicht erreicht hatte. Singapore war gefallen und wie ich später erfuhr, waren Gesuche zur Rückreise nach den Vereinigten Staaten abgewiesen worden. Wieder war die Beengung da, die sich bei ihm immer fast pathologisch auswirkte. Und Lottes Asthma hatte sich verschlechtert, wahrscheinlich in dem Maße seiner Stimmung. Wie einsam mußte auch sie, die so sehr an ihrer Familie hing, gewesen sein, sie, die um dreißig Jahre jünger, die Halt, statt Halt zu geben, suchte.

Ich war mit meiner Tochter Suse, die meine Wohnungsnachbarin war, ins Kino gegangen, um einen Film über Mexiko anzusehen, das mich wegen des Festspielprojekts immer noch interessierte, obwohl der seinerzeitige Protektor von der Bildfläche verschwunden war. Ich merkte, daß Suse nicht bei der Sache war. Sie wußte, welche furchtbare Nachricht mich erwartete, die mein Schwiegersohn die Aufgabe hatte, mir mitzuteilen, da meine Töchter es nicht wagten. Durch das Radio und Nachfrage bei Ben Hübsch, seinem Freund und Verleger, war die schreckliche Tatsache von dem Doppelselbstmord in Petropolis besiegelt worden.

Ich bitte den Leser dieser Fragmente mit mir das Verstummen ob dieses Schlages zu teilen und vorläufig nur an der Anteilnahme von Freunden und Mittrauernden in Form von Briefen teilzunehmen, die

dann auch meinem Buch »Stefan Zweig, Gefährte meines Lebens« galten.
Überraschenderweise besuchte mich in diesen Tagen härtester Prüfung Emil Ludwig. Nachdem er aufgefordert worden war, Stefan eine Nachrede zu halten, wollte er bei mir Erkundigungen einholen. Ich spürte gleich, daß er, der sich Stefans Rivale genannt hatte, gekommen war, von mir Sensationelles, ja Abwertendes zu hören. Ich mußte also auf der Hut sein, daß keine meiner Äußerungen Mißdeutung zulasse. Ich fand es daher angezeigt, nach seinem Besuch einen »Offenen Brief« an ihn zu schreiben und ihn im New Yorker »Aufbau« zu veröffentlichen. Ich lasse ihn hier folgen:

Brief an Emil Ludwig *Februar 1942, Mittwoch nachts*

Lieber Herr Emil Ludwig,

als Sie mich heute verließen war die Luft noch voll von Ihrer Frage nach dem Schlüssel, wie Sie sagten, dem Schlüssel zu der tragischen Tat, als die Frauen zu mir kamen, dieselbe Frage auf den Lippen. Aus vier verschiedenen Ländern, waren wir aber eins im Lande des Schmerzes. Carla Toscanini mit ihrer Ergriffenheit und der des Maestros, den Stefan so sehr geliebt, die treue zarte Alfhild Hübsch und eine Schweizerin, die Zweig nicht persönlich kannte. Diese Frau aus dem Herzen Europas, wie Stefan im vorigen Krieg das Land des Roten Kreuzes getauft hatte, gab ihren Schlüssel. Sie sagte, es sei ein Harakiri gewesen und ein großer Protest. Ich weiß, vor Gott gibt es keine Auslegung, keine Milderung des Vergehens der Selbstwahl des Endes, doch hat dieses furchtbare Geschehen den Protest weithin hörbar gemacht. Diese Anklage kann nicht hinter verschlossenen Türen erstickt werden.
Im Pariser Radio im letzten Frühling des alten geliebten Frankreich hat Zweig die Anklage, wie er damals sagte, für die ausgesprochen, die schweigen müssen und für die, die für immer zum Schweigen gebracht wurden. In seiner Autobiographie wird die Anklage aus dem Erleben selbst sprechen, wie sie in den frühesten Büchern schon warnend und vorahnend sprach.
Heute möchte ich sagen – und wenn es Ihnen möglich, seien Sie der Mittler, es jenen zu sagen, die an der Trauerfeier teilnehmen –, daß es wider den Sinn dieser Tat wäre, wenn Andere in dem Kampf um die Freiheit des Menschlichen, dem Zweig sein Leben und Sterben gab, erlahmen würden. Solche, die hier ein Beispiel für sich suchten, gingen fehl und würden verringern, was im Geistigen kein Ende, sondern eine tragische Phase in dem geliebten, fortlebenden Werke ist.

Und dies möchte ich erwähnen: Ich habe Zweig in den vielen Jahren nie endender innerer Gemeinsamkeit, wenn er müde oder fern war, oft mit bescheidener Wirkung vertreten, bei jenen, die Aufrichtung und Zuspruch von ihm erbaten: Denen, die ihn missen werden und in dieser Vertretung ihn suchen wollen, möchte ich sagen, daß ich herzlich bereit bin, ihnen und jenen, die nicht aufhören werden, ihn zu lieben.
Und Sie, Emil Ludwig, den ich nach so langer banger Zeit in so schöner Kraft wiedersah, und Ihr seine geistigen Kameraden in aller Welt mit Eurem oft großen Können und großen Herzen, nehmt den seinerseits doch stets so getreuen Gefährten mit in den Kampf um die zu erlösende Zukunft, in den Kampf um das, was ihm das Teuerste war und bleibt in Leben und Werk: Menschlichkeit, Achtung vor dem Geiste und der Freiheit.

Dankbar Ihre
Friderike Zweig

Brief von Thomas Mann

1550 San Remo Drive
Pacific Palisades, California
am 20. September (1942)

Sehr verehrte Frau, –

meine Tochter hat mir von dem Brief erzählt, den Sie vor einigen Tagen an sie richteten. Es ist mir sehr schmerzlich, zu erfahren, daß Sie den Eindruck gewonnen haben, als hätte ich bei dem Tode Stefan Zweigs nicht die Haltung gezeigt, die dem schweren Verlust entspricht, welchen die gebildete Welt durch den Tod dieses hervorragenden Mannes erlitten hat. Ich verstehe, daß es meine Wortkargheit gewesen ist, die Ihnen diesen Eindruck erweckte, also die Tatsache, daß ich den öffentlichen Ausdruck meiner Erschütterung auf einen kurzen Beitrag zur Trauer-Ausgabe des »Aufbau« beschränkte. Soweit das nicht einfach ein Zeichen eigener Müdigkeit und Überlastung war, erklärt es sich aus der entmutigenden Wirkung, die von dem tragischen Entschluß des großen Schriftstellers unzertrennlich und, wenigstens in meinem Fall, der literarischen Aktivität zu Ehren des Abgeschiedenen nicht günstig war. Über ein Lebenswerk wie das Stefan Zweigs zu schreiben, ist keine Kleinigkeit, es ist eine Aufgabe, bei deren Erfüllung man sein Bestes geben muß. Ich war nicht in der seelischen Verfassung dazu.
Der Verewigte war ein Mann von unbedingter und radikaler pazifistischer Anlage und Überzeugung. In dem gegenwärtigen Kriege, den man herbeisehnen mußte und der nur durch eine Schändlichkeit wie »München« aufgescho-

ben werden konnte, einem Kriege, der geführt wird gegen die infernalischsten, zum Frieden unfähigsten Mächte, die je versucht haben, das Menschenleben nach ihrem Bilde zu gestalten, – hat er nie etwas anderes gesehen, als eben einen Krieg, ein blutiges Unglück und eine Verneinung seines Wesens. Er hat Frankreich dafür gepriesen, daß es nicht kämpfen wollte und dadurch »Paris gerettet« hat. Er wollte in keinem kriegführenden Lande leben, verließ, als britischer Bürger, England und ging in die Vereinigten Staaten, ging von hier nach Brasilien, wo er aufs höchste geehrt wurde. Und als sich zeigte, daß auch dieses Land in den Krieg gezogen werden würde, ging er aus dem Leben.

Das hat eine Konsequenz, die sich jeder Kritik entzieht. Man kann nicht mehr tun, als seine Natur und Überzeugung mit dem Tode besiegeln. Der Tod ist ein Argument, das jede Widerrede niederschlägt; es gibt darauf nur ehrfürchtiges Verstummen. Ich sage: Verstummen. Nach vielen Worten war und ist mir dabei nicht zu Sinn.

Sie berichten (was ich nicht wußte), seine Gattin habe an einer unheilbaren Krankheit gelitten, und dies habe sehr zu dem Entschluß des gemeinsamen Todes beigetragen. Warum hat er es nicht gesagt, statt zu hinterlassen, das Motiv seiner Tat sei Verzweiflung an Zeit und Zukunft gewesen? War er sich keiner Verpflichtung bewußt gegen die Hunderttausende, unter denen sein Name groß war, und auf die seine Abdankung tief deprimierend wirken mußte? Gegen die vielen Schicksalsgenossen in aller Welt, denen das Brot des Exils ungleich härter ist, als es ihm, dem Gefeierten und materiell Sorgenlosen, war? Betrachtete er sein Leben als reine Privatsache und sagte einfach: »Ich leide zu sehr. Seht Ihr zu. Ich gehe.« Durfte er dem Erzfeinde den Ruhm gönnen, daß wieder einmal einer von uns vor seiner »gewaltigen Welterneuerung« die Segel gestrichen, Bankerott erklärt und sich umgebracht habe? Das war die vorauszusehende Auslegung dieser Tat und ihr Wert für den Feind. Er war Individualist genug, sich nicht darum zu kümmern.

Bitte, verstehen Sie, warum ich geschwiegen, oder beinahe geschwiegen habe! In Herrn Witkowsky, der mich zu einem Beitrag für sein Sammelbuch aufforderte, habe ich nicht den berufenen Verwalter von Stefan Zweigs Nachlaß gesehen, sondern den zutunlichen und geschäftigen Literaten, den ich seit Jahren mit Unbehagen in ihm zu sehen gewohnt bin, und dem es gefiel, gestützt auf den Ruhm des Verblichenen, die Namen der Weltliteratur um sich zu versammeln.

Glauben Sie mir, sehr verehrte Frau, daß ich um den außerordentlichen Mann, dessen Namen Sie tragen, so aufrichtig trauere, wie irgend einer, dem es gegeben war, seinen Schmerz und seine Bewunderung in den Blättern laut werden zu lassen. Ich habe all diese Huldigungen mit wahrer Genugtuung gelesen und mich, in allem Kummer, gefreut an den demonstrativen staatlichen Ehrungen, die dem Toten von dem Lande seines letzten Asyls erwiesen wurden. Er ruhe in Frieden, indeß sein Name und Werk unter uns leben!

Ihr sehr ergebener
Thomas Mann

Brief von Franz Theodor Csokor

An Frau Friderike Zweig
1 Sheridan Square, New York 14
(Aus dem Englischen übersetzt)

H. Q. 9 »Polindep« Unit
A.A.1.

Liebste Friderike!

Wie glücklich ich bin, Deinen Brief erhalten zu haben und Deine Adresse zu besitzen! Die letzte, die ich hatte, war in London, aber es war mir nicht möglich, Dich dort zu erreichen. Dann kam ich nach Belgrad, wo mich der Krieg überraschte. Ich floh nach Split, in Kriegszeiten (zum zweiten Mal; das erste Mal war ich, wie Du weißt, in Polen), und dann half mir ..., auf die Insel Korčula zu kommen. Dort war ich zivilistischer Kriegsgefangener der Italiener und wurde human behandelt. Dann kam der Waffenstillstand, und zwei Monate lang lebte ich unter Partisanenherrschaft, bis die Deutschen immer näher kamen. Ich flüchtete dann auf dem Wasserwege, auf einem kleinen Schiff, und endlich kam ich unter englischen Schutz. Darum konnte ich Dir nicht früher eine Nachricht zukommen lassen. Ich wußte ja Deine Adresse nicht. Als ich auf Korčula lebte, schrieb mir Wittner aus der Schweiz, Du seist in London. Er schrieb mir auch über Stefans Tod, der mich zutiefst verletzte. Ich bin sicher, daß es nie geschehen wäre, wenn er bei Dir geblieben wäre. Kannst Du mir etwas über seinen letzten Brief sagen? Wittner schrieb mir darüber, doch schnitt der faschistische Zensor die betreffende Stelle heraus.
Grüße Zuckmayers von mir; ich habe ihre Adresse nicht. Ich danke ihm und Herrn Selmeczy und der reizenden Erika Mann. Ist sie bei ihrem Vater, und ist er noch in Princeton oder hat er seine Adresse geändert? Notiere Dir übrigens meine Adresse! Sir George Franckenstein und mein Verleger, Mr. Warburg, arbeiten daran, mich nach London zu bringen. Ich wünsche mir nur, an einen Ort zu kommen, wo ich für eine neue, bessere Welt arbeiten kann. Ich schrieb ein Schauspiel über den Partisanenkrieg, den ich aus nächster Nähe erlebte; es

heißt »Der verlorene Sohn« und die Leute bezeichnen es als eins meiner besten Stücke. »Der 3. November 1918« ist von einem jungen schottischen Dichter namens Norman Cameron ins Englische übersetzt worden und wird von Sekker and Warburg in London veröffentlicht. Wo ist mein alter Freund Ferdinand Bruckner? Hast Du seine Adresse? Wo sind Zucks Frau und seine Kinder? Umarme sie für mich! Und umarme Deine Kinder! Ich wünsche Euch allen das Beste, das ich für mich selbst wünschen könnte – und noch mehr! Ich hoffe, bald Nachricht von Dir zu erhalten. In der letzten Zeit hat es außer der armen Lina, die wie eine Heilige in der Hölle lebt, keinen Menschen gegeben, den ich so suchte wie Dich – besonders nach Stefans Tragödie. Nur weil ich Dich in England vermutete konnte ich mit Dir nicht in Verbindung treten, denn es war unmöglich, von Italien dorthin zu schreiben. Der gute Felix Braun schrieb mir einen sehr lieben Brief. Langsam versammeln wir unsere zerstreuten Truppen wieder – doch welch leere Plätze sind an unseren Tischen, welch leere Plätze! Der teure Ödön Horváth, der teure Stefan, der teure Scheyer! Gott helfe Werfel, wieder gesund zu werden!
Ich umarme Dich, liebste Freundin, und Deine Familie!

Immer
Dein
Francis Theodor C.

N. S. Wie mir Alma schrieb, betreibt auch E. M. Remarque mein Hinkommen. Könntest Du Dich mit ihm zusammentun? Zuck kennt ihn gut und könnte das vermitteln.

Brief von Felix und Käthe Braun

7, Cliff Terrace
Kendal (Westmorland, England)
29. April 1944

Liebe Friderike!

Plötzlich, zu meiner größten Freude, bekomme ich einen Brief von Csokor aus dem befreiten Italien, wohin er nach abenteuerlichen Fluchten von Polen entronnen ist, mit der Bitte, dich zu grüßen. So bringt uns der Freund wieder zusammen, nachdem ich mehr als ein Jahr ohne das geringste Lebenszeichen von dir geblieben bin. Der Einzige, der mir aus Amerika schreibt, ist Auernheimer.

Stefans »Welt von gestern« in der schlechten Übersetzung lesend, glaube ich seine Stimme wieder zu hören, und so lasse ich mir von ihm erzählen, was ich miterlebt habe. Daß er Dich nur nebenher erwähnt, gehört zu dem vielen Befremdenden des Buches, das an großartigen Schilderungen wie der Rodins oder Rilkes reich ist. Und doch – wie oft fühle ich mich nicht in einen Widerstand gedrängt, nicht gegen das Gesagte, aber gegen die Art, wie es geäußert wird! Eben dadurch aber lebt mir Stefan wieder. Von allen Freunden ja bejammere ich seinen Tod am meisten, unverschmerzbarsten. Und die Welt ist um eine einzigartige Persönlichkeit nicht nur ärmer, fast möchte ich sagen: arm geworden. So ein Mensch wie er wird sobald nicht erscheinen. Klugheit so mit Ehrfurcht gemischt, Intellekt mit Begeisterung, Beobachtung mit Überschwang: das wird sich, fürchte ich, nie mehr verwirklichen.
Soweit meine Lehrtätigkeit zuläßt, schreibe ich an meinem neuen Roman. Auch Gedichte kommen immer noch, wie ins Land geflogene Möwen. Niemand fragt danach. Ich habe weder Übersetzer noch Verleger. Oft scheint mir, daß diese Anonymität ihr Gutes hat, besonders für meinen Charakter, den die Einbezogenheit in das literarische Bewußtsein früher schon gefährdet gehabt hatte.
Wenn Du Zühlsdorffs Adresse kennst, grüße ihn doch von mir: mein Brief scheint ihn nicht erreicht zu haben. Und so den verehrten Beer-Hofmann, über dessen Ergehen ich gern etwas erführe, sowie Herbert Steiner.

30. April

Es ist der Tag der hl. Katharina von Siena. Ich habe ihre Aufsätze gelesen, die so wunderbar erleuchtet sind und erleuchten. Daß Stefan die Wahrheit der Glaubenswelt verschlossen war, ist bei seiner Aufgetanheit fast unbegreifbar. Ich denke und denke über ihn und bete oft für seine Seele. Sollte es so sein, daß er das jetzt braucht von den Freunden?
Meine liebe Friderike, vergiß mich nicht ganz. Wir sind zusammengeschmolzen auf Erden; und neue Freunde gesellen sich doch nicht so leicht zu dem Wesens-Innern, das nicht mehr zur Einzel-Liebe so fähig ist wie in der Zeit des Aufnehmens.
Dir und Deinen Töchtern treue Grüße von Deinem

Felix
und Käthe

Von Uli kam Nachricht aus Paris vom 27. März 1944.

Briefe von Martha Freud

20, Maresfield Gardens
London, N. W. 3.
18. Januar 1948

Verehrte Frau Zweig, obwohl ich keine Schriftstellerin bin, sondern nur eine bescheidene Briefschreiberin, so wage ich es doch, zu Ihnen zu kommen, aus dem dringenden Bedürfnis, Sie wissen zu lassen, wie sehr Ihr herrliches Buch mich bewegt hat. Sie haben damit nicht nur mir, sondern sicher auch einer Unzahl von Freunden und Verehrern St. Zweigs ein kostbares Geschenk gemacht und ihm selbst ein bleibendes Denkmal gesetzt, unvergänglicher als eines aus Marmor oder Bronze. Wie ein »Buch mit sieben Siegeln« war sein privates Leben bis jetzt für uns verschlossen, obwohl warme Freundschaft ihn mit meinem Manne verband. Dank und Bewunderung möchte ich Ihnen ausdrücken für alles, was Sie dem unvergleichlichen Manne geleistet, dabei immer bescheiden hinter den Kulissen bleibend. Wer kann das besser schätzen als ich, die auch durch ein Menschenalter die Gefährtin eines »geistigen Schwerarbeiters« gewesen, immer bestrebt, ihm die Atmosphäre zu schaffen, die so unerläßlich für einen solchen.
Wie wesensverwandt übrigens diese beiden Männer einander gewesen, das hat mich beim Lesen immer wieder von Neuem bewegt. Sei es nun ihre Einstellung zum Geld, ihre Geberfreude und Hilfsbereitschaft, ihre Sammlerleidenschaft, oder ihr Talent zur Freundschaft, immer das Gleiche bei Beiden! Die letzten Eigenschaften zeitigte denn auch die außergewöhnliche Gastfreundschaft Ihres Hauses, durch welche sich nun vor dem dankbaren Leser ein interessantes, farbiges Bild der bedeutendsten Gestalten unsrer damaligen Zeit entrollt. Und daneben bringen Sie uns die unvergessene, einzigartige Wiener Landschaft mit ihrem ganzen Zauber wieder in Erinnerung, also immer wieder: Dank und Bewunderung, auch für die meisterhafte, packende Inhaltsangabe der Werke! Doch ich will Sie nicht länger ermüden, Lob und Anerkennung dürften Ihnen zum Überdruß zu Teil werden, auch von berufenerer Seite. So sende ich denn diesen Gruß in die weite Welt, in der Hoffnung, er möge Sie einst erreichen, um Ihnen zu sagen, daß in warmer Sympathie an Sie denkt eine sehr alte Frau!

Martha Freud

20, Maresfield Gardens
London, N. W. 3
26. August 1948

Meine liebe und verehrte Fr. Zweig,

ich möchte Sie wissen lassen, daß ich Ihr herrliches Buch nun nach einem Jahre wieder gelesen und vielleicht noch mehr von demselben beeindruckt bin, als das erste Mal. Vor allem steigt Bewunderung und liebende Sympathie für Sie mit jeder Seite. Auf welch' reiches Leben können Sie zurückblicken! Und wenn ich mich frage, wofür ich Sie denn am meisten bewundern möchte, so wird mir die Antwort schwer. Ist es die männliche Tüchtigkeit, mit der Sie das Leben anzupacken pflegten, oder der Schatz an Liebe, den Sie so verschwenderisch nach allen Seiten verschenkten. Kein Wunder also, wenn die Schar Ihrer illustren Freunde sich in der Atmosphäre Ihres bezaubernden Hauses so überaus wohl fühlten. Wie angeheimelt ich mich fühlte bei Ihren Schilderungen der einzigartigen Umgebung unseres alten, versunkenen Wien, können Sie sich wohl kaum vorstellen, lebten wir doch die letzten 10 Jahre, da mein Mann nicht mehr reisen konnte, sommerlang in derselben. Einmal hieß es: Hohe Warte, ein ander Mal Pötzleinsdorf, oder Grinzing. Konnte sich eine zweite Großstadt rühmen, in 15 Minuten Autofahrt aus ihrem Centrum mitten in blühenden Weingärten zu sein? Es heißt wohl: »Erinnerung ist ein Paradies, aus dem wir nicht vertrieben werden können«, trotzdem bin ich keineswegs undankbar gegen alles, das uns die neue Heimat bietet; ein schönes bequemes Haus mit schönem, großen Garten, der das Wandern im Sommer erspart.
Ich merke, ich bin geschwätzig worden und muß endlich zum Schluß eilen. Das kann ich aber doch erst, wenn ich mein Herz erleichtert habe, indem ich Ihnen bekenne, wie sehr das, bis dahin, so hochverehrte Bild unsres Freundes tief beschattet ist durch seine Untreue Ihnen gegenüber! Wenn auch Sie selbst in Ihrer alles verzeihenden Güte kein unguies Wort finden für seine Verirrung – ich stehe derselben verständnis- und erbarmunglos gegenüber und kann sie ihm über den Tod hinaus nimmer verzeihen. Zudem ist es meine felsenfeste Überzeugung: wir hätten ihn heute noch in unserer Mitte, wenn Sie ihm zur Seite geblieben wären! Ich hoffe, Sie verzeihen einer, Ihnen persönlich, Unbekannten diese vielleicht allzu intimen Äußerungen und nehmen sie nur für das, was sie in Wahrheit sind: nämlich wärmste Anteilnahme! Und in dieser sende ich Ihnen aus weiter Ferne meine Grüße als eine Ihrer ältesten Freundinnen, die sich nennt

Martha Freud

19. Mai 1952
23. Mai 1955
20. Januar 1956

Rittsteig bei Passau, 19. Mai 1952

Meine liebe, herzlich verehrte Friderike Maria Zweig,

ich wollte einen besonders ruhigen, gesammelten Tag herankommen lassen, um Ihnen für das Buch, das so beglückend anfängt und so tragisch endet, so ausführlich und so tröstlich, wie mein bester Geist es mir eingäbe, zu danken; aber die guten Tage werden immer seltener,und schließlich steht man immer wieder vor dem Geheimnis des Menschlichen, das einem immer wieder Rätsel aufgibt, bis man sich endlich entschließt, es ehrfürchtig schweigsam hinzunehmen und auf alles Verstehen und Erklärenwollen zu verzichten. Wir wollen dem Toten für das unendlich Viele, das er uns gegeben hat und uns immer wieder geben wird, dankbar gedenkend die Hand drücken, wohl wissend, daß jeder von uns auf seine Weise den gleichen Weg gehen wird, wie er. Der einzige Mensch, der vielleicht Stefan Zweig am Leben hätte halten können, wären Sie, liebe Freundin, gewesen; aber er konnte in dieser so schrecklich veränderten Welt nicht mehr atmen, und die Frau, die mit ihm in den Tod ging, war wohl nicht stark, nicht geistig und gewiß auch nicht innerlich genügend verbunden mit ihm, um den Dämonen die Stirne zu bieten.

Wir aber wollen unserem Leben dafür dankbar sein, daß wir noch auf dieser Erde leidend, handelnd und dienend herumgehen. Die Menschenwelt, man mag sagen, was man will, ist durch die ungeheuere Katastrophe, durch die sie hindurchgegangen ist, in den wesentlichen Individuen (also in denen, auf die es ankommt) eben doch lauterer, klarer, besser geworden. – Heute kam ein kleiner Brief von Martin Buber aus München; meine Frau, die Sie aufs herzlichste grüßen läßt, wird mit mir morgen zu ihm hinauffahren, auch seine Gattin. Georg Munk ist bei ihm, wir freuen uns sehr auf dieses kurze Beisammensein und wir werden in Treue Ihrer, liebe Freundin, gedenken. Darf ich diese Zeilen mit einer Bitte beschließen und Ihnen sagen, daß es mir wie meiner Frau zur Zeit eine rechte Bestärkung wäre, Ihr Pasteur-Buch zu lesen? Mit vielen guten Wünschen grüßt Sie herzlich

Ihr dankbarer
Hans Carossa

Zollikon bei Zürich, den 3. Juli 1952

Sehr verehrte, liebe Freundin,

seit einer Woche bin ich bei meinen alten Freunden Prof. Robert Faesi und seiner Frau Jenny in Zollikon am Züricher See; beide lassen aufs wärmste grüßen, beide wollen Ihnen auch bald schreiben, Faesi, der noch immer, mit fast 70 Jahren, an der Universität als Germanist, seine Vorlesungen hält, will nur den Beginn der Ferien abwarten; dann wird er sich melden.
Heute will ich Ihnen nun endlich meine Dankbarkeit zum Ausdruck bringen; Sie haben mir liebe Freundin mit der Übersendung des wunderbaren Pasteur-Buches eine ganz große Freude bereitet, und ich habe meiner Frau wiederholt schon in den Morgenstunden daraus vorgelesen. Wenn Sie, Verehrte, mich übrigens einen großen Arzt nennen, so beschämt mich das ein wenig, und nur insofern das ein oder andere meiner Bücher da und dort einem Menschen erfreulich oder belebend geworden ist, dürfte ich in übertragenem Sinn ein so hohes Lob annehmen. Meine ärztliche Tätigkeit fiel ja noch in das »praepenicillinare« Zeitalter, und ich käme in Verlegenheit, wenn ich eine doppelseitige Lungenentzündung mit modernen Methoden behandeln müßte.
Daß Pasteur von Goethe als eine beständig weiterwirkende Entologie empfunden worden wäre, daran wird kein Denkender zweifeln; schon die Jugendbildnisse sprechen dafür, wie rein, wie gut und gesammelt wirkt dieser Zwanzigjährige, den auch eine so intensive Bereitschaft erfüllte, sein Wissen und Denken an andere weiterzugeben!
Verzeihen Sie, daß ich Ihnen heute nur mit diesen paar Zeilen danke und Ihnen dabei im Geiste die Hand drücke! Nach meiner Heimkehr hoffe ich das Buch noch einmal lesen und Ihnen ausführlicher danken zu können.

Mit herzlichsten Grüßen

freundschaftlichst Ihr
Hans Carossa

Rittsteig, 23. Mai 1955

Liebe und verehrte gnädige Frau!

Ihr guter Brief hat mich und meine Frau herzlich erfreut und Ihr Freund wird mir stets willkommen sein; wir bitten ihn nur uns rechtzeitig unter Passau 6047 anrufen zu wollen, wenn er in unsere Nähe kommt.

Es bereitet mir große Genugtuung, daß der Tag des jungen Arztes »Sie ein wenig heimatlich« berührt; überhaupt wandern unsere Gedanken oft zu Ihnen und zu der Zeit, wo ich auf dem Kapuzinerberg bei Salzburg Ihr Gast sein durfte.
Am 6. Juni vollendet Thomas Mann sein achtzigstes Jahr, und als mir Herr Rudolf Hirsch vom S. Fischer Verlag eine Einladung sandte, für eine Festschrift, die zu Th. Manns Geburtstag erscheinen soll, einen Beitrag zu schikken, fiel mir nichts Besseres ein, als in einer kleinen Prosa ein wenig von der Consultation zu erzählen, durch die Sie mich damals in der Theresienstraße auszeichneten. So sind es immer wieder die Erinnerungen, die dem Leben seinen Wert verleihen. Wir nähern uns dem Pfingstfest, mußten aber vor wenigen Tagen noch heizen, den Tulpen und Narzissen riecht man es an, daß sie frieren, und daß die Schmetterlinge fehlen, beweist uns auch, daß wir in einem rauhen Lande leben.
Möge es Ihnen, verehrteste Freundin, gesundheitlich gut gehen, und wenn Sie wieder einmal Herrn und Frau Shuster besuchen, vergessen Sie bitte nicht, uns den Herrschaften aufs beste zu empfehlen! Sie beehrten und erfreuten uns an einem Karsamstag mit ihrem Besuch; wir sprechen noch oft davon.

In treuem Gedenken grüßt Sie, verehrte, liebe Freundin

Ihr dankbar ergebener
Hans Carossa

Nach dem, was dem Leser von mir bekannt wurde, erübrigt es sich, die Wirkung dieses Verlustes auf mich zu erörtern. Es mußte zur Rettung meines Seelenlebens und auch meiner erschütterten Gesundheit das Unverlierbare in diesem Verlust wiedergewonnen werden. Es mußte von dem furchtbaren, unwiderruflichen Geschehen getrennt werden, damit ich nicht selbst in den tödlichen Wirbel hineingezogen würde. Langsam gelang es, ja, es schien das Unverlierbare reicher und deutlicher zu werden und wieder in mein tägliches Leben und Denken hereinzuspielen. Das Leben war für mich noch fruchtbar, da ich meine Kinder hatte, mit denen ich auf das innigste verbunden war. Mein warmes Interesse an anderen Menschen war nicht gemindert, ja, es hatte sich durch vermehrtes Wissen gesteigert. Zunächst mußte für uns der tägliche Grund und Boden noch urbar gemacht werden, was Ablenkung gab. Meine Kinder und ich wußten, daß eine Existenz in der alten Heimat bis auf weiteres von Lebensgefahr unterminiert war. Da wir nur als Besucher galten, mußten wir nun an Einwanderung denken, um so mehr als nur diese es ermöglichte, im neuen Lande Berufe auszuüben. Gelang das nicht – man mußte fünf Jahre darauf warten –, würde mein kleines Kapital bald eingeschmolzen sein, da ich ja die von Stefan erhaltenen englischen Pfunde während deren Entwertung verloren hatte. Als Amerika in den Krieg eintrat, konnte ein weniges durch kriegswichtige Arbeit hinzugewonnen werden. So arbeitete mein charakterfester Schwiegersohn Karl nachts in einer Injektionsnadelfabrik, während Herbert wieder in seinem Fach, der Pathologie, wirken konnte. Sein Abteilungschef im Medical Center der Columbia-Universität war ein Schüler seines angesehenen Onkels, Professor Oskar Störk, gewesen und hatte wie so viele amerikanische Ärzte die damals weltberühmte medizinische Wiener Schule aufgesucht. Pathologie ist, wie mir scheint, ein Fach, das einen Forscher, der nicht den Geist der goethischen Naturbejahung in sich trägt, dem Negativen näherbringt, da die post-mortem-Befunde nur allzuoft hinter die Kulissen des Unvermögens, des Fehlgegangenseins der Diagnosen und der Behandlungen hinweisen. Das trägt die Gefahr in sich, Zynismus zu erzeugen. Dazu kam in einem sonst dem Lebensgenuß zuneigenden, heiteren, anmutigen Menschen das Familienerbteil der Genialität, die sich nicht selten über bürgerliche Gepflogenheiten hinwegsetzt. Ich will nicht mehr sagen, als daß dieser begabte junge Forscher, obwohl gewissenhaft in seinem Beruf, meiner angestrengt arbeitenden Tochter das Leben nicht leicht machte. Eben als Stefan in düsterster Stimmung war und meinen brieflichen Zuspruch, wie es sich später herausstellte, nötig hatte, ahnte ich Krisen im Leben meines geliebten Kindes und schrieb an Stefan wohl ein oder den anderen Brief weniger, da die seinen bisher sorgenfrei geklungen hatten. Man merkt oft nicht, wie tief ein Sprung geht, einer Mutter wird zu viel verheimlicht, um ihr Kränkendes zu ersparen, so sah ich denn diese mir liebe Ehe – war doch auch Herberts Vater mein teurer Freund gewesen – in die Brüche gehen.

Zuvor aber waren wir noch zu fünft vereint gewesen, die Einwanderung in die Staaten zu erlangen. Stefan hatte uns noch schützend den raschesten Weg gewiesen. Er war durch unsere geliebten Freunde René und Erika Fülöp-Miller einem außerordentlichen Mann, Milton S. Koblitz, nahegekommen, vor dem sich die Pforten der Emigration wie magisch öffneten. Dieser war als hartgesottener, erfolgreicher Advokat bekannt gewesen, als er infolge eines bösen Unfalls für längere Zeit gelähmt und ohne Bewußtsein niedergestreckt lag und rettungslos verloren schien. Die ihn Umgebenden ahnten nicht, daß hinter die-

sem todähnlichen Zustand ihm genug Wachheit verblieben war, ihre Gespräche und Urteile zu verstehen. Sie klärten ihn über den eigenen Leumund auf, den eines rücksichtslosen Verdieners. War es ein Gelübde oder innerliche Wandlung, die ihn beschließen ließ, fortan sein Leben und seine ansehnlichen Mittel zugunsten Hilfesuchender einzusetzen? Diese fand er in jenen, die von den Höllen Europas in die Vereinigten Staaten Einlaß suchten. Diesen Mann hatte mir Stefan als Helfer gewiesen. Er knüpfte eine Bedingung daran, wissend, daß ich gerne mit anderen teilte, was mir selbst zuteil wurde, ich sollte diesem verdienten Mann keine weitere Belastung zumuten, nachdem ich mich mit unseren Wünschen an ihn gewandt hatte. Diese Bedingung habe ich nur einmal, eines Anliegens Werfels wegen, durchbrochen, doch wußte ich, daß Milton Koblitz besonders gerne dem Ansuchen von Künstlern entgegenkam. Seine Großherzigkeit ging so weit, daß er sich von seinem beträchtlichen Vermögen nur einen Teil zumaß, um weiterhin Mittel für seine Zwecke zur Verfügung zu haben. Seine uneigennützige Frau Betsy stimmte ihm zu. Wir erhielten Visa von meiner Nichte Gertrud, die auf einer Farm lebte und schon etwa fünfzig erteilt hatte, und vom Gatten ihrer Schwester Elisabeth, nachdem Milton selbst für uns von Kalifornien aus nach Washington gekommen war, um die weiteren Wege zu ebnen, als diese im allgemeinen noch ungangbar waren. So wanderten wir denn, nachdem wir ein paar schöne Tage in Niagara (Kanada) verbracht hatten, zu fünft über die Brücke des mächtigen Falles nach der amerikanischen Seite zurück – denn die Voraussetzung war, daß man von außerhalb kommen mußte – und erhielten nun in dem neuen Heimatland unsere dauernde Aufenthaltserlaubnis und nach angemessener Zeit die Einbürgerungspapiere.
Meine anderen Bemühungen galten nicht der eigenen Hilfe. Stefan hatte mich oftmals ersucht, dies oder jenes für Kollegen, die in irgendwelche Bedrängnis geraten waren, zu tun, und nicht wenige wandten sich an mich, in der Hoffnung, ich würde durch seinen Namen für sie erreichen können, daß ihre Bücher amerikanische Verleger fänden. Sie wußten noch nicht, daß hier das Verlagsgeschäft fast durchwegs von Schätzungen des zu erwartenden Gewinns abhängt, und dieser war für Neuankommende höchst zweifelhaft. Ein einziges Mal gelang es mir, bei Fritz von Unruhs schönem Roman *Der nie verlor (The End is Not Yet)*, für den ein uneigennütziger Enthusiast, Alexander Gode von Äsch, eigens einen Verlag begründete. Meine Erfolge waren indes nicht gering, zumal in Südamerika, das, von Europa abgeschnitten, nach Büchern europäischer Schriftsteller verlangte. Unter den nicht

wenigen, denen ich dort vermittels Alfredo Cahns, Stefans und auch meines Übersetzers und Agenten, Werke unterbringen konnte, waren Heinrich Mann, René Fülöp-Miller, Hermann Kesten. Man wird verstehen, daß dies eine riesige Korrespondenz erforderte, die ich schließlich nicht mehr allein bewältigen konnte. Eine wunderbare Frau, Gattin von Henry Seidel-Canby, bot mir Gastfreundschaft in einem reizenden kleinen Pfarrhaus auf der Park Avenue an, wo ich zwei fast unentgeltliche Mitarbeiterinnen fand: meine Tochter Elisabeth (Lix) Störk und Brigitte Nichols, beide erfahrene Sekretärinnen. Unsere Kosten deckte spärlich der argentinische Agent in Form von Vorschüssen auf die zu erzielenden Erfolge. Unser Programm ging auch dahin, Schriftstellern irgendwelche Arbeiten, Unterbringungen und oft beträchtliche Renten zu verschaffen und bei Übersetzungen zu helfen. Unvergessen ist mir der Mut mancher Autoren, umfangreiche Bücher zu schreiben, wie etwa des österreichischen Journalisten Ludwig Ullmann, eines auch sonst mutigen, rechtschaffenen Mannes, der an einer riesigen Geschichte des Theaters arbeitete.

Wir gaben auch kleine Bändchen heraus, deren Kosten teils durch Subskription, teils von den Autoren selbst gedeckt wurden. So wurde es ihnen ermöglicht, ihre ihnen kostbaren geistigen Erzeugnisse unter Dach zu bringen. Kostbar aber nicht nur für den Dichter selbst war eine Erzählung von Johannes Urzidil, *Der Trauermantel*, die sich auf Stifters Jugend bezog, eine wahre Perle unter unseren kleinen Büchern. Heute, wo der Autor mit Recht in den ersten Rang zeitgenössischer Dichter aufgerückt ist, ist es wahrscheinlich ein bibliophiles Wertobjekt.

Es waren begreiflicherweise schwierige Menschen unter jenen, die uns aufsuchten, die selbst unter normalen Umständen schwer mit sich fertig wurden, wie etwa Albrecht Schäffer, dessen Frau sich in der Leitung eines Internates zu Tode rackerte. Ein Genius per se, Fritz von Unruh, wurde plötzlich ein begabter Maler. Vor kurzem erst hat ihn wieder eine Katastrophe bedroht. Am Ufer des Ozeans angesiedelt, raffte das Meer bei einer Sturmflut sein Hab und Gut hinweg. Hier folgt, was er mir darüber schrieb, als ich Hilfe für ihn angestrebt hatte:

Brief von Fritz von Unruh

26. März 1962

Liebe verehrte Frau Zweig!

Ihr Zuruf, für den wir allerherzlichst danken, hat uns sehr bewegt. Es tut wohl in solch einer Katastrophe, wie sie uns betroffen hat, – die Anteilnahme von Freunden empfinden zu dürfen.
Sie werden es wohl verstehen, wenn wir nicht viel mehr schreiben können. Die entfesselten Elemente haben uns alles genommen, was wir uns für die letzten Jahre zur Vollendung des Werkes noch aus den Katastrophen der Naziära gerettet hatten. Zum viertenmal müssen wir nun von vorn beginnen. Der Mut dazu ist geblieben, aber die Qual würgt die Kehle.
Nochmals vom Herzen Dank! In der Hoffnung, daß Sie sich wohl befinden – grüßen wir Sie in alter Zuneigung

Ihr Fritz Unruh
und Friederike

Der Zustrom geistiger Arbeiter aus vielen Ländern zu unserer Hilfsstation war Stefans Weltruf angemessen. Unser Büro wurde ein Umschlagplatz der Hoffnungen, und so mancher konnte bei uns zumindest sein Herz ausschütten. In diesem Sinn muß ich an Albert Ehrenstein denken, diesen eigenartigen Dichter, der, obwohl bettelarm, nie eine Zeile schrieb, die ihm nicht selbst dringlich war, der einzige vielleicht, der es hier zu nichts anderem als Achtung brachte und von Hans Kaunitz, einem wunderbaren Arzt, betreut, im Armenspital verstarb. Durch die brave, Schriftstellern so hilfreiche, nun auch schon dahingegangene Steffi Kiesler und mich selbst konnte der teure Tote dem Schicksal, in einem Massengrab beerdigt zu werden, entgehen.
Hier muß ich nun rückblickend von meiner ausgezeichneten Hilfe in unserem »Writers Service Center« sprechen, von Brigitte Nichols. Sie war niemand anderer als die Tochter Gustav Landauers und der großen Dichterin und Übersetzerin Hedwig Lachmann, deren Übertragung von Wildes *Salome* noch heute Geltung hat. Ihr Vater, ein milder Revolutionär und hervorragender Schriftsteller, hat ein so bedeutendes Buch über Shakespeare geschrieben, daß mir zum Beispiel Erwin Piscator sagte, daß er es auf allen Reisen als Anleitung mit sich führe. Wie man weiß, wurde Gustav Landauer bei dem Münchner Putsch von Soldaten erschlagen. Hedwig Lachmann war in einer noch penicillin-

losen Zeit in wenigen Tagen an Lungenentzündung gestorben. Zwei kleine Mädchen blieben zurück, von einem Onkel aufgenommen. Brigitte studierte später in Berlin soziale Hilfe und verheiratete sich mit einem erfolgreichen Arzt aus Sibirien, der seinen russischen Namen dann amerikanisierte. Als es zum Auswandern kam, lag sie sehr krank in einem Berliner Spital. Ihr Mann reiste mit den zwei Bübchen voraus. Hier schalte ich ein, daß Brigitte von fast unvorstellbarer Schönheit war, was vielleicht, was das Unvorstellbare betrifft, insofern nicht zutrifft, als ihre Züge eine auffallende Ähnlichkeit mit jenen der österreichischen, so tragisch umgekommenen Kaiserin Elisabeth aufwiesen. Erst kürzlich fiel mir dies wieder auf, als ich in dem bescheidenen Salon des Prinzen Christian Friedrich von Sachsen, dem Sohn des letzten Königs, und dessen Gattin eine Miniatur ihrer nahen Verwandten, der unglücklichen Kaiserin, sah. (Der Prinz hatte mich in München zu sich geladen, da ihn Stefans *Marie Antoinette* auch wegen vieler Papiere im Archiv seiner Familie interessierte.)
Ein junger, schon angesehener Arzt, Dr. Franz Hausberger, behandelte Brigitte. Als die Verordnung kam, Jüdinnen seien aus dem Spital zu entfernen, erklärte er, daß er, der wahrscheinlich unentbehrlich war, dieses gleichfalls verlassen werde. Sie verblieb, bis sie imstande war, das Schiff nach Amerika zu besteigen. Noch war der Becher des Unheils nicht voll, den diese zarten Lippen zu leeren hatten. Nach einigen Jahren, nachdem ihr Gatte eine gute Praxis errungen hatte, erkrankte er an einer Form sich rasch entwickelnder, tödlicher Leukämie und ließ Brigitte mit den beiden, nicht allzu gut versorgten Söhnen zurück. Sie scheute vor keiner Arbeit, die Einkünfte zu ergänzen. Michel, der Ältere, hatte Neigung, Schauspieler zu werden. Ich riet ihr, dem nicht zu widerstreben. Er ist heute ein erfolgreicher Television- und Broadway-Star, während der jüngere ein tüchtiger Arzt ist. Kurz nach dem Tod ihres Gatten kam aus Berlin ihre gleichfalls reizvolle Schwester, die sich dort dank einer Scheinehe noch hatte aufhalten können. Als gute Musikerin erhielt sie hier sofort eine Anstellung an einem Konservatorium. Sie konnte sie nicht antreten, denn ein Autobus stieß sie nieder und verletzte sie tödlich. Wer sich aber diese schöne, zarte Frau nach all den furchtbaren Wettern, die über sie hergegangen waren, als eine Trauerweide vorstellt, geht weit fehl. Brigitte war unentwegt von beispielgebender Haltung, geradezu ein Hort für Schwankende und Verlorene. Nun aber kommt ein *Happy-Ende*. Als der Krieg zu Ende war, erhielt sie einen Brief jenes Arztes, der sie in Berlin so treulich gepflegt hatte. Obwohl er erfolgreich geworden war, wollte er

Deutschland verlassen und ihr folgen. Er hatte nie aufgehört, ihr seine Neigung zu schenken. In Zürich, wo sie zusammentrafen, wurde sein Herzenswunsch erfüllt, und es wurde eine sehr glückliche Ehe.

Meine zweite, nennen wir es soziale Tätigkeit, wandte sich dem Aufbau der American-European Friendship Association zu, die eben ihr zwanzigstes Jubiläum begeht. Sie war aus dem Bedürfnis entstanden, die Amerikaner mit den Neuankommenden bekannt zu machen, die ihnen viel mehr zu bieten hatten als die bisherigen Emigranten, die meist nur der Hunger und die Arbeitslosigkeit aus ihren Dörfern vertrieben hatte. Hier waren unter den von Hitler bedrohten Menschen mit geistigen Bestrebungen, Träger alter Kultur, Gebende, nicht bloß Nehmende. Diese hinwieder brauchten den Kontakt mit den Ansässigen, mußten deren Vorzüge und Verschiedenheiten kennenlernen, um sich ihrer Art zu leben anpassen zu können. Freundschaft sollte Mißtrauen und Vorurteile überwinden helfen. Hervorragende Namen standen auf dem Schild dieser Vereinigung, die seltsamerweise einzig in ihrer Art war, denn bisher hatte es nur Gesellschaften gegeben, die zwischen den einzelnen Ländern und den Staaten Bande erstrebt hatten. Er bedürfte eines ganzen Buches, um zu schildern, wie viele Beziehungen sich durch diese Gesellschaft und ihre Veranstaltungen geknüpft hatten und was aus ihr fruchtbar wurde. Ihr jährlicher Höhepunkt war die »Freundschaftswoche«, die nahe von New York in Stamford (Connecticut) stattfand und Hunderte von Gästen und Mitglieder anzog, um großen Persönlichkeiten zu begegnen, wichtige kulturelle Themen zu diskutieren, internationale Musik zu hören. Ihr Genius war eine strahlende, anmutige und einflußreiche Frau, die Gattin eines der größten Erzieher Amerikas, Dr. George N. Shusters, die nationale Präsidentin der Vereinigung, mit der ich unsere Ideen verwirklichen konnte. Obwohl diese Gesellschaft, die viele Nationen zusammenführt und einander näherbringt, heute nicht mehr so wichtig ist, als sie es in der Zeit der ärgsten Ausstoßungen war, besteht sie weiter als eine freundliche Oase, die viele anzieht, die der Dürre des Alltags und der Entfremdung entgehen wollen.

Doch was mir an erster Stelle geholfen hatte, aufrecht zu bleiben, war meine Beschäftigung, ein Buch des Erinnerns über Stefan zu schreiben. Mich mit unseren ersten Begegnungen zu beschäftigen, die für mich niemals an Zauber verloren hatten, wobei Landschaft und Atmosphäre von ihrem besonderen Licht nichts eingebüßt hatten, wieder die Kraftquelle zu spüren, die mir immer geholfen hatte, Leidvolles zu überwinden, es zu besiegen – das versetzte mich in eine Welt, die fernab lag von der unfaßbaren Katastrophe. Schritt für Schritt kam ich weiter in dem zuerst Unwahrscheinlichen unseres Einswerdens, zu dem sich immer enger schließenden Verbundensein. Ich schrieb, aus dem unbeirrten Gedächtniskreis schöpfend, ohne weitere Behelfe, denn die riesige Korrespondenz, die zwischen uns stattgefunden und Daten und Orte belegte, stand mir noch nicht zur Verfügung, ja, ich wußte nicht, ob sie überhaupt noch existierte und nicht, wie so vieles, ein Raub der mörderischen Banden geworden war. Von den mir teuersten Briefen des Anfanges um 1912 hatte ich mich niemals getrennt, und wie ich mir lieben Schmuck auf längere Reisen mitnahm, so waren diese Briefe immer mit mir gekommen. So auch, als meine Tochter Suse und ich einige Monate in Frankreich zu verbringen beabsichtigten. Mit anderen Dokumenten, zum Beispiel meinem Staatsprüfungszeugnis, einem in juridischem Sinn wichtigen Brief Lottes, sowie den Briefen Stefans aus der letzten Pariser Zeit, hatte ich sie vor der Flucht aus der bedrohten Stadt Paris französischen Verwandten meiner Kinder anvertraut. Doch auch diese waren ängstlich geworden und hatten diese Briefschaften zu noch sichererer Aufbewahrung weitergegeben. Der Betreffende aber hatte sie angeblich in einem Augenblick der eigenen Gefährdung vernichtet. Doch der Handkoffer mit den unzähligen Briefen Stefans aus den vielen Jahren, auch andere kostbare, zahlreiche Briefe von Romain Rolland, von dessen Schwester, Briefe von Rilke, Karten mit Grüßen von gemeinsamem Zusammensein mit Verhaeren, Rilke, Masereel, Jules Romains, Bazalgette und anderen enthaltend, den ich meinen treuen Salzburger Freundinnen Magda Grasmayer und Josefine Junger anvertraut hatte, kam zu meiner großen Beglückung nach Ende des Krieges wieder in meinen Besitz, als meine Kinder nach ihrer ersten Reise in die alte Heimat ihn mir zurückbrachten. Das Buch wurde also nur aus treuem Erinnern hergestellt, und um wieder ganz in die Welt von Stefans Werken untertauchen zu können, vertiefte ich mich wieder in diese. Band für Band hatte ich mir, oft mit ziemlichen Geldopfern, wieder erworben. Obwohl Stefans Freund und Verleger Ben Hübsch meinte, ein Zeugnis über die Werke des eigenen Mannes könne wenig Schlagkraft haben, wurde dieser Teil meines Buches, in denen ich die Werke analysierte, außerordentlich bejahend aufgenommen. Diese Darstellung eines geliebten Lebens wurde in zehn Ländern veröffentlicht, nachdem es der »Neue Verlag« in Stockholm, der etwa fünfzig Bücher von Autoren, die während der Hitlerbarbarenzeit nicht in Deutschland erscheinen konnten, verlegte, in deutscher Sprache veröffentlicht hatte. Später folgte von *Stefan Zweig wie ich ihn erlebte*, oder auch *Stefan Zweig Gefährte meines Lebens*, eine Lizenzausgabe bei Kahnert in Berlin. Eine Reise nach Kalifornien zu den Wohltätern Milton und Bessie Koblitz in Los Angeles war fällig; dabei verbrachte ich einige Wochen in der so schönen Stadt San Francisco. In Kalifornien befand sich auch der Lektor des Neuen Verlages, mit dem ich an Ort und Stelle die Druckbogen durchsehen konnte. Es war 1945, und als ich zurückkehrte, war der heißersehnte Friede abgeschlossen.

Nicht nur wegen des Untertauchens in den Erinnerungen hatte ich dieses Buch geschrieben, sondern auch, weil ich einen Riegel anderen Veröffentlichungen vorschieben wollte, die sein Bild entstellen oder mißdeuten könnten. Schon häuften sich die Anschuldigungen gegen ihn, was sein Verhalten mir gegenüber betraf. Nur ich selbst konnte ihnen entgegentreten, indem ich die tragischen Umstände beschrieb, die seine Welt erschüttert hatten. Ein anderer Doppeltod versiegelt mir den Mund, über materielle Vorkommnisse zu sprechen, die fälschlich Stefan zur Last gelegt wurden – ein Vorwurf, der immer wieder auftaucht. Es ist richtig, daß er naiv handelte, in der Art, wie er andere mit meinen Interessen betraute. Er tat es, weil sein reines Herz voll Vertrauen war und er diese Reinheit in anderen voraussetzte. Nicht mehr soll hier gesagt werden, als daß ich ihm das nicht verübelt habe und die Motive seiner juridischen Unvorsichtigkeit aus langen Jahren seines skurrilen Verhaltens gegenüber finanziellen Angelegenheiten sehr wohl erraten konnte. Seine Absicht war nicht nur gewesen, mich versorgen zu wollen – allerdings nicht seinem großen Vermögen entsprechend, das er sich gerne selbst verschwieg –, sondern mich mit Kostbarkeiten zu beschenken, die ihm selbst besonders wert gewesen waren. So hatte er auch nach dem Tod seiner Mutter gehandelt, als er mir jene Schmuckstücke gesandt hatte, die sie täglich getragen. Doch nach seinem Tode erreichte mich nur wenig von den mir zugedachten Liebespfändern. Das Liebespfand gemeinsamen Lebens, sein großes Werk, seine mir verbliebenen Freunde, die Wunderwelt gemeinsamen Genießens und Verstehens, und nicht zuletzt die gemeinsame Arbeit ist unversehrt geblieben.

Ich werde oft gefragt, wie mich mein Weg nach fünfjährigem Aufenthalt in New York, dieser einzigartigen, gigantischen Stadt, in das Städtchen Stamford im New England-Staat Connecticut führte. Es hatte 1945 nur eine Bevölkerung von fünfundvierzigtausend Menschen, die sich allerdings seither verdoppelt hat. Der Ort liegt eine dreiviertel Stunde Bahnfahrt von New York entfernt am gewaltigen Long Island-Sund und an seinem eigenen kleinen Hafen, durchzogen von schönen Gärten und Alleen jener in Connecticut berühmten riesigen Bäume. Ich hatte die hübsche Stadt flüchtig durch einen Besuch bei unseren Freunden Schalom und Mathilda Asch kennengelernt, die ihre Freundschaft für Stefan in vollem Maße auf mich und meine Kinder ausgedehnt hatten. Es war das dritte Heim des großen Schriftstellers, das ich betrat, der mir in seinen religiösen Konflikten sein Herz auszuschütten pflegte. Wie jenes in einer Vorstadt von Paris und das auf den Hügeln oberhalb von Nizza, war es ein adeliges Heim, das eines Mannes, der alter Kulturen eingedenk war, von erlesenem Geschmack und ein würdiger Rahmen für seine Sammlung historischer Tempelgeräte. Sie funkelten in schönen Formen, in blankem Metall von Regalen und Kredenzen. Vor den Fenstern lag ein großer Garten. Das Gebäude stand, wie das Haus im Süden Frankreichs, das damals noch in seinem Besitz war, auf einer Anhöhe, von der man zwar nicht auf das Mittelmeer, doch auf den oft in Rivierablau strahlenden Long Island-Sund aus ähnlicher Entfernung blicken konnte. In diesem, so wie früher im Mittelmeer, ergötzte sich der schon alternde Mann auch hier, wann immer das Wetter es erlaubte, an dem von ihm geliebten Schwimmsport, den er in einem seiner späten Romane verherrlicht hat. Als ich mich dann in Stamford ansiedelte, geschah es zwar unter seiner werktätigen Beratung, hatte aber nichts mit meinem Besuch in seinem und Mathildas Heim zu tun. Es hatte eine Freundin in Stamford eine Sommerwohnung gemietet, die sie, da sie diese dann nicht selbst benützen konnte, an uns abtreten wollte. Der Aufenthalt in dem kleinen Gartenhaus hatte mir und meinen Kindern so sehr behagt, daß ich die vermittelnde Agentin befragte, ob sie uns für das nächste Frühjahr wieder ähnliches würde beschaffen können. Keineswegs um so niedrigen Preis, meinte sie, doch habe sie einen noch nicht dagewesenen vorteilhaften Kauf anzubieten, da der Besitzer ihn auf das dringlichste vollziehen müsse. Die Lage des Hauses war die schönste in der Stadt, sein Aussehen erinnerte an Tiroler Häuser. Schalom Asch sandte mir einen Vertrauensmann, der den Bauzustand ausgezeichnet fand. Wenn ich einen Teil vermieten würde, konnte ich es mir, mich allerdings vollständig verausgabend, leisten. Weihnachen 1945 verbrachten wir bereits in dem neuen alten Haus, in einem nun wiedergewonnenen Heim. Mein Leben in diesem zu schildern, überlasse ich – mit dessen gütiger Erlaubnis – keinem Geringeren als Johannes Urzidil, den sein Amt, die Voice of America, gesandt hatte, mich für eine Sendung nach Österreich zu interviewen.

VOICE OF AMERICA, AUSTRIAN SERVICE, 26. Oktober 1955

Ansager: Die Schriftstellerin Friderike Maria Zweig, die Witwe Stefan Zweigs, mit dem sie drei Jahrzehnte des Lebens und Schaffens teilte, wohnt seit Jahren in der amerikanischen Stadt Stamford, Connecticut. Der Schriftsteller Johannes Urzidil berichtet Ihnen heute über einen Besuch bei dieser bedeutenden Frau.

Johannes Urzidil: In nächster Nähe des breiten Sounds, der die Insel Long Island vom amerikanischen Festland trennt, liegt die schöne alte Villa, in der Friderike Zweig inmitten faszinierender Erinnerungsstücke, aber zugleich in lebhaftester Wirksamkeit ihre Tage verbringt. In diesem Holzhaus mit seinem breiten Portikus, eingelagert in einen hochbäumigen Garten, haben sich bestens geistiges Europa und Amerika zu einer Synthese vereinigt, deren man bei jedem Blick und Schritt gewahr wird. Ich weilte schon öfters hier; und immer hatte ich mir vorgenommen, über dieses Heim und seine Bewohnerin einmal einem weiteren Kreise zu erzählen, denn sie sind etwas Seltenes und Beispielgebendes.

Diesmal freilich waren die äußeren Umstände einigermaßen ungewöhnlich, denn es war gerade ein heftiger Zyklon losgebrochen, der die ganze herbstliche Baumwelt rundum in Aufruhr versetzte, ungeheure Regenmassen gegen die Fenster prasseln ließ und unsere Gespräche mit einer vielfältigen und geräuschvollen Begleitmusik versah. Bei Friderike Zweig jedoch, dieser bedachtsamen und stets freundlichen Hausfrau – sie ist ein Wiener Kind und daselbst am 4. Dezember 1882 geboren –, ist es auch während eines Zyklons überaus gemütlich. Sie setzt dem vehementen Naturereignis ein gütiges Lächeln entgegen. Sie hat manchen Sturm erlebt; und wenn von irgend jemandem, so kann man vor ihr sagen: sie hat sich gut gehalten! Umgeben von ihren Antiquitäten, Kunstwerken, Büchern und Autographen, selbst in einem gewissen Sinne bereits historisch, man könnte fast sagen: monumental, bekundet sie doch mit leichter Hand eine stets anmutige Wiener Gastlichkeit, und wer es nicht weiß, würde nicht ohne weiteres erraten, daß er mit einer Autorin spricht, deren Reihe von Romanen, Biographien und historischen Essays in elf Sprachen erschienen ist, die gleichsam nebenher vierzehn Werke französischer Schriftsteller und Dichter ins Deutsche übertrug und mit bedeutendsten Repräsentanten der Kultur der Alten und Neuen Welt in naher Beziehung stand und steht.

Dieser weite Wirkungsradius ergab sich nicht etwa bloß aus ihrem Leben mit dem großen Österreicher und Europäer Stefan Zweig, son-

dern ebensosehr aus ihrem eigenbürtigen, weitblickenden und zugleich einfühlsamen Wesen und Schaffen.
Man findet in ihrem Hause Spuren von Emile Verhaeren, Romain Rolland, Rainer Maria Rilke, die sie persönlich kannte; und man braucht nur den »Liber Amicorum« zu durchblättern, das »Buch der Freunde«, das vor drei Jahren anläßlich ihres siebzigsten Geburtstags erschien, um zu erkennen, wie weit sich auch heute noch über Kontinente der Kreis spannt, den ihre Bewunderer bilden: da sprechen André Maurois, Jules Romains und Georges Duhamel für das geistige Frankreich; Frans Masereel, der hervorragende belgische Künstler, symbolisiert seine Verehrung durch eine schöne Tuschzeichnung; George N. Shuster leitet das von Harry Zohn herausgegebene Buch ein; Thornton Wilder und andere bekunden die Bewunderung des zeitgenössischen Amerika; noch viele bedeutsame Namen liest man: Fritz von Unruh, Felix Braun, Franz Theodor Csokor, Bruno Walter ... die Reihe nimmt kein Ende.
»Hier ist noch ein Brief«, sagt Frau Zweig, »der nicht mit abgedruckt ist, weil er verspätet kam, von weither. Er ist mir besonders kostbar.«
Allerdings wäre wohl jeder beglückt, einen solchen Brief erhalten zu haben; auch weil er einiges Persönliches über den großen Absender enthält. Er ist in der Tat von weither, aus Lambarene in Französisch Äquatorial-Afrika. Er ist von Albert Schweitzer, und man fühlt an seinem innigen Ton, welche Bedeutung die Empfängerin im Gemüt eines großen Mannes erlangt hat.
»Ich meine manchmal«, schreibt Schweitzer, »Sie in der Erinnerung vor mir zu sehen. Hoffentlich ist es mir einmal vergönnt, wieder mit Ihnen zusammen zu sein. Nun bin ich wieder in Lambarene. Das Dasein, das ich führe, ist sehr kompliziert und ermüdend. Seit Jahren habe ich keinen einzigen Tag zum Ausruhen gehabt. Aber ich halte mich doch noch relativ gut aufrecht und kann noch Arbeit tun.« Ein Zusatz, an Dr. Zohn gerichtet, lautet: »Ich habe eine tiefe Verehrung für Friderike Zweig.«
So schreibt der große Menschenfreund an die Menschenfreundin. »Seit Jahren habe ich keinen einzigen Tag zum Ausruhen gehabt.« Es gilt dies wohl auch für die nimmermüde Adressatin. Sie arbeitet ununterbrochen, und ihre Arbeit besteht im Helfen, im Verbinden und Vereinigen. Das zeigt sich nicht nur in ihren Büchern und Übertragungen, sondern seit Jahren schon in Amerika in ihrer persönlichsten Gründung, der »American-European Friendship Association«, der Vereini-

gung für Amerikanisch-Europäische Freundschaft, die durch zahlreiche Vorträge, Tagungen und Sommerschulen die Kulturwerte und die schaffenden Geister beider Kontinente zueinander in Beziehung setzt und in mehreren amerikanischen Städten ihre Zentren hat. Es zeigt sich aber auch in einer Fülle von Einzelarbeit.
»Was beschäftigt Sie gegenwärtig am meisten?« frage ich.
»Am innerlichsten beschäftigt mich der Unterricht, den ich einem begabten Mädchen hier im Ort erteile. Es ist gelähmt und war vor seiner Erkrankung bemüht, eine musikalische Laufbahn zu beginnen. Nun studiert sie Philosophie und Französisch. Wir arbeiten zusammen; ich lese mit ihr französische Werke großer Dichter und Philosophen.«
Selbstverständlich wäre die Bibliothek und wären die Briefmappen Friderike Zweigs Fundgruben für Autographensammler. Eine ganze Kulturepoche spiegelt sich in diesen Widmungen und Briefen, in den Bildern und Photographien an den Wänden ringsum und vor allem auch in ihren eigenen Büchern, die freilich höchst unauffällig untergebracht sind. Man muß erst fragen, wo sie sich eigentlich befinden: die Romane, vom »Ruf der Heimat«, der vor mehr als vierzig Jahren erschien, bis zu »Erik Neergard«, veröffentlicht 1951; das tiefsinnige Essaybuch »Wunder und Zeichen«, das die Heiligenlegende, die Gläubigkeit, Wunderbarkeit und Magie des Mittelalters aufleben läßt; die so eminent fesselnde Biographie des großen Bakteriologen Louis Pasteur, die in fünf Sprachen herauskam; und die vielen Übertragungen von Werken von Emile Verhaeren, Anatole France, Sainte-Beuve, Paul Verlaine, Théophile Gautier und vielen anderen. Auch Rousseaus großen »Emile« hat Frau Zweig übertragen. Und Nikolaus Lenaus Briefe an Sophie Löwenthal hat sie herausgegeben. Und selbstverständlich galt und gilt ihre innigste Bemühung dem Werk und Leben ihres eigenen verewigten Gatten, dessen Biographie sie verfaßte und die sie erst vor kurzem durch die Herausgabe ihres durch dreißig Jahre laufenden Briefwechsels mit ihm ergänzte. Zusammen mit Stefan Zweigs eigenem autobiographischen Buch »Die Welt von Gestern« bilden diese beiden Werke einen ganzen Kosmos, in dem nicht nur zahllose Facetten der Geistesgeschichte eines ganzen Zeitalters aufleuchten, sondern ein steter Quell der Weisheit, Schönheit, Güte und Menschlichkeit offenbar wird.
»Hier ist Stefan als Knabe«, sagt sie und weist auf ein lebensgroßes Porträt, dessen Kinderblick mit den weichen, schwärmerischen Augen schon deutlich einen angehenden Dichter verrät.
»Und hier eine besondere Kostbarkeit, ein Blatt von William Blake.«

Es ist eine religiös durchdrungene Zeichnung des großen Engländers, ein Blatt von stärkster visionärer Kraft. Dann zeigt sie mir Aquarelle des mit ihr befreundeten Malers Alfred Kubin.
»Ein anderes freilich«, erinnere ich sie, »besitzen Sie heute nicht mehr. Es ist jenes Blatt, das Adalbert Stifter darstellt und das Kubin Ihrem Gatten gewidmet hatte. Das haben Sie mir geschenkt und es hängt jetzt in meinem Zimmer.«
»Nun«, sagt sie, »Sie sind doch ein Stifterverehrer!«
Wir sprechen von Städten und einstiger Heimat, von Österreich und Böhmen, von Salzburg und Prag, von Reisen in früheren Jahren; wir kommen sogar darauf, daß wir einmal, vor fast dreißig Jahren, ohne es zu wissen, in Sorrent Reisenachbarn waren. Wir sprechen von Dichtern, die wir beide kannten, von Gerhart Hauptmann, von Werfel und Joseph Roth. Aber nun kreisen Frau Zweigs Erinnerungen um Romain Rolland, Emile Verhaeren und um Rilke, von dem sie etliche Briefe aus einem Glaskasten hervorholt.
Rilke bedankt sich für ihren Roman »Der Ruf der Heimat« und schreibt, wie er ihn an ruhigen Abenden gelesen habe. Dann reicht sie mir eine Postkarte, irgendeinmal aus Paris aus dem Musée de Cluny an sie gesandt, aber doch eben, wie das Meiste hier, eine Rarität ersten Ranges. Der Gruß trägt vier Unterschriften: Stefan Zweig, Romain Rolland, Emile Verhaeren und Rainer Maria Rilke. Ein richtiges Museumstück!
Draußen ist nun der Zyklon besonders unbändig geworden. Aber innen herrscht trotzdem eine vertiefte Stille. In dieser Stille fällt mir ein, wie mich ein Vers Verhaerens in der Übertragung von Stefan Zweig seit meiner Jünglingszeit sozusagen durchs ganze Leben begleitete. Ich hatte ihn einst in einem Insel-Almanach gelesen und mit den Jahren gewann er, wie jede echte Dichtung, immer mehr an Tiefe und Bedeutung. Diese Bedeutung wird mir hier im Heim Friderike Zweigs besonders gegenwärtig.

»In diesen Abendstunden, da des Himmels Weiten
Im fernen Dunst der Wälder sich verziehn,
Schreit ich gelassen, doch ganz ohne Traurigkeiten
Über die Erde voll von Toten hin.
Stark laß ich, daß sie's hören, meine Schritte klingen ...«

Weiter habe ich es mir nicht mehr gemerkt. Aber die Abendstunde ist jetzt da und hier ist die Frau, die Gattin und geistige Erbin Zweigs, die über einer »Erde voll von Toten« durch das Land der Lebendigen mit starken Schritten weitergeht, lebend und wirkend.

»Ich habe Ihnen von dem Mädchen gesprochen, das ich unterrichte«, sagt sie. »Diese Arbeit, die mir so viel Freude macht, geschieht im Rahmen einer Institution in unserer Stadt Stamford« – sie sagt »unsere Stadt« und mit Recht, denn sie lebt hier seit zehn Jahren, in Amerika seit fünfzehn. »Diese Institution heißt ›Handicapped People's Resources Unlimited‹ – Unbeschränkte Leistungsmöglichkeiten für Beschädigte. Gegründet von der Schriftstellerin Rachel Baker dient sie der Ausbildung und Fortbildung von Menschen, die durch Unglücksfälle, Lähmungen, Sprachhemmungen und andere Schwierigkeiten aus der Bahn geworfen wurden und die man wieder in den Lebensprozeß einzuschalten bemüht ist.«

Hört man Frau Zweig über diese Bemühungen sprechen, dann versteht man wohl, warum gerade ein Mann wie Albert Schweitzer sich ihr besonders verbunden fühlte. Aber noch etwas anderes, sehr Wesentliches wird offenbar: in diesem Bestreben liegt ja auch die stärkste Zeugenschaft für die Echtheit ihrer literarischen und kulturellen Arbeit: der stete Wunsch nach praktischer Bewährung verkündeter sittlicher Überzeugungen, diese unerläßliche Selbstverwirklichung des Schaffenden, der mit seinen Gesinnungen und Ideen nicht bloß in einer abstrakten Sphäre verharren möchte.

Der Gedanke der Hilfe ist immer wach gewesen in ihr. Wie vielen europäischen Schriftstellern und Gelehrten, freilich auch anderen, hat sie, seit sie in Amerika ist, bei ihrem schwierigen Beginn auf neuem Boden zu helfen und zu nützen gewußt, Verbindungen herstellend, Wege und Türen durch Empfehlungen öffnend, Vorträge und Veröffentlichungen ermöglichend. Die Dankbarkeit könnte gar nicht groß genug sein, und der »Liber Amicorum« scheint nur ein bescheidener Ehrenkranz für soviel Verdienstvolles.

Friderike Zweig steht in den Jahren, in denen man die Schätze des Erlebten und Erfahrenen ordnet und die Ergebnisse resumiert. Der amerikanische Lehrgang der letzten anderthalb Jahrzehnte gewährt ihr die Möglichkeit eines geklärten Distanzblicks auf die Dinge der Welt. Ihre gefühlsbetonte Wärme ist unvermindert, ja hat sich womöglich noch vertieft; aber ihre zusammenfassenden Urteile sind sicher und kristallen.

»Völker«, so sagt sie – und sie spricht diese Worte gleichsam über mich hinaus zu einer weiteren Zuhörerschaft –, »Völker stehen zu ihren Kulturen im Verhältnis einer tiefen Verantwortlichkeit.« Und ihr Gedankengang ist folgender: »Wenn es die Kultur allein ist – oder doch vor allem das, was den Bestand eines Volkes gewährleistet, dann drückt sich Bedeutung und Rang einer Nation in dem Verantwortungsgefühl aus, das sie dieser Kultur entgegenbringt. Es genügt nicht allein, die großen Dichter und Komponisten gehabt zu haben oder zu besitzen. Und was heißt denn besitzen? Heißt es nicht vor allem selbst mitbesessen werden, selbst besessen sein? So muß sich das ganze Leben eines Volkes im Sinne seiner bedeutenden Geister vollziehen und verwirklichen.«

»Das ist ein mächtiger Anspruch«, sage ich, und denke mir dazu, daß man das Entscheidende wohl in einer maximalen Form aussprechen müsse, um hoffen zu dürfen, daß es wenigstens annäherungsweise erfüllt werde.

Der Zyklon draußen tobte noch immer. Drinnen saßen wir eben bei einer Tasse Kaffee mit hausgemachtem Wiener Gebäck.

»Hier ist noch ein Brief von Rilke«, sagte Frau Zweig. »Er bedankt sich darin für einen Klappsessel.«

Ich betrachte die sorgfältige und regelmäßige Handschrift, die mir als solche schon von anderen Briefen her bekannt ist. Es ist die Handschrift eines Menschen, der auch der geringsten Kleinigkeit seine Aufmerksamkeit widmet und sie in einen geordneten Zusammenhang mit einem Ganzen stellt. Ein Gegenstand wie ein Klappsessel verliert im Gefüge eines Dankbriefes von Rilke völlig seine utilitäre Nüchternheit, er erlangt Musik, gewinnt fast etwas Feierliches. Es ist ein Klappsessel, auf dem Sonette entstanden sind, erstmalige Gedankengebilde und unvergeßliche Reime.

> »Meide den Irrtum, daß es Entbehrungen gebe
> Für den gescheh'nen Entschluß, diesen: Zu Sein!
> Seidener Faden kamst du hinein ins Gewebe.
>
> Welchem der Bilder du auch im Innern geeint bist
> (sei es selbst ein Moment aus dem Leben der Pein):
> Fühl, daß der ganze, der rühmliche Teppich gemeint ist.«

Ein Interview wird in dem Bestreben geschrieben, den Gegenstand zu steigern, um ihm mehr Daseinsberechtigung zu geben. Daran sei der Leser erinnert, dem ich jedoch nicht diese nachsichtige Schilderung eines so außerordentlichen Schriftstellers, wie es Johannes Urzidil ist, vorenthalten wollte. Man möge mich deshalb nicht für eine eitle, sich selbst bespiegelnde Person halten. Deshalb muß ich denn auch immer wieder betonen, daß die Tätigkeit mit körperlich Versehrten keineswegs eine opfervolle ist, sondern einem reichlich zurückgibt, was man selbst vermittelt. Dies gilt bei mir hauptsächlich durch die kostbare Freundschaft, die sich mir durch das Zusammensein mit einem blinden Schriftsteller, einem ganz außerordentlichen Menschen, ergeben hat, die zu missen uns beiden schmerzlich sein würde. Menschen dieser Art lehren uns, über so viel Unwichtiges in unserem Leben hinwegzusehen und dem Wesentlichen, den tieferen Dingen, auf die es doch im letzten ankommt, aufgeschlossen zu sein. In meinem Falle habe ich es überdies mit einem Mann großer Bildung zu tun, dessen ausgezeichnetes Gedächtnis und weiter Interessenkreis, von keinerlei Bitternis getrübt, das Panorama geistigen Lebens außerordentlich erweitert. Ich bin hier die stets Nehmende, deren Beitrag mit dem Gewonnenen gemessen ein ganz bescheidener ist. Der Urheberin der Gruppe »Unbegrenzte Quellen« bin ich in vielem anderen verpflichtet. Rachel Baker, die Autorin mehrerer Biographien über Pioniere der Hilfstätigkeit für Jugendliche und Herausgeberin einer Kunstzeitschrift für Mittelschüler, ist überdies meine Nachbarin. Sie ist einer der gescheitesten Menschen, die mir begegnet sind, und versinnbildlicht das, was ich an europäischen Frauen entbehre: die Selbstverständlichkeit, in sozialer Hilfe tätig zu sein – was hier geradezu zum guten Ton gehört und in diesem Lande charakteristisch ist für den Gemeingeist, der noch aus kolonialer Zeit stammt.

Doch nun habe ich weiterhin Wichtiges über die in meinem neuen Land gewonnenen Freundschaften zu sagen, wobei ich nur solche betonen werde, die nicht von der alten Heimat stammen. Auch sie beruhen zum Teil auf jenen Vorkommnissen in meinem Leben, die ich ungern Zufälle nenne und viel lieber als Schutz von oben, als Resultate göttlicher Fügung ansehe. Immer wieder hatte ich Gelegenheit, den kindischen Gedanken zu hegen: »Da hat nun wieder jemand für mich gebetet.« An solchen Betern, im Hinblick geliebter Toter, fehlte es mir ja nicht. Ich muß mich aber kurz fassen, soviel mir auch diese neuen Freunde bedeuten.

Als ich bei dem angesehenen Advokaten, der bei dem Ankauf des Hauses half, in dessen Kanzlei zu warten hatte, unterhielt mich das Empfangsfräulein aufs beste und wir verstanden uns gleich in mancher Hinsicht. Es stellte sich heraus, daß diese reizende Frau, die abwesende Beamtin vertretend, die Gattin des Rechtsanwaltes war, der

heute ein hervorragender Richter ist: George Wise. Mit beiden verbindet mich nun seit achtzehn Jahren ununterbrochene Freundschaft.
Eine andere Freundschaft knüpfte sich auf noch überraschendere Weise an und nahm ganz und gar von mir Besitz. Ich hatte zwei Jahre in Ossining am Hudson mit jungen Freunden aus Paris, die zum Kreis gemeinsamer Arbeiter für Flüchtlinge gehörten, im selben Hause gewohnt, wie das schon in der Rue de Grenelle in Paris der Fall gewesen ist. Franz von Hildebrandt, der Enkel des berühmten Bildhauers, war mit Joseph Roth einer meiner eifrigen Hilfsgenossen für Flüchtlinge. Er und seine irische Frau, nahe Freunde meiner Kinder, vielseitige, heitere und originelle junge Menschen, waren mit einem allmählich zu fast einem Dutzend anwachsenden Kinderreichtum gesegnet. So kam denn, noch aus Münchner Freundeskreis stammend, eine anmutige Frau nach Ossining, um als Taufpatin zu fungieren: Doris Shuster, die Gattin des Präsidenten der großen New Yorker Mädchenhochschule, des Hunter College, Dr. George N. Shuster. Diesen wunderbaren Mann, einen der besten, den mein neues Land besitzt, kannte ich schon durch Briefwechsel, als die Amerikanisch-Europäische Freundschaftsgesellschaft sich für die Schaffung einer internationalen Universität bemühte. Ich wußte wohl, daß er und seine Familie in Stamford lebten, doch wie groß war unser gegenseitiges Erstaunen, als ich an einem späten Winterabend bei der Bahnstation auf meinen Autobus wartete und plötzlich eine Frauenstimme ausrief: »Friderike Zweig! Wie um Gottes willen kommen Sie zu dieser Stunde nach Stamford?« Doris Shuster wußte nicht, daß ich seit kurzem hier angesiedelt war, und die Verwunderung steigerte sich, als sich herausstellte, daß nur zwei Häuser und deren Gärten unsere Wohnstätten voneinander trennten. Fünfzehn Jahre lang sind wir, durch viele Interessen und gemeinsames Wirken und herzliche Zuneigung verbunden, Nachbarn gewesen. Ich habe über Dr. George N. Shuster zwei Essays verfaßt, das eine als Mittelstück eines kleinen Buches über amerikanische Erzieher, das zweite, umfassendere in einem Buch, das ihm zur Zeit seines Rücktritts nach zwanzigjähriger Präsidentschaft des Hunter College gewidmet wurde. Es traf sich, daß das erste unvorhergesehen erschienen war, als George N. Shuster zum amerikanischen Kommissar für Bayern, als Deputierter John J. McCloy's, ernannt wurde, wo man ihm noch heute dankbare Erinnerung für seine ebenso taktvolle wie segensreiche Tätigkeit bewahrt. Das war allerdings nicht die einzige, die ihm in Deutschland, woher seine Vorfahren stammten, zuzuschreiben ist: große Lehrstätten

dort verdanken ihm grundlegende Unterstützungen. Er ist seither mehrere Jahre der Vertreter Amerikas bei der UNESCO in Paris gewesen, und vor einigen Monaten Delegierter bei dem Begräbnis Papst Johannes XXIII. Dies verdient Erwähnung, weil man keinen frömmeren, würdigeren Abgesandten hätte finden können. In meinem langen Leben bin ich keinem Menschen begegnet, der werktätiges Christentum in so reiner Form verwirklicht. Sein Bekenntnis zum Katholizismus hält ihn niemals davon ab, andere Religionen und ihre Angehörigen gerecht einzuschätzen oder der Hilfe für diese nicht in vollem Maße bereit zu sein. So füllte er denn die Lehrkanzeln seines College's mit naziverfolgten Professoren aus den verschiedensten Ländern, ungeachtet ihrer Konfession, ja, zuweilen nur ihre fachliche Eignung und nicht ihre bisherige Tätigkeit in Betracht ziehend. Mehrere von ihnen, wie zum Beispiel René Fülöp-Miller, wurden seine nahen Freunde. Das Hunter College wurde auch ein leuchtendes Beispiel der vollkommenen Gleichberechtigung farbiger und weißer Studentinnen, deren soziale Wohlfahrt seine Gattin sich zur Aufgabe machte. Sie hat auch als nationale Präsidentin der American-European Friendship Association dieser zu Ansehen und Wirkung verholfen. Sowohl Doris als George N. Shuster sind nicht nur dem kulturellen Deutschland verbunden, sie sind auch warme Freunde Österreichs. In seinem letzten Buch lobt er besonders Dr. Leopold Figl, der im großen Auditorium des Hunter College eine Ansprache hielt, spricht aber den Österreichern überhaupt sympathische Eigenschaften zu. Ganz unverdienterweise reiht er auch mich hier ein, dabei Stefans gedenkend. Nicht nur, weil ich stolz sein darf, daß er mich in dieser Weise ehrte, möchte ich diese Seite seines Buches hier einfügen, sondern weil sie ein tieferes Verständnis für Österreich und dabei auch seinen gütigen Humor zeigt. Nachdem er seine Dankbarkeit als Empfänger der Großen Goldenen Medaille der Republik Österreich geäußert hat, fügt er hinzu:

»Ebensowenig kann ich, obwohl ihre Gegenwart weniger im Auditorium als in anderen Gebieten des College's in Erscheinung trat, die stete Freundlichkeit und die Zuneigung Friderike Maria Zweigs vergessen, die so viele Jahre die Gattin Stefan Zweigs und die selbstlose Hüterin seines Geistesgutes war. Für uns alle, die wir den Vorzug hatten, sie zu kennen, war sie ein unfehlbarer Wegweiser zu der Wesensart Österreichs, vom ›Zwetschkenkrampus‹ zur Abteikirche von St. Florian, von den Wiener Erinnerungen an Beethoven zu Wiens Genugtuung an der Blüte des literarischen Genius. Den Rhythmus von Öster-

reichs intellektuellem und kulturellem Leben, der so kontinuierlich war, daß man fast dazu neigte, das Kommen und Gehen der Habsburger als eine Art Kontrapunkt zu betrachten, konnte man von ihr, wenn überhaupt von jemandem, zu spüren bekommen – vielleicht hauptsächlich dadurch, daß die Aufgeschlossenheit für diesen Rhythmus Stefan Zweigs kostbares Geheimnis gewesen ist. Der ›Zwetschkenkrampus‹ aber bedarf wohl einer kleinen Erläuterung. Eines Nachmittags in Stamford war Frau Zweig eben damit beschäftigt, eine Tagung der American-European Friendship Society zu leiten (sie hatte mitgeholfen, diese Organisation ins Leben zu rufen, um europäischen Ankömmlingen in unserem Lande ein reicheres Leben zu gestalten). Ich traf sie auf einem Gartenweg, dieses seltsame Wort in einem Ton entschiedenen Mißfallens vor sich hinmurmelnd. Ich erfuhr, daß sie es auf einen Professor münzte, dessen Verhalten ihrer Meinung nach ein nicht geringes Ärgernis hervorrief. Ich muß gestehen, daß die Bezeichnung in diesem Falle angebracht war. Sie bezieht sich auf eine drollige Figur aus getrockneten Pflaumen oder Trauben, die zum Nikolofest österreichischen Kindern sowohl Spaß macht wie Schrecken einjagt.«
George N. Shuster hat mir auch größtes Wohlwollen in der Beurteilung meines Buches *»Wunder und Zeichen, große Gestalten des Hochmittelalters«* erwiesen, das auch gütigste Zustimmung von Hans Carossa, Reinhold Schneider und Gertrud le Fort fand. Dieses Buch lag mir wohl unter allen, die ich verfaßte, insofern am nächsten, als mir dieses dreizehnte Jahrhundert und seine besonderen Gestalten unendlich nahestanden. Ich könnte mir vorstellen, daß ich, wenn ich in einer Eremitenzelle lebte, fortfahren könnte, Annalen aus diesen Tagen der Menschengeschichte zu sammeln, vielleicht nur zu meinem eigenen andächtigen Genügen.
Der Reihe derer, die uns Intellektuellen und auch anderen Neugekommenen halfen, heimisch zu werden – ich habe schon Milton Koblitz genannt –, muß ich noch drei Persönlichkeiten hinzufügen, die wärmste Dankbarkeit verdienen. Pastor Friedrich Forell und dessen Frau – sie selbst stammte aus einer alten deutschen Pastorenfamilie – hatten schon in Wien und Paris Hilfe geleistet, als sie in New York ihre Caritas für christliche Neukommende zu entfalten begannen, die im Lauf der Jahre eine ungemein segensreiche Hilfe für zahllose vertriebene Familien bedeutete; ja, ihr Heim und ihre Kirche wurde Heim und Zuflucht für Menschen, die sich sonst niemals zurechtgefunden hätten. Kein Wunder, daß diese beiden tiefgläubigen Menschen des nicht nur guten, sondern allerbesten Willens, auch Mitbegründer der Amerika-

nisch-Europäischen Gesellschaft sind und ihr in allen Belangen die Treue bewahren.
Noch ein anderer Name ist hier zu nennen, der Dorothy Thompsons, einer weltbekannten Journalistin. Sie war einige Jahre mit einem großen Schriftsteller ihres Landes, mit Sinclair Lewis, verheiratet. Eben ist ein Buch über sie und »Red«, wie Intime den großen Romanschriftsteller nannten, von ihrem nahen Freund Vincent Shean erschienen, der selbst ein prominenter Schriftsteller ist. In dessen Haus in Vermont habe ich diese in vieler Hinsicht monumentale Frau kennengelernt und sie dann in ihrem nahen, großen Wald- und Wiesenbesitz besucht. Dieser ist manchen Sommer lang der erquickende Aufenthalt europäischer Schriftsteller gewesen, von Carl Zuckmayer, René Fülöp-Miller, Johannes Urzidil und anderen. Als ich sie dort das letzte Mal sah, war sie schon mehrere Jahre die glückliche Gattin eines solchen Schützlings, des außerordentlich begabten Prager Malers Maxim Kopf. Sie hatte für ihn einen großen Heuschuppen in ein schönes Atelier umgewandelt, in dem seine ungewöhnlichen Bilder und Skulpturen auf das schönste zur Geltung kamen. Ich wohnte damals der Taufe ihres und Sinclair Lewis' Enkelsohnes bei. Leider wurde diese große Frau nicht lange nachher von bösen Schicksalsschlägen heimgesucht. Der geliebte Mann starb, und sie selbst wurde von einem argen Leiden heimgesucht, dessen ungeachtet sie ihrer Schwiegertochter und deren Kindern in Portugal zur Hilfe kam. Dort starb sie.
Von erworbenen Freundschaften sprechend, muß ich eine hervorheben, um die mich ein Heer junger deutscher Mädchen nicht wenig beneiden würde. Ja, sie hatte sogar für mich alte Frau die Atmosphäre eines schönen Märchens. Als ich die Illustrationen für die Bildbiographie zusammenstellte, wollte ich gerne ein Bild Lilli Palmers einbeziehen, die die Rolle der kranken Heldin in der Verfilmung von *»Ungeduld des Herzens«* so erschütternd dargestellt hatte. Ich schrieb ihr und erhielt folgende Antwort:

München, 29. Oktober

Liebe Frau Zweig

Ihre gütigen Worte, die ich eben erst erhielt, haben mich sehr berührt. Wir beide, mein Mann und ich, sind Ihres verstorbenen Gatten ergebenste Bewunderer – tatsächlich war, als wir einander begegneten, unsere Liebe für Stefan Zweig einer unserer ersten Berührungspunkte, und es erfüllte sich mir dann ein

Traum, daß ich eine seiner Heldinnen, in einem leider unzureichenden Film, darstellen konnte.
Danke Ihnen nochmals. Mit den freundlichsten Grüßen,

Lilli Palmer

P. S. Ich sandte das einzige Photo von »Ungeduld des Herzens«, das ich finden konnte, an den Kindler Verlag.

Nicht lange darauf erhielt ich aus New York einen Anruf. Carlos Thompson, Lilli Palmers Gatte, fragte an, ob er mich während seines viertägigen Aufenthalts in New York, womöglich am nämlichen Tage, treffen könne. Ich mußte für diesen Tag ablehnen, da ich eine zu erteilende Stunde nun nicht mehr absagen konnte. Ob er diesfalls nicht gleich nach Stamford fahren könne, um mich zu besuchen? Eine Stunde später hielt ein Auto vor meinem Garten und ein sehr schöner, schlanker, hochgewachsener, jünglinghafter Mann, einen Boxerhund an seiner Seite, schritt auf mein Haus zu. Er hatte so gut wie alle meine Bücher unter dem Arm und bat mich um einige Worte der Widmung. Ich lernte in dieser Stunde einen Mann kennen, dessen zutiefst sauberes, allem Hohen hingegebenes Wesen in Gegensatz zu dem steht, was man sich im Hinblick auf einen Filmschauspieler vorstellt, der von den Frauen vergöttert wird. Der Besuch verband sich mit einer Einladung, ihn und Lilli Palmer in Europa wiederzusehen, was sich denn auch auf das schönste verwirklichte. Seither verbindet mich innigste Freundschaft, die sich in herzlichem Briefwechsel fortsetzt, mit diesem außerordentlichen Menschen. Im Grunde ist seine künstlerische Neigung mehr die eines Schriftstellers als eines Schauspielers. Er ist in seinem Geburtsland Argentinien als solcher preisgekrönt. Als ich ihn bat, der Internationalen Gesellschaft der Freunde Stefan Zweigs zwecks Gründung einer Südamerika-Abteilung, wo angeblich zwanzig Prozent des Lesestoffs aus Zweigs Werken besteht, beizutreten, antwortete er mir: »Sie können sich nicht vorstellen, wie sehr Ihre Aufforderung, für die Verbreitung der Stefan-Zweig-Gesellschaft in Südamerika einzutreten, mich beglückt. Sie dürfen nie vergessen, daß er einer meiner *Lehrer* war, einer der *zwei* Menschen, die, als ich ein junger Mensch war, die moralischen Wurzeln meiner geistigen Entwicklung am entscheidendsten beeinflußten. Kein anderer Dichter hat mir so mächtig und mit solch nachhaltiger Eindringlichkeit die humanistische Verpflichtung und den bedingungslosen geistigen Mut zum Bewußtsein gebracht, die Stefan Zweig, ebenso wie mein teurer Vater, über alles schätzte. In keinem anderen Denker fand ich in meiner Jugend einen so kompromißlosen, unentwegten und fleckenlosen Gerechtigkeitssinn, ein solches Urteil, das in einem poetischen Hymnus auf den Menschen ausklang, selbst wenn er von der Kleinlichkeit und Unzulänglichkeit der Menschen sprach, denn er wertete diese zum Schönen auf und fand Gründe für die Unsterblichkeit des Menschen, sei es in seinem Triumph oder in seinem Niedergang. Bitte, sagen Sie mir nur, was ich tun soll, und haben Sie Verständnis mit mir, wenn die verteufelte Geschäftigkeit meines Lebens mich zum zeitweise säumigen Mitglied einer so glücklichen Gemeinschaft macht. Doch verspreche ich, Schritt halten zu wollen!«

Es beglückt mich, die große Anhänglichkeit besonders jüngerer Menschen für Stefan Zweigs Œuvre erleben zu können. Alle, die an diesem interessiert sind, wissen, wie unendlich und stetig verdient sich Richard Friedenthal, aufs beste unterstützt von der Erbin des Nachlasses, Dr. Eva Alberman, um dieses gemacht hat. Ja, ich fürchte, daß dieser ausgezeichnete Schriftsteller, was sein kürzlich erschienenes Goethe-Buch beweist, manches wichtige eigene Werk um der Betreuung des Werkes seines Freundes willen hintangestellt hat. Dankbar gedenke ich hier auch eines noch jüngeren Beflissenen, der seine Doktorarbeit an der Harvard-Universität Stefan Zweig gewidmet hat: Dr. Harry Zohn, jetzt Professor an der Brandeis-Universität in Waltham bei Boston. Er kam vor Jahren zu mir, um Auskünfte und Daten zu erhalten, und wird seither nicht müde, sich meinen Sohn zu nennen, was ich auf das dankbarste annehme. Ihm gesellt sich ein anderer Professor, Dr. Robert Rie, den Stefan und ich schon als Kind, Sohn einer lieben Freundin, kannten, der mir gleichfalls die herzlichste Treue beweist. Beide haben sowohl zu meinem fünfundsiebzigsten als zu meinem achtzigsten Geburtstag gemeinsam mit anderen geliebten Freunden, wie Otto Wolfgang Bechtle, dafür gesorgt, daß ich Europa und die mir zum Glück dort verbliebenen Freunde wiedersehen konnte. Die offiziellen Einladungen gingen dann von der deutschen Bundesregierung und vom österreichischen Unterrichtsministerium aus. In Bonn hatte ich noch die große Auszeichnung, eine schöne Stunde des Gespräches mit dem Präsidenten Dr. Heuss verbringen zu dürfen, dem so verständnisvollen Förderer und Freund der deutschen Literaturwelt, wobei Berührungspunkte persönlicher Freundschaften gefunden wurden, wie mit Albert Schweitzer, der ihn getraut hatte, und mit dem in Berlin mit Dr. Heuss' Hilfe angesiedelten

Dr. Ernst Feder, der Stefans Nachbar in Petropolis gewesen ist und so ergreifend über seine letzten Tage berichtet hat.
Doch noch eine andere Begegnung war mir in Bonn geschenkt. Ehrfürchtig das Beethovenhaus betretend, in dem das Geburtszimmer, das nur seine Büste und einen Lorbeerkranz enthält, so tief ergreifend ist, erblickte ich mit einer anderen Art von Ergriffenheit seinen Schreibtisch – keinen anderen als jenen, der so viele Jahre in unserem Salzburger Saal gestanden war. Bei der Auflösung des Hauses am Kapuzinerberg hatte Stefan ihn abwandern lassen. Wie ich schon sagte, Sammler gehören zu dem Geschlecht der Hamster, sie vergraben ihre Beute, sie sind Geheimnistuer *par excellence*. Nie erwähnte er, wo dieser Schatz hingebracht worden war. Ich hatte nur einige Anhaltspunkte. Nun erfuhr ich von der Kustodin, daß ihn ein Schweizer Gönner, dessen Name mir wohlbekannt war, dem Beethovenhaus, wohin er wohl gehörte, gespendet hatte.
Ich habe nach meiner ersten Reise nach Europa für die Freunde, die diese Reise ermöglicht hatten, eine Gedenkschrift über diese verfaßt, bei den nächsten Fahrten aber blieb mir sozusagen der Atem aus. Ich möchte auch nicht glauben machen, daß meine Reflexionen von Wichtigkeit sind oder gar etwas vom Geschichtsprozeß meiner Zeit darstellen wollen. Es ist aber aus ihnen zu deuten, was José Ortega y Gasset bemerkt: »Die Jugend sieht die Vorderseite der Dinge, während die Reife oder das Alter die Rückseite der Dinge zu sehen beginnt.« So hat sich denn bei meinen drei Europareisen, nach Jahrzehnten des Fernseins, unwillkürlich eine Art historischer Anschauung eingemengt. Ich bekam etwas von der »gemischten Verfassung« zu spüren, die der alternde Plato als Mittel erkannt hatte, der Verzweiflung der Politik begegnen zu können. Es war Ruhe eingetreten, eine erquickliche Atempause, die bei den drei Reisen sich bereits statisch auszuwirken begann. Ganz weit zurückblickend war, trotz größter Erschütterungen, das Hauptinteresse nach dem Westen gewandert, wobei der Ozean, mein Ozean jetzt, nicht trennend, sondern nur verzögernd – und das in abnehmendem Maß – gewirkt hatte. Ich war also von fernher gekommen, trotz der Jets, die ich schließlich benutzt hatte, und doch hatte ich das Glück, heimisch untertauchen zu können, wobei es mir unendlich half, daß ich in mehreren Sprachen zu Hause bin. Und wie Goethe es über Wetzlar in *Dichtung und Wahrheit* sagte, kann auch ich von diesen schönen Reisetagen sagen: »Und so nahm ein jeder meiner Tage den andern auf, und alle schienen Festtage zu sein, der ganze Kalender hätte müssen rot gedruckt werden.«

Ich bin voll Dankbarkeit über das Erlebte und das große Glück, besonders den alten treuen Freunden in Wien wieder begegnet zu sein – daß ich dort den Besten der Besten, Franz Theodor Csokor, in voller künstlerischer Kraft noch einmal in meine Arme habe schließen können, daß ich Luitpold Sterns Stimme wieder hören konnte und Felix und Käthe Braun, Oskar Maurus Fontana und anderen lieben Gestalten wieder begegnete und trotz vieler Lücken, die die Zeit riß, diese Überlebenden nach so viel Fährnissen in glücklichen Häfen gelandet weiß. Gerne gedenke ich auch der während meiner ersten Reise so herzlichen Aufnahme seitens junger deutscher Studenten, vor denen ich in Stuttgart, Tübingen und kleineren Städten sprechen konnte, denn ich glaube nicht an ererbte Sünde.
Von den schönsten Erlebnissen auf meiner kürzlichen Reise muß ich noch an die Begegnung mit der liebreizenden, so würdig das väterliche Erbe erhaltenden Tochter meines geliebten Freundes Hans Carossa, Eva Kampmann, gedenken, die ich in und bei Passau, dieser wunderbaren Stadt, besuchte, sie selbst und das Heim kennenlernend, in dem mir so teuere Dichtungen entstanden und von wo so unendlich gütige Zeilen an mich gerichtet waren.
In München war es mir immer eine Freude, Odette und Hans Arens, den Stefan so Getreuen, zu begegnen. Von dort fuhr ich die schöne, wenn auch nicht blaue Donau hinab in meine Vaterstadt Wien. Wunderbar war dann eine Fahrt mit Lilli Bechtle, von der Zeitung ihrer mir so lieben Söhne in Eßlingen aus veranstaltet, an Orten vorbei, die wiederzusehen ich in meinen schönsten Träumen nicht mehr erwartet hatte, über Dörfer, wie Ehrwald mit den geliebten Lärchenwäldern, wo ich mit meinen kleinen Kindern geweilt, vorbei an der Zugspitze, die ich mutig erklettert hatte, über die einzig schönen Gebirgspässe Tirols und des Engadin, hinunter an meinen Traumsee, den Comosee.
Als Kontrast dann das große Heutige in Paris, das reingewaschen zu neuer Blüte ersteht, der Besuch bei der UNESCO, wo neben meinem Freund Julien Cain, dem Vertreter Frankreichs, nun nicht mehr George N. Shuster als Vertreter meines Landes weilt, sondern ein Landsmann, Senator Benton aus Connecticut. Hier ist nun die Wiege, Wissen vom Notwendigsten zum Höchsten, Erhaltung und Förderung aller Kulturelemente in eine nun fast endlos erweiterte Welt weiterzuleiten – ein heiliger Quell und Hort. Sehr erfreulich war mir der Besuch des getreuen Lee van Dovski aus Genf, dieses vielseitigen Schriftstellers und ausgezeichneten Biographen Gauguins, der gekom-

men war, mit mir in der Maison Internationale des P.E.N.-Klubs zu hausen, die dieser seinen Mitgliedern so gastlich öffnet. Und überdies hatte ich einen willkommenen Besuch aus England, den Donald Praters, der als erster Sekretär der britischen Gesandtschaft in Wien Stefan für sich entdeckt hatte und nun eine Biographie über ihn schreibt, was begreiflicherweise viele Fragen an mich ergibt. Donald Prater ist mir ein liebenswerter Freund geworden. Auch mit Andrée Jouve, meiner Freundin seit 1917, und mit Marie Rolland gab es herzlichste Wiederbegegnungen, mit letzterer wichtige Besprechungen über die Veröffentlichung der Korrespondenz zwischen Stefan und Romain Rolland. Den letzten Abend auf dem Kontinent habe ich im Landhaus meiner Freunde Lucienne und Julien Cain verbracht, von letzterem hinausgefahren auf neuen Straßen an der in der Abendsonne glitzernden Seine entlang, wie sie in solchem Licht die Impressionisten verewigt haben. Dort hatte ich 1940 die letzten Stunden mit Stefan in Europa verbracht, in leuchtenden, doch schon sehr unheilschwangeren Frühlingstagen.

Es wäre liebedienerisch gegenüber meinem teuren Europa, wenn ich sagen wollte, daß ich ungern nach Amerika zurückgekehrt bin, wo doch nun seit so vielen Jahren mein Heim ist und meine Töchter und mein Schwiegersohn mir nebst vielen guten Freunden nahe sind, und wo ich einen mir teuren Wirkungskreis gefunden habe. Hier diene ich wichtigen Pflichten, für die mir in den Vereinigten Staaten die Wege besser gepflastert scheinen, als ich sie anderswo betreten könnte. Doch nun ist es Zeit, die Kette um dieses Buch der Erlebnisse zu schließen, wenn es auch keineswegs den Anspruch auf Vollständigkeit erheben kann. Ich füge die zwei Enden der Kette mit einem Schlößchen zusammen und möchte darauf zwei altmodische Worte einritzen, wie wir sie als Kinder auf die erste Seite unserer Schulhefte schrieben, wohl mit dem heimlichen Wunsch, keine zu schlechten Noten zu erhalten:

MIT GOTT.

fi 188/3 b